すみだ喜子

賢者の占術

~時空を超えて、おおいなるあなたへ帰還~

量子編

作品社

刊行に寄せて

人の世は、科学の進歩とともに混沌とした世界に突入しています。近現代においては唯物論に規定される物質主義の世界と、観念を中心とする理想主義の世界に分かれて、人はそれぞれの世界で幸福の探求に歩んできました。

世界を二分する体制の下、人は自らの存在と家族の幸せをつかむために、理想に向かって邁進《まいしん》する人々、あるいは夢破れて絶望の淵を彷徨《ほうこう》する人々など、地上の人生には幸福と苦悩が織りなす人間模様が渦巻いています。

かつての日本の高度経済成長は、欧米の流れを汲む経済主義、拝金主義をもたらしました。そして現在、多くの外国人が世界からやってきますが、彼らとの交流は、よくも悪くも日本の文化に多大な影響をもたらしています。もはや日本人だけの思いや考えだけでは通用しない、社会構造ができつつあり、日本人も多くの人が物質に捉われる環境に埋没してもがいています。

そのような社会変化に、日本人としてのアイデンティティーを見失って、悩みや不安を抱えながら、生きている意義を見出せないまま過ごしている人が多くなりました。

彼らはまた、失われゆく日本を憂いている人たちでもあるのです。

毎日のように犯罪のニュースを目にしますが、ほとんどの事件で犯罪者は、逃亡し、簡単に嘘をつき、言い逃れに終始します。このような日本にいつからなってしまったのでしょうか？　世の中を憂い始めると、だんだん「人としての在り方」に行きつきます。もちろん学校教育や家庭教育の在り方とか、制約のある社会体制とか複雑な周辺環境が絡んできますが、一番大切な事柄の一つに「自分」を客観視できるかどうかということがあります。これは難しい問題で、人間にとって永遠のテーマでもあります。

「自分」を客観視できるようになるためには、「愛と思い遣り」に目覚めなければ、自己中心的な思考から抜け出ることはできません。言葉では簡単ですが、その魂の領域に到達するためのきっかけ、動機付け、引き金が必要になります。それは心から「愛と思い遣り」に波動が同調しなければその領域には到達できないのです。

今回、すみだ喜子先生が刊行される、『賢者の占術　量子編』は、「愛と思い遣り」「人としての在り方」を実現できる真理に迫っています。何も恐れるものがなくなります。

占星術研究家　　齋藤廣一

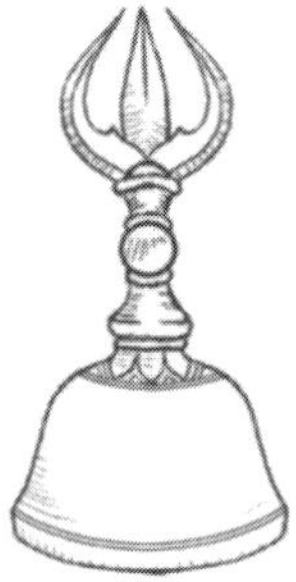

はじめに

西暦八〇四年、弘法大師空海が三十一歳のときに遣唐使船で唐の長安に渡り、青龍寺の恵果和尚《けいかかしょう》から密教の奥義を伝授されました。密教の奥義は当時数千人と言われた恵果和尚の弟子の中からただ一人の中国人、義明にしか伝授しなかった大日経、金剛頂経を正当な後継者として運命的な出会いをした空海を選んで授けたのでした。

皇帝をも裏で支える密教の奥義（門外不出）を日本から来た留学生にわずか数ヶ月の修練で授けたのです。空海も天才でしたが、皇帝をも動かす密教の奥義を授けた恵果和尚の心の広さには尊崇の念を抱かずにはいられません。まさしく大陸の大きな心でありました。そこに中国人と日本人との交流の原点があります。現代人はそれを忘れてはいけません。特に国の指導者たちは恵果和尚と空海の絆を見失ってはいけないのです。そこには人種の壁も思想の壁もありません。ただただ真理のみの絆で結ばれているのです。

密教の奥義の中核に『宿曜経《すくようきょう》』と言われている占星術があり、人間世界は実はその占星術の法則に従って動いており歴史はそのとおりになっています。この書籍は使いやすいように「賢者の占術」として再編し宿と星の変換表を巻末に掲載したので活用して下さい。

目次

密教占星術のルーツ

◆占星術の起源は古代バビロニア

みなさんがよく使われる西洋占星術は、太陽が一年かけて軌道を描く天空上の黄道《こうどう》を十二分割して、そこにかかる十二の星座により、乙女座であるとかサソリ座であるとかに分類されています。つまり天空上の太陽が通過する星座との関係によって占うのが西洋占星術です。これに対して月が通過する星座との関係によって二十七の星で占う、密教占星術があります。東洋占星術と呼ばれる占術になります。前者は十二星による占星術で、後者は二十七星占星術になります。どちらも永い歴史があります。その普遍的な魅力は、現代の人々をも引きつけてやみません。

生まれた時に太陽や月の位置が、どの星座にかかっていたかにより、その人の星が決まります。そしてその星を守護する神々が結びつけられるようになり、個人の吉凶を占うようになりました。その昔、天の兆候がやがて地上の出来事の前兆を示す、という使い方がなされるようになり、時の権力者が国の盛衰を占ったりしたのです。それが占星術の始まりです。

占星術の歴史は古く、古代バビロニア（チグリス川、ユーフラテス川流域で栄えた文明）

の時代、紀元前二〇〇〇年頃から七曜占星術、十二星占星術が形成されたと言われています。

古代バビロニアを発祥とする西洋占星術は、やがてギリシャからインドへと伝わり、太陽と月、五惑星と羅睺《ラーフ》、計都《ケートゥ》を加えた九曜、十二宮を取り入れて二十七宿（月の白道に基づく）とともに、二十七星占星術になったと言われています。

◆インドから中国へ伝承

現在の二十七星占星術は古代のインド・バラモンで形成され、仏教に取り入れられてサンスクリット語で宿曜経として編纂されました。人の性格、運勢などを占うようになり、やがて密教の中核の存在となり秘法として伝わるようになりました。

原典は『文殊師利《もんじゅしり》菩薩《ぼさつ》及《きゅう》 諸仙所説《しょせんしょせつ》吉凶時日《きっきょうじじつ》善悪宿曜経《ぜんあくすくようきょう》』という上下二巻の経典に編纂されています。

天体の運行や曜日の巡りによって、運気の吉凶や方位の吉凶、さらには性格・相性の吉凶まで読み解けるようになっています。あまりにも的を射ているため、時の権力者たちが兵法にも取り入れて秘法として伝えたのです。

中国は七五九年、唐の時代に、不空三蔵（不空金剛、七〇五―七七四年）が長安にて、密教の経典とともに宿曜教をサンスクリット語から中国語に翻訳しました。不空三蔵の父はインド・バラモン系、母はイラン系ソグド人。その後、弟子の恵果（七四六―八〇五年）へ、「金剛頂経」「大日経」の密教フルセットを授けました。

◆遣唐使により中国から日本へ伝来

これら密教とともに宿曜教を日本へ伝えたのは空海でした。「はじめに」でも述べたように、平安時代の八〇四年、空海は遣唐使留学僧として長安を訪れて青龍寺の恵果和尚に師事し、師から八万四千品（多数）の密教の奥義を伝法されます。そして遍照《へんじょう》金剛《こんごう》の名を受け、八〇六年、密教の奥義をたずさえ日本に帰国しました。二十七星による占星術は密教占星術として、このときから日本に広がっていったのでした。

その後、暦とともに研究が盛んになり、九六〇年代、平安中期には、陰陽《おんみょう》道《どう》と宿曜《すくよう》道《どう》の二大勢力が確立したと言われています。この頃から朝廷を中心に貴族の間では、暦と占いが生活の一部となって広がりました。

平安時代末期には貴族の間で盛んに使われるようになり、北条時政は占術を使って、頼朝をサポートし、平家を滅ぼして鎌倉幕府を擁立したとも言われています。またその時代の後白河法皇は、毎日の行動を占いに頼っていたというエピソードも残っているくらい貴族の日常に溶け込んでいました。こうして源氏により平家が滅ぼされていった陰に、空海によってもたらされた密教占星術の影響が少なからず存在していたものと推測されます。

鎌倉時代に分派しながら貴族の間で発展した宿曜道も、室町時代になると貴族の衰退とともに、世の中の表舞台からその姿を消します。

◆宿曜として現代にも生き続ける密教占星術

その後、時の権力者たちは世の中の裏舞台で、宿曜道を戦術に使ってきました。敵を倒すための秘法として、綿々とひそかに受け継がれてきたのです。こうして世の中の表舞台に再び現れたのは、昭和の時代に入ってからになり、多くの占断師が使うようになりました。

高野山専修学院の三代目院長、森田龍僊《りゅうせん》師（一八七八—一九四八年）による『密教占星法』上下巻（一九四一年）が出版されてから、それを手本として多くの人々に活用され、現代に復活したと言っても過言ではありません。いまでは多くの宿曜占星術、密教占星術、その他多種多様な流派で活用されるに至っています。

二十七星を基本とした密教占星術のルーツはインドに由来します。サンスクリット語で中国に伝わり、その時代の中国人が使いやすくするために中国語に翻訳されました。現在、日本で使われているものは中国から入ってきたそのままの宿（星）を使用しているため、現代の日本人にはとてもなじみにくい仕様になっています。例えば「鬼宿」などは「鬼」の星と勘違いされます。「尾宿」はシッポ、「壁宿」はカベ、「虚宿」はウソツキのように誤解され、なかなか一般に普及しません。

当占術では一般の人に使っていただきやすいように、馴染みやすい星に変換し再編してあります。インドではインド人に合ったように、中国では中国人に合ったように、日本では日本人に合った占術であるべきと考えています。これらの新しい星の引用はすでに数万人規模に広がっており、立派に形態形成場を構成しているので、安心してご活用ください。（参照：宿と星の変換表は巻末に掲載）

三・九の法則

一・九の法（現世）「命」「栄」「衰」「安」「危」「成」「壊」「友」「親」
二・九の法（前世）「業」「栄」「衰」「安」「危」「成」「壊」「友」「親」
三・九の法（来世）「胎」「栄」「衰」「安」「危」「成」「壊」「友」「親」

命星盤（二二頁）を見ると、「命」から左廻りに「栄」「衰」「安」「危」「成」「壊」「友」「親」の文字が続きます。これを「一・九の法」と言い、現世で出会った人々を意味しています。次に「業」から同じ文字が続きます。これを「二・九の法」と言い、前世からの因縁があって出会っている人々を表します。同様に「胎」からも同じ文字が続き、これを「三・九の法」と言い、来世を導く人々を表します。「命」「業」「胎」の三つのグループが九つの文字で構成されています。これを「三・九の法則」「三・九の輪」と言います。

これらは「三・九の秘法」と言われ、つい最近まで、一子相伝、口伝による伝承が行われてきました。これを現代版書物に編纂したのが、高野山の森田龍僊師です。

相性占い

◆六つの相性による吉凶

栄・親の相性◎：一生を通じて支え合い助け合い、繁栄をもたらす関係
友・衰の相性〇：お互いに友人感覚で理解しあえるとても仲の良い関係
危・成の相性△：切磋琢磨するライバル関係、なあなあの甘えがない関係
安・壊の相性×：破壊運を抱える関係、お互いに気遣う関係、利害は禁物
業・胎の相性◎：前世から縁の深い関係、縁が深く良い相性、切っても切れない関係
命の相性◎：ソウルメイト、縁が深く出会うべくして出会っている運命的関係

命の相性は同じ星同士の関係で、星の種類により次の三つに分かれます。

とても良い相性◎：洋星、明星、博星、法星、範星、旺星、将星、賢星、玲星、雅星、妙星

良い相性　○：総星、泰星、理星、康星

摩擦が起きやすく注意を要する相性△：彩星、智星、英星、華星、恵星、和星、陽星、紀星、寛星、清星、佑星、央星

相性とは単純な好き嫌いの感情ではなく、対人関係における吉凶を意味するものです。生涯にわたって二人の間に影響しあう運命的な関係性ということになります。

私たちの人生は輪廻《りんね》転生《てんしょう》を繰り返しながら、出会いと別れを繰り返しています。巡り合う人々は前世からの縁に導かれて、今生《こんじょう》の魂の課題を抱えながら喜怒哀楽の人生に思い悩み、また楽しみながら魂の旅路を歩んでいます。

天は関係する二人に、課題を克服できるようにと、相性という形で運命を采配しているのです。つまり、巡り合う二人の関係性は、前世からの縁という形で結び付けられており、二人の間に生じる出来事は、良いことも悪いことも必然ということになります。従って相性と向き合い、すべては必然と受け入れ、そのような出来事を引き起こす因果は、前世からの自分の魂にあると考えることがとても大切な学びになるのです。そこに気付くことによって、運命を劇的に変えることができるようになり、豊かな人生への道

が開かれるのです。

◆相性の見方

例えば、命星盤の「博星」に「命」を合わせると「法星」のところには「栄」が現れます。逆に「法星」のところに「命」を合わせると「博星」のところには「親」が現れます。「博星」と「法星」のどちらに合わせても「栄」「親」が裏表となり、合わせてこの関係を「栄・親」の相性と言います。お互いに車の両輪のように助け合い支え合って進んでいく最高に良い相性ということがわかります。

また「博星」から右隣を見ると「華星」がありそこには「親」が現れています。このようにして「博星」から見て「法星」「華星」は「栄・親」の関係であると言います。同様にして「博星」から見てさらに「泰星」「陽星」にも「栄・親」の相性があることが分かります。さらに「玲星」と「央星」にも「栄・親」の相性があることがわかります。

「博星」に近いところから近距離、中距離、一番離れているところが遠距離になります。「栄・親」も「友・衰」も「業・胎」も、このように「命」の位置から近い星か遠い星かでそれぞれ距離が違ってきます。その距離は縁の濃淡（深さ）を表しており、同様に近い星は近距離、中間を中距離、遠い星は遠距離ということになります。

◆「安・壊」がもたらす凶運を回避するには

冒頭に述べたように、相性が持つ運命は必然的なので、自身の受け止め方を変えるということが重要になります。悩まない、くさらない、怒らない、不安にならない、自分を見つめなおすという行動が、後の影響（因果応報）を最小化してくれます。さらには〝災い転じて福となす〟ということにもつながります。「安・壊」の運命は利害が絡んだ時に起きやすく、お互いに私利私欲が強くはたらくと、突然破壊の運命が訪れたりします。即ち〝利他の精神〟を教えてくれているともいえる関係なのです。

人生では多くの人との出会いがあり関わりが生じます。当然、「安・壊」の人とも出会うわけで、避けては通れない相手になります。運命を受け入れ心を開くことが大切で、そうすることによって自分を栄えさせてくれる「栄・親」の相性の人が、「安・壊」の向こう側から現れるようになります。どんな時にも感情的にならず、自分には持っていないものを持っている魅力的な相手として捉えることが大切になります。

相性の距離（縁の深さ）

例えば「栄・親」の相性で見ると、「命」の星から近い組合せ、真ん中の組合せ、遠い組合せと三組あります。それぞれ近い順に「近距離」「中距離」「遠距離」となります。

■ **近距離の場合**

距離が近いので引き合う力が強く縁も生じやすくなります。そのため第三者に割り込まれにくいともいえます。反発も強く出ますが、一緒に過ごす時間も長くなります。

■ **中距離の場合**

ほどほどの距離があるので、認め合い尊敬し合って、衝突も起こりにくい関係です。適度な距離感がよい関係に作用します。隠し事を持って付き合う関係です。

■ **遠距離の場合**

距離が離れているため、縁が薄く、さらっとした付き合いになります。一緒にいる時間も少なくなり、第三者に割り込まれたりすることもあります。お互いに隠し事も多くなります。

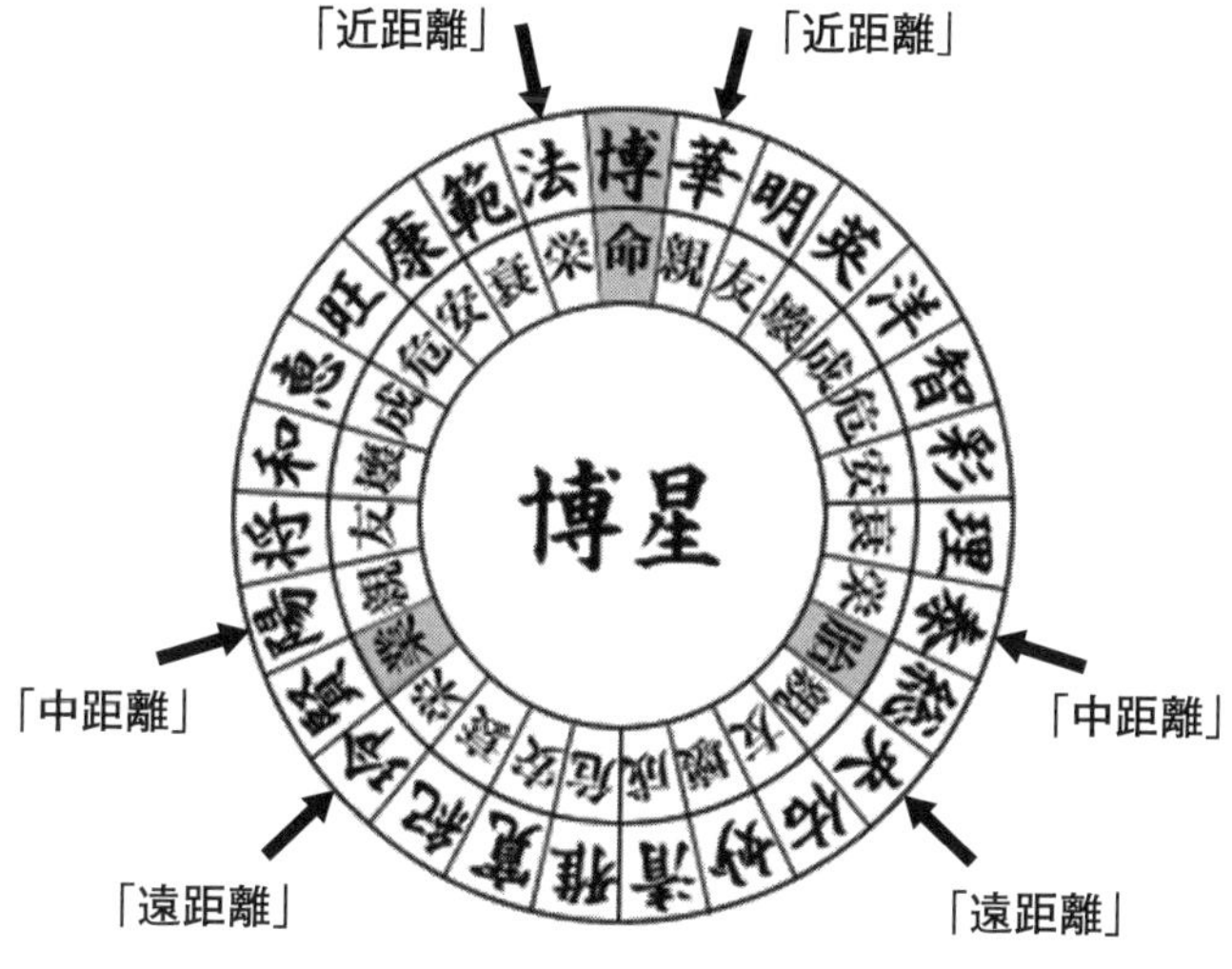

「博星」命星盤

「栄・親」「友・衰」「危・成」「安・壊」の四つの相性には、それぞれ三組ずつ同じ名前の相性が存在します。「命」に一番近いものが「近距離」、遠いものが「遠距離」、中間が「中距離」となります。

それぞれ縁の深さを占うときに用いられ、相性と一緒に使います。

特に、恋愛関係などを占う時には、縁の深さを読むことによって、三角関係のどちらが残っていくか、などもよくわかります。

日の吉凶占い

日の吉凶は全部で十一種類あります。星によって今日という日の吉凶はそれぞれ異なり、好調日の人もいれば不調日の人もいます。命星盤を使って簡単に日の吉凶を知ることができます。例えばあなたの命星が「博星」だとしましょう。二〇二四年一月一日があなたにとって何の日かを調べるには、巻末の命星表で二〇二四年一月一日を探すと「法」の日に当たります。あなたが「博星」だと仮定すると命星盤であなたの「博星」に内側の盤の「命」を合わせます。「法」の位置には「栄」が表示されます。この日は繁栄をもたらす運気が宿る日で大吉日にあたります。あなたにとって、よい日ということになります。このように命星表と命星盤によって、あらかじめ日の吉凶を知ることができます。

◆ 暦との関係

巻末の命星表は旧暦に基づいて作られています。宿曜には宿曜暦という固有の暦があって、特定のパターンで二十七星が配置されています。その宿曜暦が旧暦の上に乗る形で命星表が組まれ、それらを太陽暦のカレンダーに落とし込んで命星表が見やすく作られています。同じ日が続いたり、一日無くなっている日などありますが、間違いではありません。

栄の日 ◎：繁栄の暗示と幸運の運気が宿る日。積極的に行動しましょう。（大吉日）
成の日 ◎：物事が成功し成就がもたらされる日です。よいことになる暗示。（大吉日）
親の日 ○：身近な縁が深まる日。身近な人との人間関係が深まります。（吉日）
友の日 ○：新しい交友が広がる日です。新しい人脈づくりに最適です。（吉日）
業の日 ○：すべてに積極的に行動しましょう。前世の因縁が宿る日。（特異日）
安の日 △：心身ともに安定した日です。旅行、移転、整理整頓に吉。（吉日）
壊の日 ×：災難、不運に見舞われやすい日です。スタートには向かない日。（大凶日）
衰の日 ▼：心身ともに衰える日です。出張、旅行には凶。運命衰退の暗示。（凶日）
危の日 ▽：吉凶混合の日です。事故、災難には注意。人の集まりには吉。（吉凶日）
命の日 ●：将来に影響を与える日で言動には注意。すべてに慎重に過ごす日。（吉凶日）
胎の日 ●：来世への因縁が宿る日。過去を反省し将来への計画を図る日。（凶日）

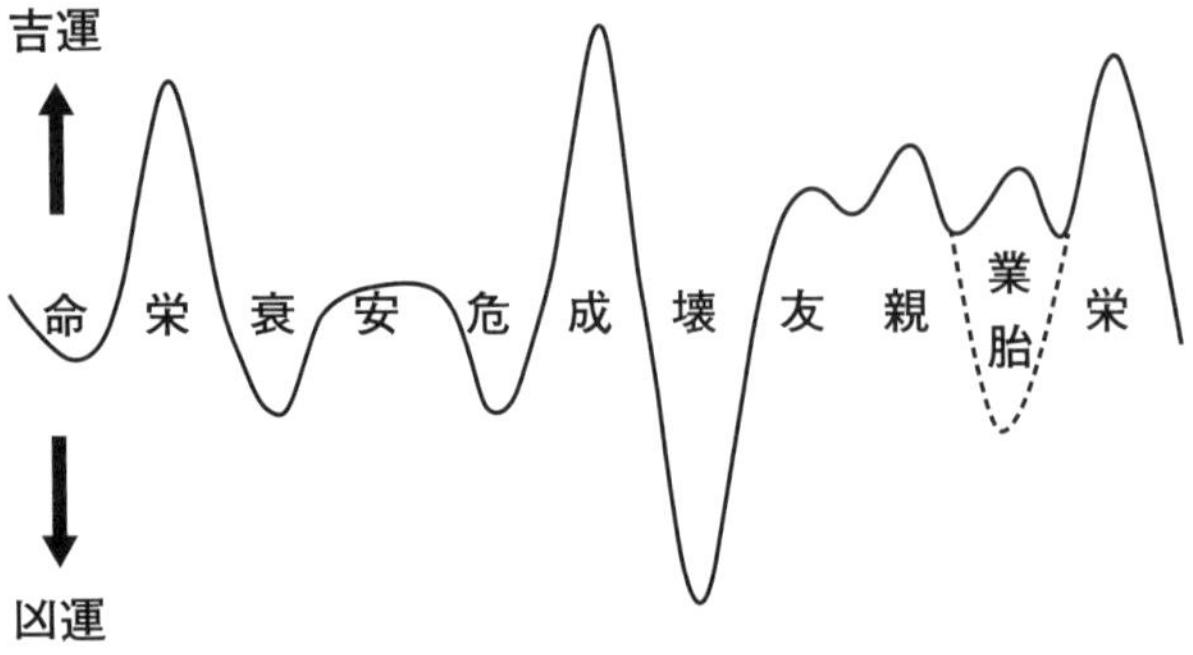

◇　日の吉凶の教え

悪い日の次には、良い日がやって来る…
良い日の次には、悪い日がやって来る…

良いことは長続きしません、悪いことも長続きしません
ちょっと、良い日が多いことに感謝を捧げましょう

悪い日と意識すれば悪いことが業《ごう》と共鳴して
わが身に悪いことが降りかかります

何も心配せず、明るく前向きになることが
天運を味方につけます

◆ 暗黒の一週間

暗黒の期間

「業」から「胎」に向かう「業」「栄」「衰」「安」「危」「成」「壊」の七日間は、暗黒の一週間といって、前世も含めた業《ごう》や因縁が宿る一週間といわれています。例えば命星盤上では「壊」の日は三日ありますが、特に「暗黒」期間の「壊」の日は「暗黒の壊」の日といって、「壊」の凶運のうえに「暗黒」の凶運がさらに加わり、最も強い「大凶日」になります。この一週間はいわば試練の期間と言われており、慎重な行動が求められます。とりわけ心を善にして周囲の人々を癒し、感謝と誠実な気持ちで暗黒の凶運を和らげましょう。何も意識を向けずに過ごすと暗黒の凶運に捉《つか》まりやすくなるので注意が必要で、甘く見るのは禁物。

博星
はくせい
女宮
獅子宮
蟹宮
夫妻宮
牛宮
羊宮
魚宮
瓶宮
弓宮
蠍宮
秤宮
法
博
華
明
英
洋
知
彩
理
泰
命
親
友
壊
成
危
安
衰
栄
胎

博星の年運レベル

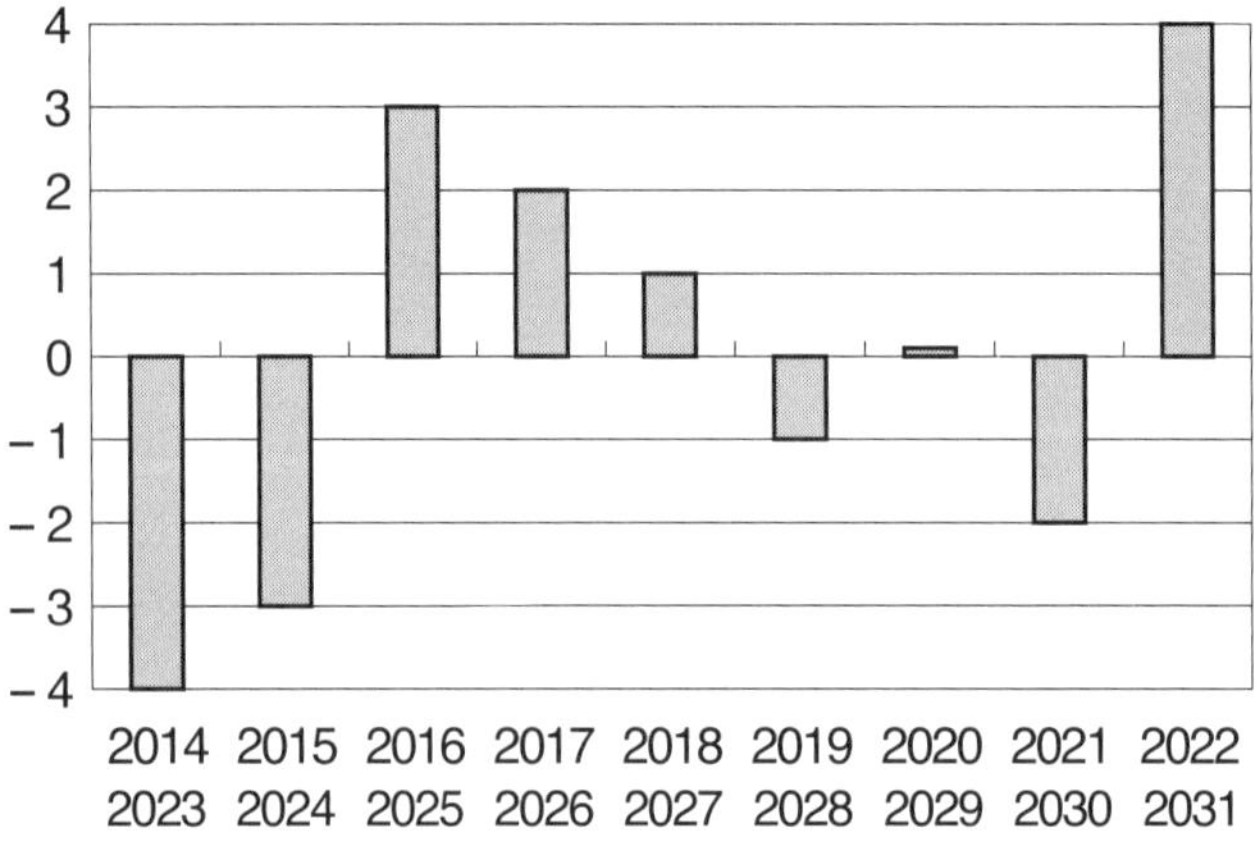
4
3
2
1
0
－1
－2
－3
－4
2014 2023
2015 2024
2016 2025
2017 2026
2018 2027
2019 2028
2020 2029
2021 2030
2022 2031

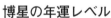

各命星の頁にそれぞれの年運レベルのグラフがあります。（二〇一四―二〇三一年）それぞれ九年間の運気レベルがプラス・マイナスで表記してあります。この九年サイクルは常に同じパターンで繰り返され星によってそのパターンは異なります。日の吉凶のようによい日にはよいことがあるように、年運にもその人の、人生の盛衰が現れます。

＋４　やることなすことツキと幸運でよい結果に恵まれます。イケイケの年。
＋３　積極的に行動することで成功します。恋愛結婚、よい人間関係が生じます。
＋２　活気にあふれ活躍のチャンスが多くなります。積極的な行動がよい結果に。
＋１　人間関係を大切にすれば地位、名誉、財産を得るチャンスがあります。
±０　吉凶混合で憂鬱なことも生じます。謙虚であれば大きな波瀾はありません。
－１　問題が表面化しやすい年。対人関係をよくして問題に対処しましょう。
－２　イライラすることやストレスが多くなります。過労に注意し気分転換を。
－３　職場や私生活でも身近なところで問題が生じやすく、善と思い遣りで対処。
－４　すべてにおいて善と思い遣り、受身で過ごす年、強気は悪い結果に発展します。

現実世界は形態形成場

◆百匹目のサル

百匹目のサルのお話は聞いたことがある人もいると思います。このお話は私たちが生きている生物界、物質界を理解する上で、とても重要な示唆を投げかけていると思うのでご紹介しておきます。私たちの人生や生き方を探究する上で、人生の選択にも関わってくる重要な形態形成場の思考を提供してくれています。

京都大学名誉教授で霊長類学者の故河合雅雄博士は、宮崎県串間市の幸島《こうじま》に生息するサルの生態を研究し、サルの芋洗い文化の研究発表を行いました。その論文が世界に紹介されて多くの議論を呼び起こしたのです。餌付けをしていたある日、芋についた砂を川の水で洗って食べていたサルが、川が干上がったので海水で洗って食べるようになりました。きっと塩味も利いて美味しかったのかもしれません。やがてそれを見ていた他のサルも、同様の行動をするようになったといいます。そしてそのような行動をするサルが百匹を超えた頃に、急速に集団全体に広がり、それは何のコミュニケーションも接触もない他の島のサルへと広がりを見せました。

この現象は単なる偶然だとして片付けることができるかもしれませんが、それだけでは済まされない、共時性といい伝播《でんぱ》スピードといい、目に見えない不可思議な力が働いているようで、私たちを引きつけて止みません。イギリスの世界的な生物学者ルパート・シェルドレイク博士は、この百匹目のサル現象を「形態形成場仮説」によって説明しました。集団で、ある種の行動パターンが臨界点を超えて形成されると、それは時空と空間を超えて共鳴し継承されていくというものです。

わかりやすく譬えると、スポーツの世界などではこのようなことがよく見られます。例えば陸上競技一〇〇m競走で、人類が初めて十秒の壁を破ったのは、一九六八年メキシコ・オリンピックのハインズ選手でした。それまで人類は長いこと十秒の壁に挑戦してきました。そして二人、三人とその壁を超えるうちに堰を切ったように、九秒台で走る多くの選手たちが現れ、今では九秒台を叩き出さないと、オリンピックにも行かれません。

また最近では二〇二三年WBC（ワールド・ベースボール・クラシック）での日本チーム侍ジャパンの優勝がありました。大谷翔平選手と米国マイク・トラウト選手の決勝での一騎打ちは、もはや伝説となる歴史的名場面として人々の目に刻まれました。大谷選手がトラウト選手に投じた六球のうちストレートは四球で、そのすべてが時速一六〇km超えの豪速球でした。私たち日本人もちょっとは誇りを持てたような気分に、浸ることができました。

少し前に遡りますが、ジャイアンツの江川卓投手が一五〇km超え、そして松坂大輔投手が一五〇km超えの球を投げていた頃、「出た　一五〇km超え」と大騒ぎして見ていたものです。現在では一五〇km超えは当たり前、一六〇kmをポンポン投げる投手が増えました。佐々木朗希投手に至っては、無理な投げ方を感じさせず、優雅に投じて一六〇kmを超える能力を獲得しています。米国ではすでにアロルディス・チャップマン投手が一七〇kmの壁を超えました。そうすると、そのすぐあとにエンゼルスの新人ベン・ジョイス投手が一七〇kmの数字を出しました。このようにわずかな期間の間に共時性を感じさせるがごとく人類の壁が次々と破られていき、一度壁を超えると堰を切ったように軽々と壁を超えていく能力の獲得には、物理的、物質的、肉体的な進化だけでは理解し難い現実があるように思われます。

江川投手、松坂投手はつい最近まで球界で活躍していた人たちです。一五〇kmの世界、一六〇kmの世界、一七〇kmの世界、いったい肉体的に何が違うというのでしょうか？

私たちの目の前に広がる現実世界、物質世界は形態形成場として物質の形成パワーが力強く働いた結果、超人的な能力が形成獲得されていったと考える方が、理解しやすく受け入れやすいと言えます。意識を向ければ誰でも手に入れることができる能力、知識の宝庫が、時空を超えて形成されている世界が存在しているということを知った方が、私たちは幸せを得られるのかもしれません。

シェルドレイク博士は、「離れた場所に起こった一方の出来事が、他方の出来事に影響し、形態のみならず、行動パターンも共鳴する。これらは『形の場』による『形の共鳴』というプロセスによって起こる。直接的な接触がなくても、ある人や物に起きたことが、他の人や物に伝播する」「記憶や経験は、脳ではなく、種ごとのサーバーのような場所に保存されており、脳は単なる受信機に過ぎない」という仮説を立てました。

この記憶や経験が保管されている場所というのが、世に言う「アカシックレコード（宇宙の情報場）」ということになります。これらのことは占術を行う上でも、日々の暮らしをどう過ごすかということを考える上でも、とても大切な視点を与えてくれます。これらの時空を超えた知識や経験の宝庫を活用するにはどうしたらよいか、探ってみることにしましょう。

◆占いと形態形成場

形態形成場仮説は、種の思考や行動が百を超える臨界点に達した時、種全体に広がり影響を与え合うというものでした。人間が集団で行っている過去からの生活上の慣習や儀式、宗教的、文化的しきたりや教義、作法などに関して、継承されているルールとか、所作、手順などを守りながら執り行えば、その集団に対し効果的な形態を形成することを示しています。つまり伝統文化の継承もそれに通じます。

形態形成場とは広い意味で自分を含めた目の前の現実を形作る場のことで、自らが遭遇する現実というふうに置き換えることができます。日々、よき生活を願うことも、占いでよき未来を願うことも、その因果の結果として表れる現実が形成される場になります。

ここまで少々長い説明でしたが、人間が獲得する自らの能力や目の前の現実世界は、見えない世界と連動しており、意識を働かせて活用しに行けば、その人にとって最善の能力、環境を形作ることができるということになります。

ではどのように活用したら形態形成場を活用できるのでしょうか。それを教えてくれる、とてもよい先生がいます。米大リーグ・エンゼルスの大谷翔平選手です。

二〇二三年五月三日の「ウォールストリート・ジャーナル」に「大谷に最高の球を投げるな 盗まれるかも」と題した記事が載りました。それは二〇二二年八月にヤンキースのクローザー投手であるクレイ・ホームズ投手と対戦し一六一㎞のシンカーを打てずに困惑と好奇心を示し、次の先発が回ってきた九月には、まさに打者としててこずったそのシンカーを、大谷は投げていたという記事でした。その間わずか一週間という早業で驚きをもって伝えられています。以下《 》内に引用して解説いたします。《極めて難しい球種を身につけ、磨きをかけてすぐに実戦で投げているように見える大谷の能力を「勘の良さ」という一言では表現しがたい。》と述べて考察を加えています。《エンゼルスのゼネラルマネジャー（GM）ペリー・ミナシアン氏は内部でこのスキルを「手の才能(hand talent)」と呼んでいると言うが、球界でも現時点で一般的な言い方ではない。「優れた手の動作（good hand action)」と言う人もいる。この能力をより学術的に表す言葉は「固有受容感覚」かもしれない。頭の中で意図したことを体に正確に実行させる無意識の力のことだ。大谷は球種を概念化してすぐに習得し、試合で実行する能力に秀でている。》《エンゼルスのフィル・ネビン監督は「(大谷の) ボールの扱いに驚かされている」

と話す。「これほどうまい人は見たことがない」》と述べ、次に記事はこう結んでいます。《大谷が才能を発揮できるのは、生まれもった一流の運動神経と極めて厳格に管理されたトレーニング、そしてエンゼルスの投手コーチ陣がブルペンでの投球練習の際に提供する客観的なフィードバックのおかげのようだ。》と。なるほどの結論ですが、占い的にはもう一つ重要なことが欠けています、高度な形態形成の力が必要になるということです。

大谷選手の魔球と称される一六〇㎞で変化するシンカー、そしてベースの端から端まで横断して変化するスイーパーはＭＬＢ屈指と言われ、非常に困難である技術を要すると言われています。エンゼルスＧＭのミナシアン氏が言う《意図したことを体に正確に実行させる無意識の力》、これが形態形成の力ということになります。

投手にとってシーズンオフに一年に一度、新しい球を会得できるかできないかという困難な状況を、大谷選手は一週間で自分のものにして実戦に使ってくるという、球界の常識ではもはや考えられない理解不能の状況になっています。ただでさえ二刀流での活躍は理解不能と言われるのに、ターボシンカー、スイーパー、ジャイロスライダーなど、思い立ったら試して、ペナントレース中にガンガン投入していきます。球界の専門家たちが驚くのはそういうところなのです。

実は大谷選手は、このような状況を作り出すためにある努力をしています。それは大谷選手が高校球児の時に立てたあの有名な「目標達成シート」（詳しくはWEBで検索してご覧下さい）の中にあります。〈メンタル〉の項には「一喜一憂しない」「仲間を思いやる心」とあり、〈人間性〉には「愛される人間」「感謝」が、〈運〉の項目には「ゴミ拾い」「プラス思考」があり、そのすべてを今でも実践しています。

つまり形態形成場に蓄積されている、知識、経験の宝庫に、大谷選手は最短距離でアクセスすることを実践しているのです。その結果、他の選手が一年かけて会得するスキルを、わずか数週間、あるいは突然に自分のものとして使いだすことができるのです。ここで重要なのはオープンマインドなのです。科学的な論拠、物質的な論理に捉われず、硬直した思考よりも柔軟な思考が、見えない世界の情報を引き出すために最も重要なのです。大谷選手の物欲に捉われない姿勢は一ヶ月十万円のお小遣いに象徴されています。十万円でも余って貯金になってしまうそうで、大谷選手はボールがエグイだけでなく、その生き方さえもエグイと言えます。

このことは占いの極意にも通じています。悪い運気をかわすために占い師は、決まり文句でアドバイスをします。《心を善にして謙虚に、寛容と思い遣りで周りの人々に接しましょう》と。これは大谷選手の生き方そのままということになります。では、そのような生き方をすれば、悪い運気を避けられるのでしょうか。それも大谷選手が証明してくれています。

宿曜の運気の吉凶は恐ろしいほどに当たります。感覚的には六割から七割超えの感があります。日の吉凶、年の吉凶はスポーツに当てはめても七割前後の統計的数値が得られます。これは異常なほどの精度なのです。

そこで大谷翔平選手は一九九四年七月五日生まれの「理星」の星にあたります。理星の二〇二三年における年運はマイナス4の最低運気の年が巡っています。マイナス4の年は何をやっても裏目になりやすい年で健康も気を付けなければなりません。この運気だけで大谷選手のWBCの活躍は望めないと占うことができます。しかもあの歴史的な決勝戦でのトラウト選手との一騎打ちなど勝つことは到底予想できません。その理由は年の運気（マイナス4）、日の運気（破壊が訪れる「壊」の日）、相性運（トラウト選手から衰退運をもらう相性）のどれをとってもトラウト選手の方が上で、占い的にはトラウト選手の勝ちと予想されるからです。試合に一番響く日の運気に至っては決勝戦の三月二十一日（現地時間）は「央」の日に当たり大谷選手は「壊」の日、つまり破壊が訪れる運気での試合でした。年運マイナス4、壊の日は絶体絶命の崖っぷちの状況です。

この占いは、はずれることになりました。占いがはずれて嬉しいとはこのことです。大谷選手はなぜこのような絶体絶命の運気を跳ね返すことができたのでしょうか。通常では考えられません。それは先にも述べたように、オープンマインド、善にして謙虚、寛容と思い遣りで周りを癒しているからなのです。

結論を先に言ってしまいますと、凶運は自己の魂が持っている闇の部分と共鳴して表面化するのです。誰でも魂の闇は持っています。ところが大谷選手は共鳴する魂の闇がない、もしくは共鳴するほどの量を持っておらず、凶運の闇は大谷選手に取り付く島もない状況と言えるのではないでしょうか。人間世界では相当にレアなケースだと言っても過言ではありません。修行僧が一生をかけて到達する悟りの境地に手が届いているとしか思えない大谷選手の振る舞いではないでしょうか。

《占いが外れる男、大谷翔平!!》

二〇二三年はホームラン王となるなど数々の記録を打ち立てました。このまま健康面でマイナス4の凶運に捉まらないように、ファンとしても吉運となる大谷愛のエネルギーをぜひ送り届けたいものです。凶運の回避を大谷翔平選手に学びましょう。

輪廻転生・因果応報の世界

◆みんな、なぜ占いが好きなのか？

占いは人を脅すものではありません、明るく楽しく使えば豊かな人生への指針を与えてくれます。ちょっと本を読んでみたら簡単に使えて、自分で占いができる楽しさと、新しい発見で、ワクワクする体験ができる。そのように感じる人が多くいて、新たな楽しみが増えるようです。この占いを手に取った多くの方々は、新しい発見や感動、新たな学びに関心を寄せ、自らの運気を知ってリスク回避にも活用しています。

「三・九の秘法」には輪廻転生の世界と因果応報の世界が組み込まれています。人生をよりよく生きるために占術をよく理解するととても楽しくなります。それによって悩みや不安を解消し、死後の世界も心配しなくなります。

人間は、何度も何度も生まれ変わり、魂が消滅することはありません。肉体の衣を着替えるだけで、その周期も死後数十年の間には生まれ変わる事例が多いようです。子供の場合は数年で生まれ変わってくるケースもあることが分かってきています。

◆輪廻転生って本当にあるの？

「人は死んでもまた生まれ変わる」と昔から日常的によく言います。みなさんは、その言葉を使いながら心の中では半信半疑の人も多いのではないでしょうか。多くの人々が生まれ変わりを口にするのは、多くの先人たちが臨死体験などであの世を体験してきているからなのです。米国の調査機関のギャラップによると米国人の八百万人が臨死体験をしていると報告されています。

最近ではいろいろな分野で研究が進み、あの世が身近なものとして理解されるようになりました。従来のキリスト教では復活はあっても輪廻転生のような生まれ変わりは信じられていなかったのですが、今は米国人の七割が生まれ変わりを信じているという調査があります。

こうした変化はギャラップが米国で臨死体験の大規模調査をしてレポートしたことが大きく影響しています。また退行催眠による前世療法で知られる精神科医のブライアン・L・ワイス博士の活動もセミナーや著書などを通じて大きく注目されました。加えて超心理学研究のモンロー研究所の活動や、その他多数の生まれ変わり研究などを多くの人が知るようになりました。死後の世界は存在し、人は前世から生まれ変わりを繰り返していることが、体験と具体例を通じて明らかになったのです。

◆因果応報って本当にあるの？

輪廻転生も因果応報も、日常的に都合よく使っている言葉ですが、なかなか皆さん本気で向き合ってはいません。しかし不思議なことに心のどこかで、「因果応報はあるんだよね？」という恐れと、自分を納得させようとする自分がいたりして、他人によいことをした時は納得し、悪人を見れば、「何で天罰が下らないでのうのうと生きているんだ？」となって、神も仏もあるものかと憤ることがよくあります。それが人間なのです。

因果応報とはどれほどあるものなのかという永遠の謎に関しては、ブライアン・L・ワイス博士の著書『前世療法』、『未来世療法』で明らかになっている事例がたくさんあります。退行催眠で前世を覗いたり、未来世を見てきたりして、因果応報は間違いなく存在し、それはピンポイントに、その人のもつカルマ（業）に対して寸分も狂わず、正確無比に訪れていることが分かります。これを知ったら人間は悪事などできません。それは逃れることができないからなのです。来世にまでまたがって因果応報がやってくるので、どこかで自分の罪に気付いて心からの反省と赦《ゆる》しを伴って、自らの魂の救済、癒しを行わなければ、そのカルマはリセットされません。それに気付かない間は何度も何度も生まれ変わっては、因果応報の苦しみに遭うことになります。そのような実例がたくさん報告されています。

一つ分かりやすい事例でお話ししましょう。ワイス博士の著書『未来世療法』（PHP研究所発行）から以下《　》内に要約してご紹介いたします。著作中に「ミッシェルの転生」の話があります（詳しくは原著のご一読をお薦めいたします）。

《ある時ワイス博士のもとへミッシェルという米国女性がカウンセリングにやってきます。その人は子供の頃に海岸の岩で左ひざを裂傷するケガをしました。大人になってからうずくような痛みを抱えながら、大学時代になると左ひざを再びケガをして手術をしました。軟骨がなくなってひざをのばすことができなくなり、苦しい人生を強いられていました。

ある時ワイス博士のカウンセリングを受けることになり、退行催眠で苦しみのおおもとを探りました。まず彼女は十九世紀の前世で、エンマという女性で馬車に轢《ひ》かれる事故に遭い、左ひざを粉々に砕いた人生がありました。

そこから遡って中世日本では武士として戦い、左ひざを矢で射抜かれるという前世を経験していました。さらに遡ることローマ時代以前に北アフリカで残酷な牢獄の看守時代がありました。そこでの過去世は、囚人が逃げられないように、ひざの腱を切ったり砕いたりして、ローマ兵への見世物にして報酬を受けていました。それがおおもとの因果で生まれ変わるたびに、左ひざの苦しみを越えなければならないカルマとなったのです。

こうしてミッシェルは退行催眠で前世を見てくることによって、彼女の人生を暗くしている左ひざの問題は、ローマ時代の前世に原因があることが分かったのでした。ミッシェルは前世の罪を理解し傷つけた人々に謝罪しました。罪深いことをした自分を赦し霊的な反応の仕方を変えたことによって、千年を超えた因果応報の苦しみから解放されたのです。カルマはリセットされ、ひざのケガは快方に向かったのでした。》

この話はほんの一例ですが、因果応報はカルマがリセットされるまでは、千年を超えてもピンポイントにやってきて、それは怖いほど正確無比であることがよく分かります。

このような事例がたくさんあります。ですから学びとして自分も含めて人を傷つけたり、苦しめたりすると必ず後で、応報を自分が味わうことになるということなのです。

もし可愛いお子さんやお孫さんが学校でイジメをしていたら、相手に与えた苦しみが自分に返ってくることをよく教えてあげることが大切です。転生の事例では人の自由を奪うことはカルマとなって記憶され、来世にまで持ち越してしまうことがよく分かります。現代では一方的に相手の自由を奪う犯罪が横行していますが、これは魂にとって重罪となります。

◆あの世ってどんなところ？

《暗闇の中に一筋の光が見えてそちらの方へ導かれていくと、舟に乗って川を渡っていました。その向こう岸には、一面の美しいお花畑が広がり、ご先祖たちがいて、「お前はまだ来てはいけない、帰れ！」と言われ、気が付いたらベッドの上でした。》という臨死体験の話は、私たちの周りでも時折耳にします。あの世ってそういう綺麗な花々が咲き乱れる美しい楽園と何気なく想像しているのです。

外国人も風景は異なれど似たような光景を体験するようです。《暗闇の中、遠くに光が見え、暗闇のトンネルを越えるとそこは美しい花園で、天使やＧＯＤがいた。》

宗教や文化が異なれば、個人の見慣れた風景、慣習、姿に合わせて、出迎えの舞台が用意されます。あくまでも死んだ人、あるいは臨死状態の人を驚かせないような舞台が設定されて出迎えられます。ここら辺のあの世の舞台設定メカニズムは、変性意識体験プログラム『X27・プログラム』の中で、誰でも体験して見てくることができます。すでに万単位の人たちがモンロー研や前世療法などの各種体験があり、もはや「あの世」「輪廻転生」「因果応報」の否定は現実的ではありません。

◆あの世を知るために

あの世は、人間死ねば一度は見て来ることができる世界ですが、生きたままで見て来るには、意識の状態（波動）をあの世に合わせなければなりません。モンロー研ならへミシンク（音声誘導CD）で変性意識状態へ誘導したり、退行催眠なら催眠術で潜在意識を呼び出したり、あるいは瞑想などの方法で、あの世（霊界）に意識波動を合わせることができます。あの世（異世界、霊界を含む）を訪問して見て来る方法がいくつかあるので、前向きな思考を広げるために、それらと向き合い重要な知識として役立ててください。

①モンロー研究所の変性意識状態による体外離脱体験

米国の超心理学研究者ロバート・A・モンローによる音声技術（ヘミシンク）で変性意識状態へ誘導し、体外離脱して、ガイド（守護霊）と各階層のフォーカスレベル（霊界）を訪問することができます。霊界に捉われている過去世の魂を救済することもできます。また生まれ変わりを計画し管理している地球生命系の高次元知的生命体とも話ができ、生まれ変わりの仕組みも見たり聞いたりできます。

②退行催眠による過去世、未来世への訪問

現在では退行催眠療法を行う臨床心理士、精神科医は世界に大勢いて数々の研究や臨床報告が存在します。前世や未来世を見てくることによってカルマやトラウマから解放される人々がたくさんいます。そして明るい人生を取り戻しています。そこでは前世、未来世の自分の姿を見ることはもちろん、過去の自分と話をすることもでき、自分の心の中に入り込んで、その時の気持ちを追体験することもできます。すべて魂の成長に役立つような場面、その時の心理状態、後悔、反省をガイド（守護霊）のサポートを得て見せてくれます。

③臨死体験によるあの世の訪問

①②のケースとは異なり、行きたい時に行けるような状態ではありません。

事故や災難、病気など死に直面した時によく起きる体験になります。ギャラップ調査でも臨死体験した多くの人たちが、あの世を見てきており、そこはどのようなところで、どのような存在たちがいるのか分かってきています。それによるとあの世の存在たちは、霊格、神格というものが明確に分かれていて、持っている能力も異なることが報告されています。

④霊能力者による霊視

時々持ち前の霊的能力で自己の意識を変性意識状態にして遠隔地へと飛んで見てくる人がいます。能力の種類や程度は様々ですが、前述のような方法によらなくても他人や自らの前世を見てきたり、霊や守護霊と対話する人はけっこう身近にいます。覚醒した状態であの世（霊界、異次元）に意識波動を合わせることができるのです。

いずれの場合においても、私たちのような物質界の人間にとって高次元の世界は、波動がピタリと合って映画のスクリーンのように隅から隅まで綺麗に見えることは、なかなかないようです。だいたいぼんやりと見えるようなケースが多いようで、波動を合わせるのは難しいのですが、みな意識はハッキリしています。

個人の抱えているカルマは、人それぞれに異なるので。その人の持つ魂の記憶（記録）にしたがって、見えるあの世の風景も異なるようです。みんながみんな綺麗な花園ではないのです。人によっては薄暗く寂しい世界だったりすることもあるのです。それが地獄と言い換えることもできますが、さすがに血の池地獄の話は今までありません。ただ戦争と殺戮を繰り返す霊界に落ちている事例はあって、誰かが救済しに来てくれるまではそこに堕《お》ちた魂は死の苦しみから永遠に抜けられないケースがあります。そんな死後の世界を迎えたくはありませんよね。私たちは心清らかに、生きて行きたいものです。

◆占いはオカルト？

ながいこと占いをやってくると、人は大きく三種類ぐらいに分類されることが分かります。

① 占いに強く関心をもって研究熱心な人。のめり込んで依存する人。

② 好きでも嫌いでもなく耳は傾ける人。困った時の神頼み程度の人。

③ 全く信じない人。

輪廻転生や因果応報、密教占星術、宗教の話をすると「そんなオカルト話」とか「科学的根拠は？」とか、上から目線のクールな人が時々います。そのような絡み方をする人には、話をするエネルギーが大変なので、こちらもなるべくスルーすることにしています。波動が合わないのです。人間世界は大きく二極化が進んでいるので無理に合わせる必要はないのです。二極化は、いろいろな言い方もされています。

- 地を這う者と次元上昇する者の二極化
- 波動の高い人々と波動の低い人々の二極化
- 半霊半物質になる人と、そうでない人々

表現はいろいろありますが、要は物質に捉われている人と、そうではなく精神性を大切にしている人で大きく分かれることなのです。最近その動きは特に顕著です。

当占いは統計的に高い確率で運気に見合った事象が収束するので、その意味でよく当たると言いますが、そのようなことよりもっと大事なのは、当たるか当たらないかではなく、運気に左右されない生き方をどのように学んだらよいかということになります。

人はみななにがしかのカルマを抱えているので、応報の報いを受けます。それらは不運な出来事となって「壊」の日に起きたり「暗黒の期間」に集中して起きたりするので、いきおい占いの虜《とりこ》になってしまうのです。

つきつめると、わが身に降りかかる不運は自分で呼び寄せているので、やってこないように魂の洗濯をする必要があります。それには物欲に捉われている自分をリセットして、「人に優しく愛をもって、明るく楽しく謙虚に過ごす」を心がければ、自らの波動が変わり、カルマの引き寄せは軽減されます。自分は被害者ではなく前世の加害者としての報いがいま来ているだけなのです。好きな占いを人に伝えたくて話をした時「そんなオカルト」と一蹴されると心が痛みます。特に男性は頭で考えるので、思考の限界を超えると「オカルト」に落とし込みます。女性はハートと感情で物事を捉えるので、何だかよく分からないけど、この占い大好き、おもしろいということになります。

◆実は、科学も仏教もオカルト!!

占い鑑定をしていると相談者は人生上の重大な問題を抱えて相談に来ています。そのような問題は見えない世界に触れないと、本当の解決には近づかないのです。本人にとっては深刻なのですが、同伴者や家族、周囲の人たちからは「そんなオカルトみたいなこと」と一蹴され、相談者はますます迷ってしまうことがあります。

オカルトでよいのです。オカルトでなければ人間世界の不思議は説くことができないのです。

みんなが求める科学的根拠というのがどれほどオカルトかお話ししましょう。人生上の重大な問題には運命、カルマ、因果応報、あの世、悪霊といった話が出てきます。見えない世界の話なので、少し物質世界から切り離してこれらのことと向き合ってみてはいかがでしょうか。

近年では量子物理学の世界が宇宙論や素粒子論を説明するのに、あの世の話まで触れるようになってきました。いまや量子力学はあの世の科学と言われています。量子力学がつきとめた世界は仏教思想に近づいているとも言われています。なぜでしょう?

いくつか理由があります。その一つに「素粒子にはこの世から姿を消してしまうものがある」。そのようなことを発表して一躍世界に注目された研究者がいます。ハーバード大学、プリンストン大学、及びマサチューセッツ工科大学の終身教授で超美人のリサ・ランドール博士です。博士は五次元宇宙を予測して、素粒子がこの物質世界からワープして消えてなくなるという仮説を立てました。その理論が証明されるのは今後にゆだねるとして、この世から物質が消えてしまうなんて、これは立派なオカルトでしょ？　まるで超常現象です。

また量子力学は根源的な問題を抱えています。それは素粒子の二重性の問題です。みなさんは学校で素粒子の二重スリット実験の話は、学んだことがあると思います。素粒子は粒子と波の二重性を示し、二重スリットを通過すると観測者がいる時は粒子として振る舞い、観測していない時は波として振る舞っています。誰かが見ていると粒子で現れ、見ている者がいないと波として存在しているというのです。どのような科学的根拠でこのような動きをするのか誰にもわからないし説明もできないのです。それってオカルトでしょ？　科学者はこのことになると百年もかかって分からないので、なぜそうなるのかという理屈の解明はおいておいて、便利な結果を使っちゃおうと決めて科学は進歩してきたのです。それが量子力学なのです。赤信号みんなで渡れば怖くない、という危ういところがあるのです。そうやって人類は半導体や超電導、ナノテクノロジー、量子コンピュータなどの恩恵にあずかっているのです。これらの働きに科学的根拠を示せと言ったとたんに人類は思考回路停止になるのです。量子の振る舞いを説明できないのです。量子コンピュータや量子通信などの「量子のもつれ現象」を、なぜそのようなことが起きるのか科学的に説明せよと言ったら、オカルトの出番になってしまうのです。

たとえばある原子の周りを回っているもつれ状態（相関関係にある状態）にある二つの電子を、かりにその片一方を宇宙の果てまで引き離したと仮定して、片一方の量子状態を特定したら、その瞬間に宇宙の果てにあるもう一方の電子も、その量子状態が決まるというのです。そのスピードは光の速度を超えて伝達されます。「アレッ⁉」この世に光より速いものはないんじゃなかったかしら？　光より速いものはないと提唱したアインシュタインがノイローゼになるのも分かります。それで困った量子力学の学者たちはなんと言ったか、「幕の向こう側で誰かが意識的に操作をしている」と言ったのです。つまり物質世界の向こう側の世界から、誰か（神）が操作をしている、と言いたかったのです。分からないことは神様のせいにしちゃえ、という乱暴な結論にしたのです。これはいまだもって解明されていません。

科学って、ある意味いいかげんでしょ？　だから占いで「神様が……」と言った時、オカルトだと言われても、的はずれなことを言っていると思えばよいのです。自信をもってオカルトを連発すれば、鑑定する方も受ける方も少しはすっきりと気持ちよくなれるのではないでしょうか。「困ったら神様のせいにしちゃえ」これが大事です。

「人を傷つけたり、ののしったりしたら因果応報があるよ、神様はお見通しだよ」と言って神様の機嫌を損ねないように対処すれば、世の中、何の問題もなく丸く収まるでしょう。みんな平和で気持ちよくなりたいのです。

少し話を戻してみましょう。よく「この世は仮想現実である」と言われます。これは量子力学が突き止めた私たち人間世界、宇宙の姿です。理論物理学では数学が予測したことはいままで外れたことがないと言われています。この宇宙はホログラフィーのようなものと言われていますがホログラフィーはレーザー光をホログラムの干渉縞に照射することによって、V R《バーチャルリアリティー》のように立体画像が再現されます。これに似て、この物質世界は重力波が宇宙の全記録情報に作用することで物質世界が再現されているという仮説に近づいているようです。ただでさえあの世というものは分かりにくいのに、この物質世界は存在するとかしないとか、挙句の果てにあなた自身も存在しない、とか言われちゃうとわけわからない世界になります。話を簡単にまとめれば、仏教で言うところの「色即是空《しきそくぜくう》」この世のすべての物事は実体がなく、他者との関係性で存在している、それ自体独立して存在する絶対的な存在はないという考え方と、量子力学が突き止めた、この世は仮想現実であり実態がないものである、という考え方にぴったり重なりました。その結果、時の科学者たちは、お釈迦様が約二千六百年前に説かれた仏教思想に大いなる影響を受け数々の名言を残しています。

◇ヴェルナー・ハイゼンベルク（不確定性原理提唱者）
《日本の物理学者たちによる貢献は東洋の伝統的哲学と量子力学が根本的に似ているからかもしれない》

◇エルヴィン・シュレーディンガー（波動力学の提唱者）
《西洋科学は精神の理解から科学が離れてしまった》

◇ニールス・ボーア（量子論の育ての親）
《古代東洋思想の見解と量子力学は密接に関係している》

◇アルベルト・アインシュタイン（相対性理論の提唱者）
《現代科学に欠けているものを埋め合わせてくれるものがあるとすれば、それは仏教だ》

◇デヴィッド・ボーム（ボーム解釈の提唱者）
《東洋の思想家たちが見ているものと、私たち物理学者が見ているものは、本質的に

同じである。ただ異なった方法で表現しているだけだ》

このように仏教も量子力学もこの世の物質であったり、実態であったり、自分自身の肉体すらもあいまいな存在であり、仮想現実であると言っているのです。これを拡大して解釈すると、物質に捉われている自分、自我に捉われている自分、誰もが求めて止まないお金もむなしいものだよ、うつろなものだよ、仮の実態であり存在しないものだよ、だからそれらに執着していると、自分の肉体を形成させている背後の自分、魂の自分を見失うよ、ということになります。すべての苦しみはそこの執着にあります。占いでは、そのような方向に向かって説いてあげなければならないのです。

物質や自分自身の実態という形で、形態形成場に現れた実態は実は仮想現実で存在しないものだと言われます。ただその背後に見えない自分がいます。つまり物質や肉体を創るために素粒子が集まり、原子となり、分子となって肉体が形成されますが、それを形作っている見えない力、エネルギーが自分になります。

◆過去、現在、未来は同時進行？

輪廻転生や生まれ変わりを論じると、魂は不滅で同じ魂がクルクルと生まれ変わっているると思いがちです。そして生まれてくる時に前世の記憶がリセットされて新しい人生をスタートすると解釈されます。

実は一つの魂がクルクル回るというほど簡単ではない部分があります。それは現在の自分が変性意識状態あるいは催眠状態で、過去世が捉われている霊界に行って過去の自分に会ってくることができます。その時現在の自分は過去世の自分をすぐに認識し、向かい合って話をすることもできます。霊界に捉われている過去世はかなり余分な感情などはそぎ落とされていますが、ちゃんと感情を持った過去の自分と分かるのです。そこには別人格の過去の自分の魂があり、現在の自分の魂があります。もっと言うと、未来世も同様に見てくることができ、そこには未来の自分の魂もあります。では、それらはみんな別の魂かというと、それは自分の魂なのです。つまり大いなる自分の魂があってそこから過去、現在、未来とあらゆる世代に自分が分岐してどの世代にいる自分も、元でつながっており、すべてが同時に自分を共有している感じで存在しているようです。

◆人はどのような生き方をすればよいのか?

私たちが生きている世界は宇宙の全情報が記録保管されているアカシックレコードが基になって物質世界が投影されていることは、ほぼ間違いなさそうです。量子力学もそのようなところへ迫ってきています。

重力波動による投影で物質世界が形づくられているとする考え方は占いにとって重要です。密教占星術は生年月日を基にしてすべてを占います。つまり生まれた時の惑星の配置によりその時の重力波動がDNAに刻まれ、それはまたアカシックレコードに記録されます。そして日が進むにつれて惑星の位置が変化し、重力波動の記録も変化しながら記録されていきます。毎日の生活が仮想現実で重力波によって、宇宙の記録情報から再現投影されたものとするならば、私たちはこの記録情報をよい情報で記録しておかないと、よい因果としての投影が得られないということになります。苦難ばかりの苦しいあなたの現実はこの宇宙の全情報に記録されているあなたの情報がよい記録で残っていないということになります。これは前世から続く記録なので、さあ大変です。どうしましょう。よくない記録はカルマとしていつまでも再現されます。千年も!!

日々の重力波のズレによって、自分にとってよい重力環境か、合わない重力環境か、によって運気がよいとか悪いとかになって表れます。自分にとって合わない重力波で悪い記録情報を使って形態形成されてしまうと、不運な好ましくない現実が出現します。

このようなことから〈よい日〉にはよいことが起きて〈悪い日〉には悪いことが起きる確率が非常に高くなります。まずは運気のリズムを知ってよい日には積極的に行動し、悪い日には因果の再現を和らげるために、「心を善にして人に優しく愛をもって接すること」がとても大事になります。

すべては全宇宙の記録にあなた自身の記録として、よい記録を残していくことが大切です。周りの人も含めてそのような影響を発揮するように生きて行くことが人生の究極の目標になるのではないでしょうか。好きな人も嫌いな人も、今の最愛な家族も最悪な家族も、輪廻転生ではまた別な舞台が設定されてそこで再び同じ役者が絡み合って、悲喜こもごもな人生模様が幾世代も繰り返されます。親子の断絶も身近な話として見聞きしますが、この親子の断絶芝居は何度も何度も魂の学びがあるまで繰り返されます。

千年も!!

それが分かったら、みなさんどうやって生きていけばよいか分かりますよね。

◆願いは叶うのか？

では物質世界は仮想現実であると仮定して、少なくとも自分自身の存在は誰でも疑う余地がありません。嬉しいとか楽しいとかあるいは怒っている自分とか確かにその存在が感じられるのです。仮想現実の中に生きる自分ですが、でも幸せになりたいと願っている自分がいるのです。その願いは叶うのでしょうか。できることなら家族とともに幸せな人生舞台を実現したい、それは叶うのでしょうか。

幸せになりたいという意識は仮想現実の物質世界に影響を与えて環境を変えることができるのでしょうか。よく願いは叶うとか引き寄せの法則とか言われますが本当でしょうか。自分の意識が自分の世界を創っているって本当でしょうか。自分は幸せになりたいのです。

意識が自分の世界を創っているとするならば、意識は物質世界に影響を与えられるということになりますがそれは本当でしょうか。

ここに面白い実験があります。先に出てきた量子力学の基礎実験で二重スリット実験がありました。それは二〇一七年米国ノエティック科学研究所で量子の二重スリット実験に対して意識を向けて念じたら、素粒子がスリットを通過する時に念じた通りに動きが偏るかどうかを確認する実験だったのです。それは平行に並んだスリット（切れ目、隙間）に向かって電子銃で電子を一個ずつスリットへ向かって打ち込みます。スリットを通り抜けた電子はその向こうに置いてある写真乾板壁に当たって露光します。電子は一個だけしか打たなくても左右のスリットを同時にすり抜けたように、乾板には干渉縞となって記録され、電子という素粒子は波の性質を持っていることが証明されます。

そこで一個の電子が二つのスリットをどうやって通過したのか観測をしたとたんに、電子は波ではなく粒子として現れ、乾板には干渉縞ではなく一個の電子の跡が記録されます。こうして電子という素粒子は粒子と波の二重性を持っているということが証明されるのです。これが量子の二重スリット基礎実験になりますが、ノエティック科学研究所では、この実験中に人が左右どちらかのスリットを通るように念じて意識を送る実験をしたら、おもしろいことが起きました。念じた通りに片一方に偏って粒子として記録されたのです。この実験は一般人二百五十人に被験者になってもらった結果、念じた通りに偏ることが証明されたのです。

これは人類にとってとても大きな思考をもたらすことになります。つまり意識（念）

を送れば素粒子（物質）は意識のとおりに遍在するということを証明してしまったのです。言葉を換えると、「目の前に形態形成している現実の世界は、あなたの意識のとおりに展開している」ということにつながるのです。ですから願いを叶えたかったら、強くイメージを持って念じることで現実世界はその方向に向かっていくということになります。量子力学は意識の通りに物質世界に影響が及ぶことを証明してしまったのです。

日頃の生活で私たちは、不平不満ばかり言ってはお酒で心を麻痺させて憂《う》さを晴らす生活をしていませんか。これちょっとヤバくありませんか、なぜならその意識に向かって素粒子が固まってきてやがては、強固な不平不満の物質世界が現実となってしまうからです。これを書くと筆者はちょっと心が痛い、筆者もお酒が好きな人間なので。

恨み、妬み、羨望ばかり意識しているとどっぷりその世界に浸かってしまうということなのです。従っていつも幸せを願い家族や他人にも優しく接していれば、やがてそのような世界が強固な現実、安定的な現実として目の前に展開していくということになります。

占い師はいつもそのようなことを言っていますが、けっしていい加減なことを言っているわけではなかったのです。これは量子力学が証明していることなのです。

「科学的でしょう?」

◆しつこくもう一度、願いは叶うのか?

量子力学では粒子の二重性（粒子と波の性質を併せ持つこと）や量子ゆらぎ（見るまでは物体の位置が確率的にしか存在できない状態）といった事象はミクロの世界での話と思われてきました。ところがＣ60フラーレンという炭素原子が六十個、粒子の数にしたら千個にもなるサッカーボール状に連なった物質で二重スリット実験をしたら、量子の二重性を示す干渉縞が観測されました。そしてさらに原子が二千個を超えるアミノ酸生体分子での二重スリット実験成功がウィーン大学により報告されました。これらは何を意味しているかというと、構造を持つ物質の世界でも量子の二重性、量子ゆらぎが存在するということが確認されたのです。極めつきは二〇二〇年、ＭＩＴ（マサチューセッツ工科大学）で人間サイズの四〇キログラムの鏡に二〇〇キロワットのレーザーを当て鏡全体を10マイナス20乗メートルの幅で量子ゆらぎ状態にすることができたという研究発表がありました。これは人間もこの世の物質も量子状態で論じることができるという証明になりました。さて、念じればそこに量子が集まるというのですから、願ったら物質化する世界であると言えるのです。みんなで幸せを念じましょう。

二十七星占い

総星
そうせい
牛宮
羊宮
魚宮
瓶宮
獅子宮
蟹宮
夫妻宮

総星の年運レベル

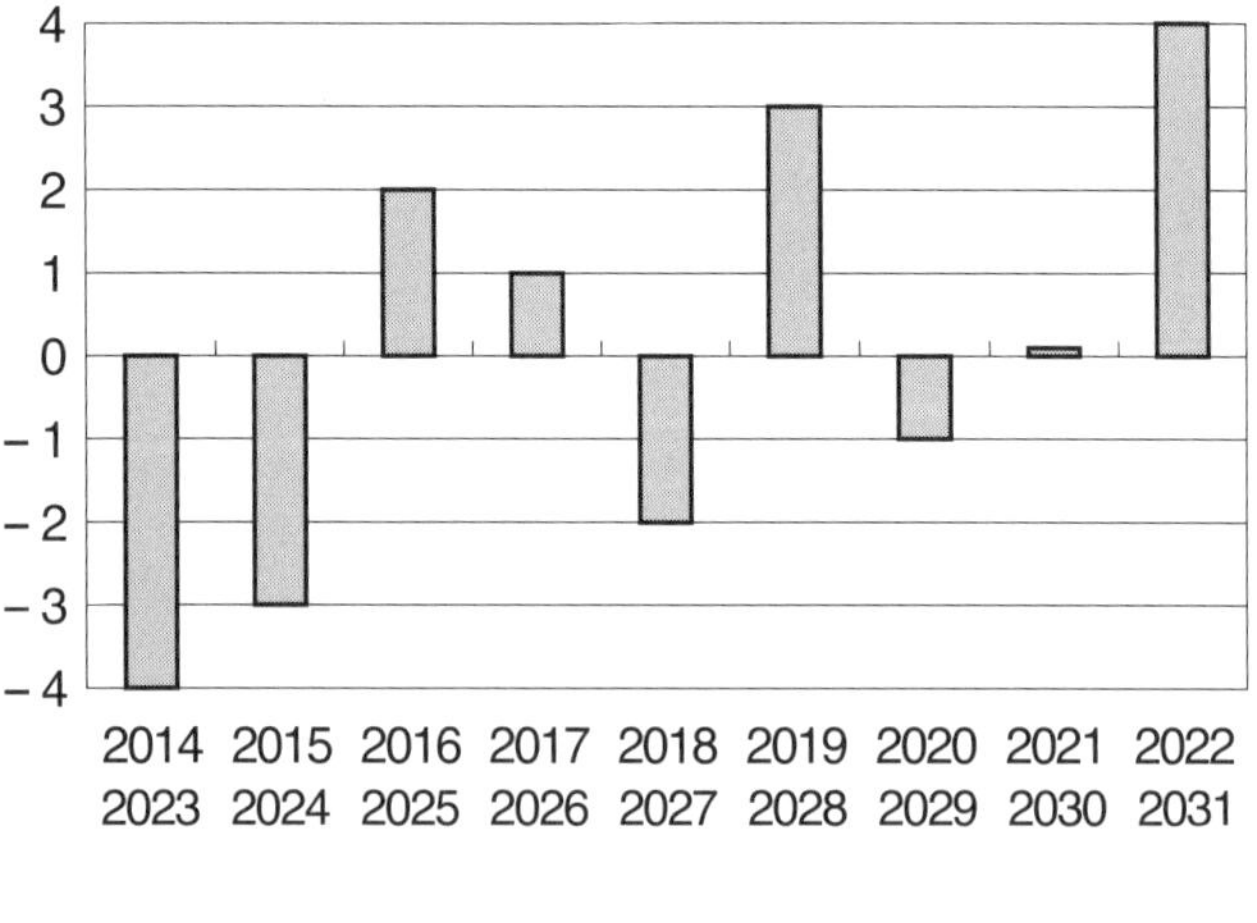
4
3
2
1
0
−1
−2
−3
−4
2014 2023
2015 2024
2016 2025
2017 2026
2018 2027
2019 2028
2020 2029
2021 2030
2022 2031

◆総星の性格

- 聡明で名誉を大切にする理想主義者、高い志と品性を備えています。
- 金銭よりも名誉を重んじるタイプで、おおらかで賢く、強く生きる人。
- 高い人徳、財運、長寿、尊敬、忍耐強さがあり、目上の人から引き立てられます。
- リーダーシップや責任を取るタイプではなく、黙々と目的に向かって努力します。
- 剛柔二つの性格があり、学問、文才、弁舌に優れ高い人徳と名誉を授かっています。
- 男性はお坊ちゃま、女性はお嬢さんタイプの育ちのよさを感じさせます。
- ものごとの本質をきわめようとする姿勢は、周囲から好感を持たれます。
- 常識を重んじ、それが価値判断の基準になっており、人にも自分にも求めます。

◆落とし穴を招く性格

- 人のプライバシーに入り込まず、逆に自分がそうされると距離をおこうとします。
- 理想と現実の狭間で揺れ動き、そのギャップが大きいほどストレスで悩みます。
- 気位や理想が高く、玉の輿《こし》を狙いがちで、運気を落すことがあります。
- 気高すぎて優しさに欠けるように見られることがあり、損をすることがあります。
- 男女共に社会的ステータスの高い異性を好む傾向があります。

（方位：西）

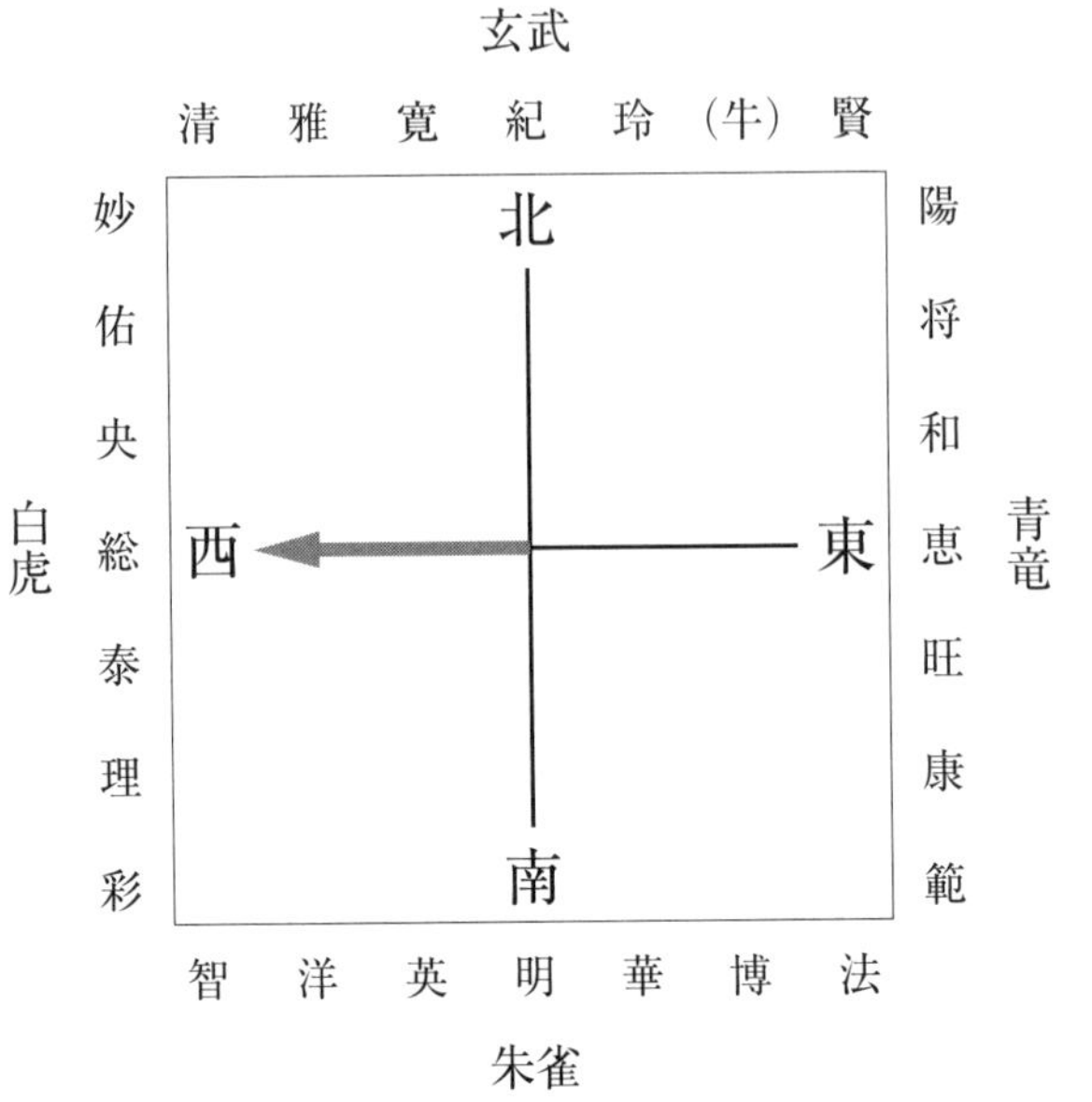

星座　すばるぼし、おうし座プレアデス星団、三・七等級

方位　西の方位に守護神鎮座
礼拝・祈りは吉運が働き、困った時にはその方位に祈りを

四神　白虎、西方を守護する神獣
総星は真西に位置しその勝負エネルギーは西にあります

命の日　「命」の日は北方大凶

十二宮　羊宮（一足）牛宮（三足）
父母の愛と福徳長寿の運命は洋宮からもらっています
強い弁舌と気性の強さは牛宮からもらっており、農業、牧畜は好運が開けます

ビジネス運

●頭脳的に一生懸命仕事に取り組みます。常識的に物事を判断し、人にもそれを求めます。融通をきかせてそこのバランスがよければ、そつなく仕事をこなす管理者に向いています。

恋愛運

●男女ともにまじめで誠実そうな態度が売り物。育ちのよさを感じさせ好感を持たれます。時々強情で内向的になり損する人もいます。男性は女性の自由を尊重するとよい。

適職

●シェフ、研究家、教師、評論家、ジャーナリスト、アーティスト、作家、タレント、デザイナーなど自分でコツコツと努力を積み上げていく仕事で真価を発揮します。

健康運

●運命的部位「頭」、注意を要する疾患「神経、ストレス、胃炎、気管支」。

総星の有名人

芸能界

佐々木蔵之介
安達祐実
綾瀬はるか
小池栄子
広瀬すず
宮崎　駿
氷室京介
桂　文珍
TAKA
相葉雅紀
フワちゃん

スポーツ界

小椋久美子
大坂なおみ
岩政大樹
岡田武史
長谷川穂積

政界・財界

伊吹文明
江田五月
田中康夫

文化・その他

石田衣良
泉　鏡花
京極夏彦
平山正剛
やくみつる
やなせたかし

泰星
たいせい
牛宮
羊宮
魚宮
瓶宮
獅子宮
蟹宮

泰星の年運レベル

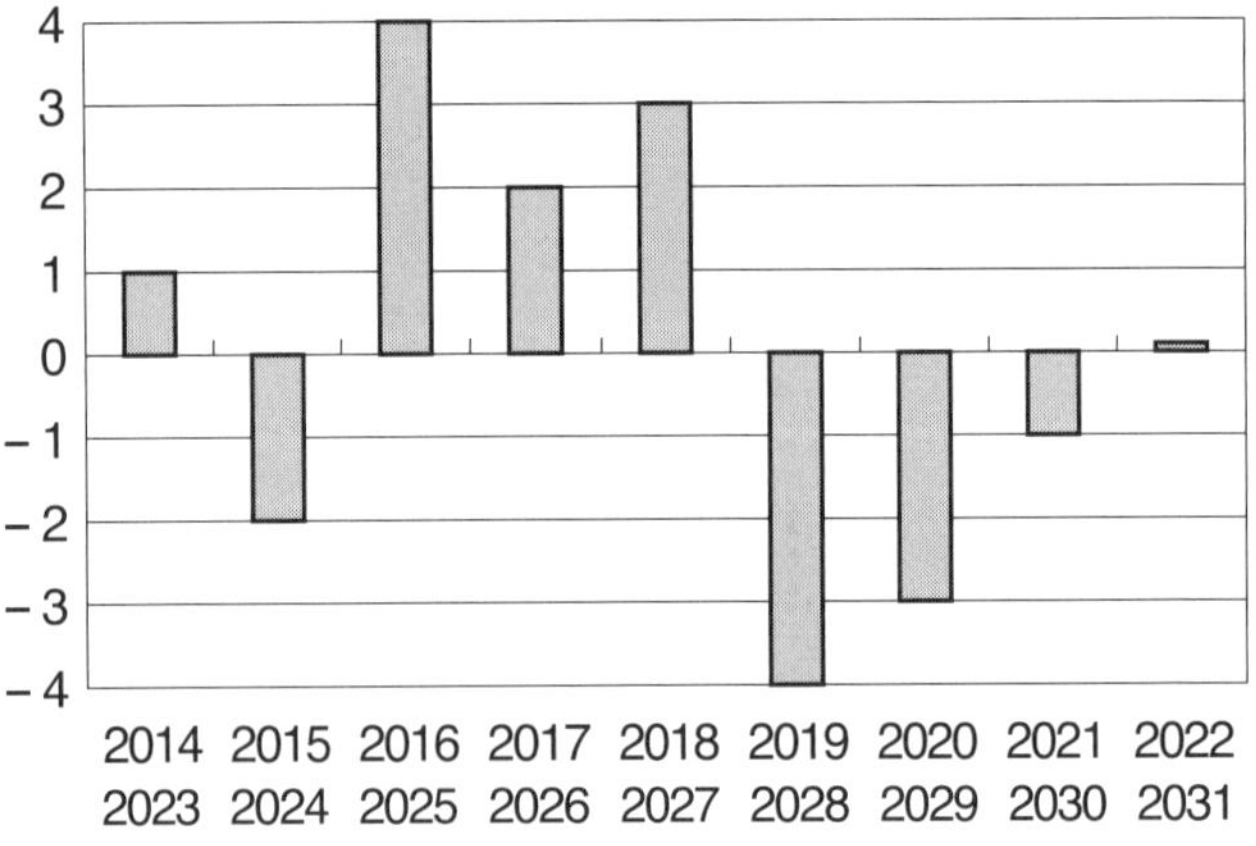
4
3
2
1
0
－1
－2
－3
－4
2014 2023
2015 2024
2016 2025
2017 2026
2018 2027
2019 2028
2020 2029
2021 2030
2022 2031

◆泰星の性格

- 見かけは素朴で庶民的、人当たりは優しく好感が持てます。三大美人星の一つ。
- 自分の信じる道をマイペースで歩む生き方をして、人望をあつめ大器晩成します。
- 一見、口数は少ないほうですが、自分のこととなると多弁になります。
- 冷静沈着な忍耐強さで、大切なものを守ろうとする力は人並み外れています。
- 金銭感覚もよく商才もあり、一攫千金よりコツコツ蓄財するタイプです。
- やさしさにあふれ、恋愛にはひたむきで、安定志向がつよい人が多くいます。
- 女性は主婦業に専念する人が多く、家庭に入ると自分をかまわなくなります。
- 男性も女性も心には自分の理想郷を秘めており、外から窺い知ることはできません。

◆落とし穴を招く性格

- 自分に自信を持っていて、人の意見も馬耳東風なところがあります。
- コツコツ型で、わずかな方向転換も苦手。頑固さにかけては一、二を争います。
- 庶民派という持ち味を活かせず、人との縁を軽視して失敗することがよくあります。
- 女性は危険な男に翻弄されやすく、恋愛のチャンス、婚期を逃すことに注意。
- スターぶったり、アーティストめいたり、格好つけたり庶民派を外れると失敗多し。

（方位：西微南）

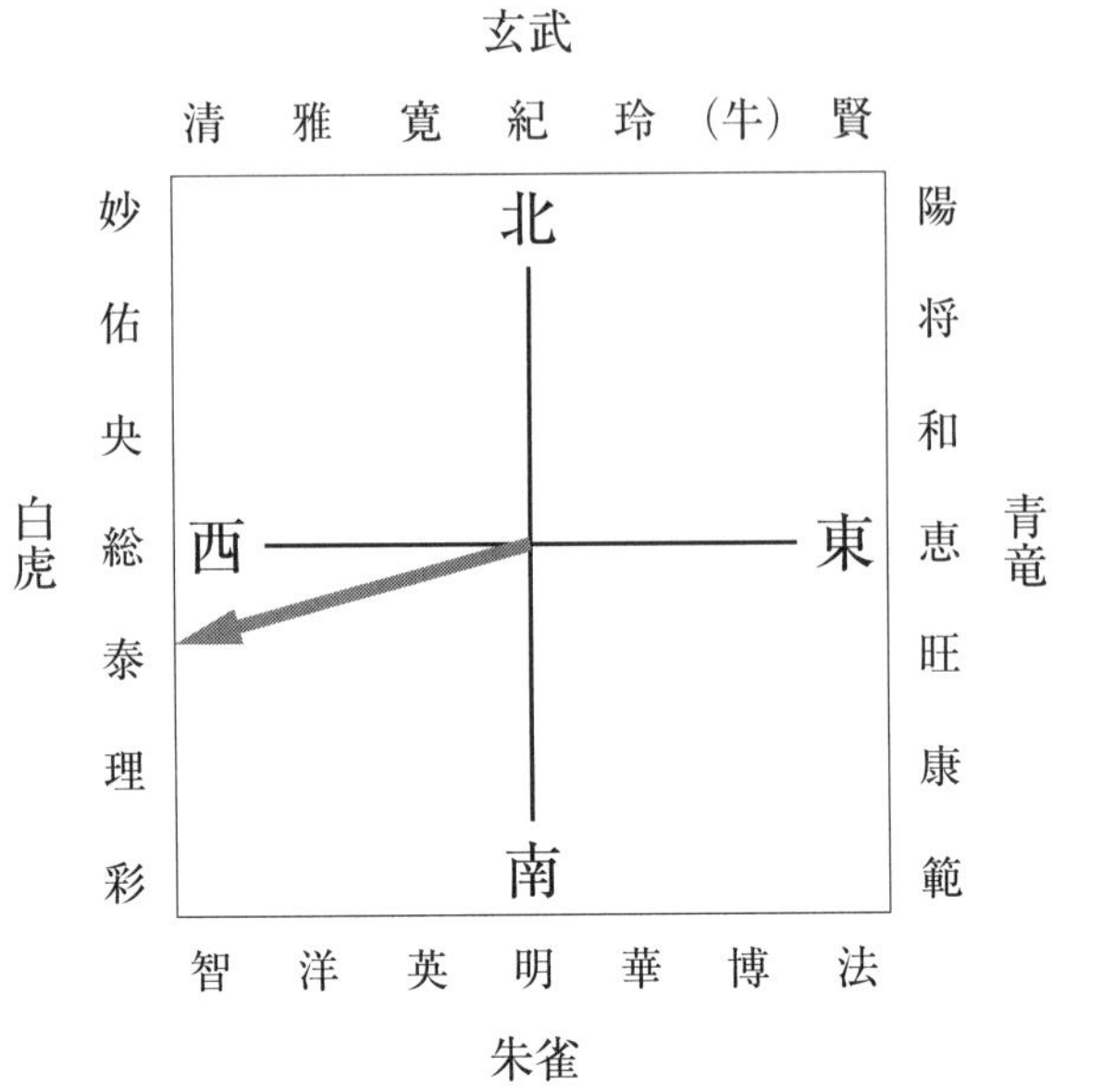

星座　あめふりぼし、おうし座イプシロン星、三・五三等級

方位　西微南の方位に守護神鎮座礼拝・祈りは吉運が働き、困った時にはその方位に祈りを

四神　白虎、西方を守護する神獣泰星は西微南に位置しその勝負エネルギーは西にあり

命の日　「命」の日は北方大凶

十二宮　牛宮（四足）すべての福と徳を授かる宮と言われ、父母から愛と財を受ける運命を授かっています。さらに気性の強さもこの宮からきています

ビジネス運

・男女共に仕事には一生懸命まじめに取り組みます。長い時間をかけて忍耐強く目標を達成していきます。人当たりはよく穏やかに話を聞きますが、結局言うことは聞かず損することも。

恋愛運

・感情的な恋愛よりも理性的な恋愛に発展します。理想を求め純粋な恋愛に憧れます。従って恋愛のチャンスも少なくなります。女性は家に入ればしっかり家庭を築きます。

適職

・政治家、税理士、会計士、財務・経理、銀行員、経営コンサルタント、職人、研究員、芸能。

健康運

・運命的部位「脳、額」、注意を要する疾患「過労、咽喉、脊髄、腎臓、子宮、糖尿病」。

泰星の有名人

芸能界

米倉涼子
吉瀬美智子
稲葉浩志
ホラン千秋
桃井かおり
松田聖子
メリル・ストリープ
山口百恵
谷村新司
中山秀征
ペ・ヨンジュン
松本人志
西島秀俊

スポーツ界

杉山　愛
池田勇太
駒野友一
ロナウジーニョ

政界・財界

豊田章一郎
菅　直人

文化・その他

最澄
親鸞
カルロス・ゴーン
三谷幸喜
藤子・F・不二雄

理星
りせい
夫妻宮
牛宮
羊宮
魚宮
瓶宮
女宮
獅子宮
蟹宮

理星の年運レベル

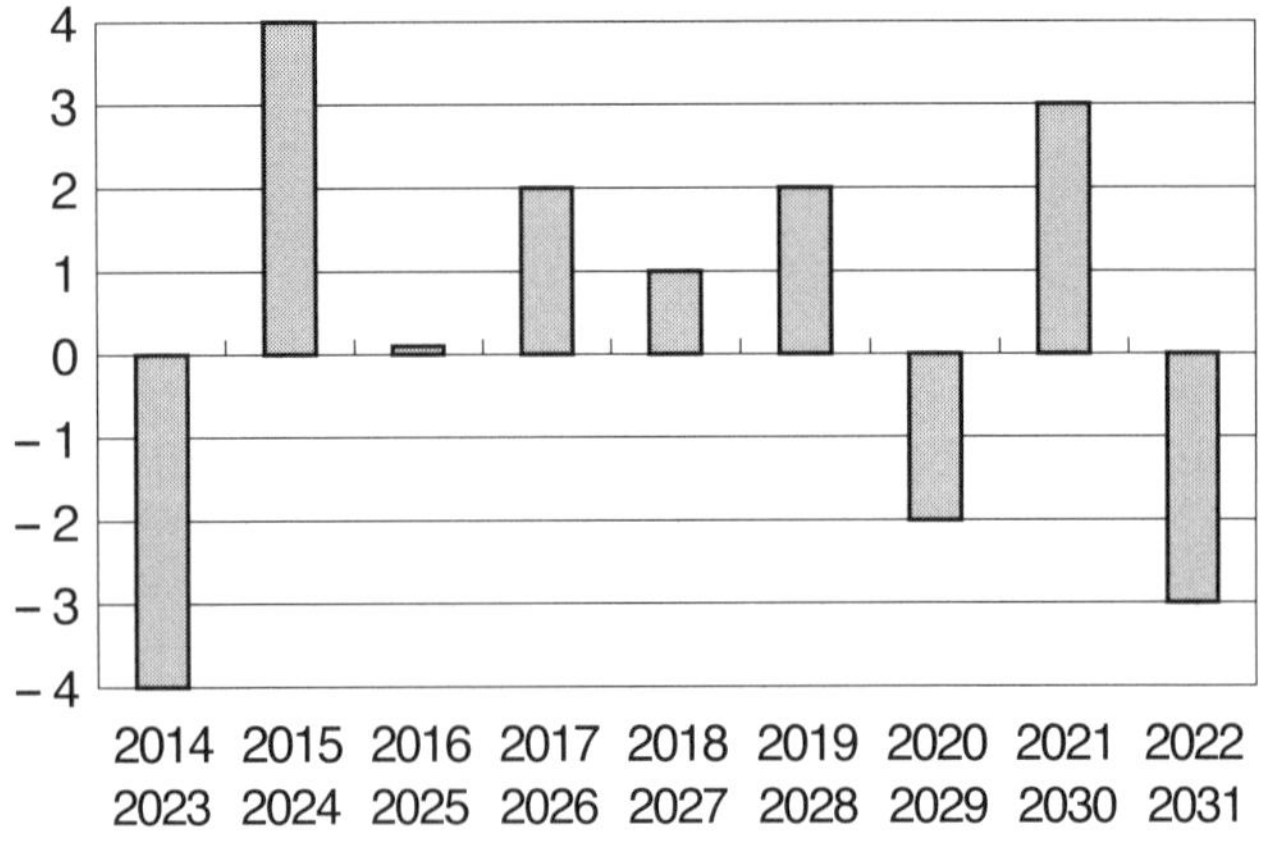
4
3
2
1
0
−1
−2
−3
−4
2014 2023
2015 2024
2016 2025
2017 2026
2018 2027
2019 2028
2020 2029
2021 2030
2022 2031

◆理星の性格

- 財運にも恵まれ、一国一城を築き上げる大きなエネルギーで人生を切り拓きます。
- 自分にも人にも厳しく、きっちりと諭すように叱ってくれる人。
- 若い時から常識のあるしっかり者、つつしみ深い性格の人は幸運に恵まれます。
- 独善的に見えても良識派で、意外と慎重な一面を持っています。
- 力で相手を押さえ込まず、良識の一線を守るため争いに発展しません。
- 破天荒に見えても保守的、華やかさよりも精神性を重視します。
- 家事や仕事をテキパキとこなす、よき妻よき母。時々つまらない男に貢ぐことあり。
- 自分と合わない相手はあっさり割り切り、地味ながらも安定した一生を得ます。

◆落とし穴を招く性格

- 教祖型、闘士型、ワンマン型に大別され、アクが強く出すぎると失敗します。
- 人の欠点や過ちを見逃さず、厳しさのバランスを見失いがち。
- 毒舌で相手の自尊心を傷つけやすく、周囲から嫌われることがある。
- 自立心と経済力があり結婚願望は薄いため、恋愛・結婚にも慎重になりがち。
- 嫉妬やいじわる、お酒で失敗する運命があり、傲慢にならない注意が必要です。

（方位：西南西）

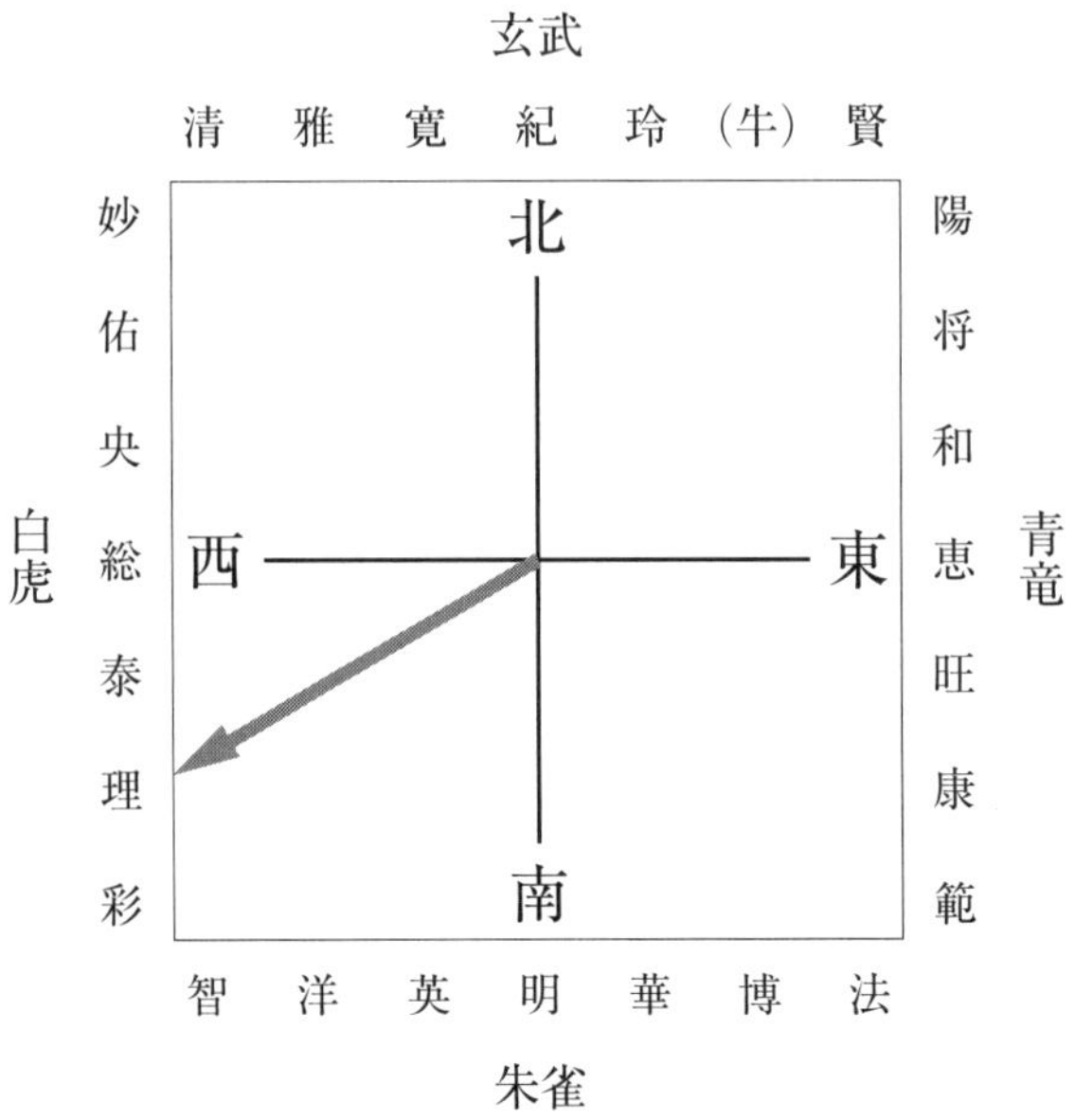

星座 とろきぼし、オリオン座ラムダー星、三・六六等級

方位 西南西の方位に守護神鎮座
礼拝・祈りは吉運が働き、困った時にはその方位に祈りを

四神 白虎、西方を守護する神獣
理星は西南西に位置しその勝負エネルギーは西にあり

命の日 「命」の日は北方大凶

十二宮 牛宮（二足）、夫妻宮（二足）
牛宮からは福と徳と財を授かります。夫妻宮からは気性の強さと、強い信念で困難に立ち向かうエネルギーをもらっています。優れた才能で成功します

ビジネス運

●人に使われるより独立して起業したら大成功を収めるエネルギーがあります。目標を達成するエネルギーは群を抜いているので、大きな目標を持つことによって運が開けます。

恋愛運

●男性は経済力もあり独占欲も強いので、口説きの圧力が強く出ると嫌がられます。知的、芸術的センスもあるのでバランスよくスマートに。女性は男に好かれる運あり。

適職

●起業家、弁護士、セールス、管理者、教育者、作家、アナウンサー、出版、経理、指導者、医師、弁護士、スポーツ、カリスマ、その道のボス、男性顔負けの女性仕事人。

健康運

●運命的部位「眉、眉間」、注意を要する疾患「脾臓、肝臓、腎臓、ストレス、過労」。

理星の有名人

芸能界

井上真央
紗栄子
白石麻衣
滝川クリステル
石原良純
ローラ
有田哲平
石田純一
小栗　旬
織田裕二
本田　翼
吉川晃司
高橋克典
松本　潤
矢沢永吉
深田恭子

スポーツ界

大谷翔平
朝青龍
桑田真澄
佐藤琢磨
武田修宏

政界・財界

プーチン
レーガン
原口一博

文化・その他

千利休
司馬遼太郎
小松左京

彩星
さいせい
夫妻宮
牛宮
羊宮
魚宮
瓶宮
蟹宮
獅子宮
女宮
秤宮

彩星の年運レベル

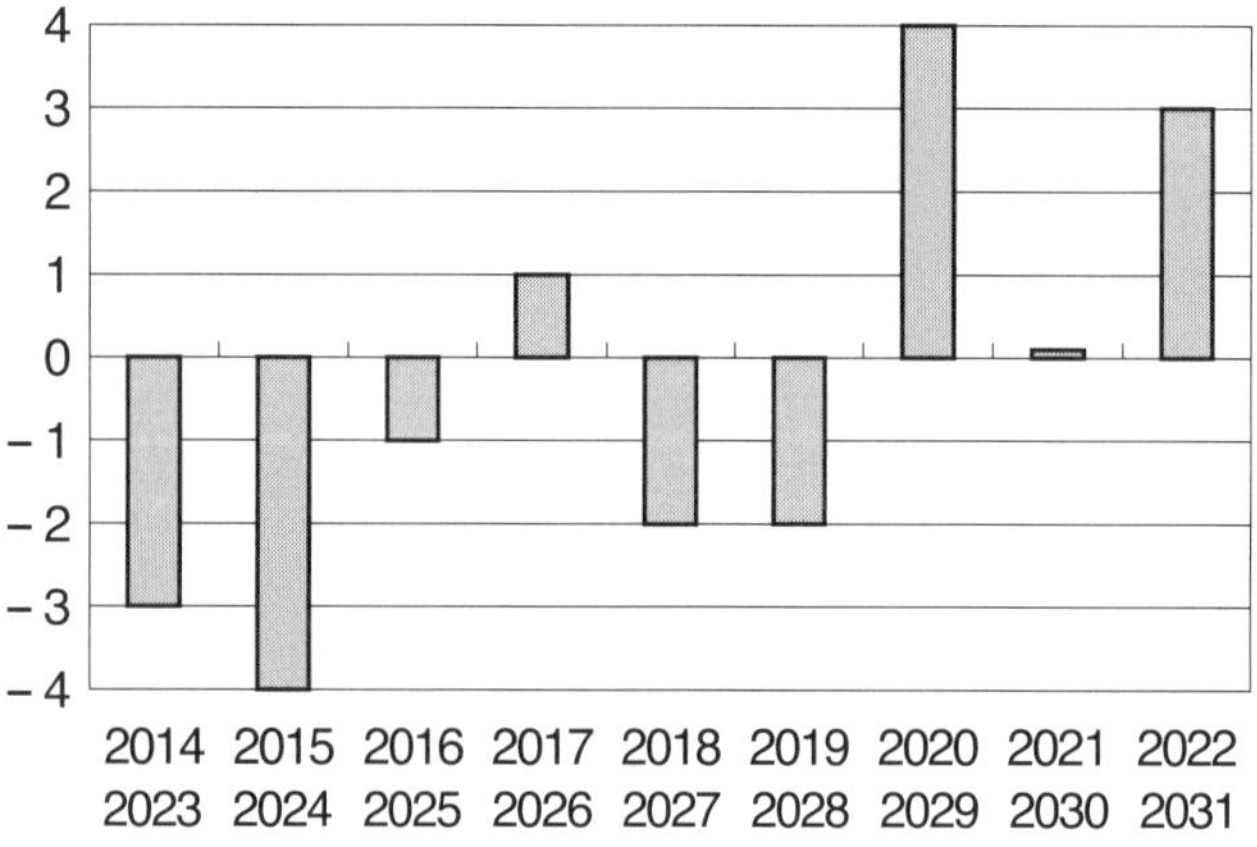
4
3
2
1
0
−1
−2
−3
−4
2014 2023
2015 2024
2016 2025
2017 2026
2018 2027
2019 2028
2020 2029
2021 2030
2022 2031

◆彩星の性格

・粘り強さと行動力で自在なアイデアを繰り出し、自分流のやり方を築いていきます。
・困難にもひるまず、強い意志と情熱で果敢に挑戦していき成功します。
・女性は前向きな強さを持っており、結婚後も家庭と仕事を両立します。
・周囲への心配りに長《た》け、義理人情にも厚く人から愛されます。
・性格は陽気で正直、仲間に気を配り、励ましたりかばったり優しさもあります。
・男性はエネルギッシュ、女性は賢く仕事もバリバリと器用にこなします。
・母性本能が強く子供を守る気持ちが強く出るあまり、舅《しゅうと》や姑《しゅうとめ》と衝突します。
・自己犠牲もいとわないかと思うと、意外と用心深い一面も持っています。

◆落とし穴を招く性格

・腹におさめることが苦手で、悪気なく毒舌を吐いて印象を悪くすることがあります。
・恋愛体質で恋多き人生、相手に配偶者や恋人がいてもおかまいなしの人。
・否定的な言葉に支配されがちで、波瀾に満ちた人生を歩む人が多くなります。
・平凡な男では満足せず自分の道を選んで突き進み、苦労に飛び込む人が多くいます。
・男女とも強い気性のまま人と衝突することがあり、痛手を負うことがあります。

（方位：南西微西）

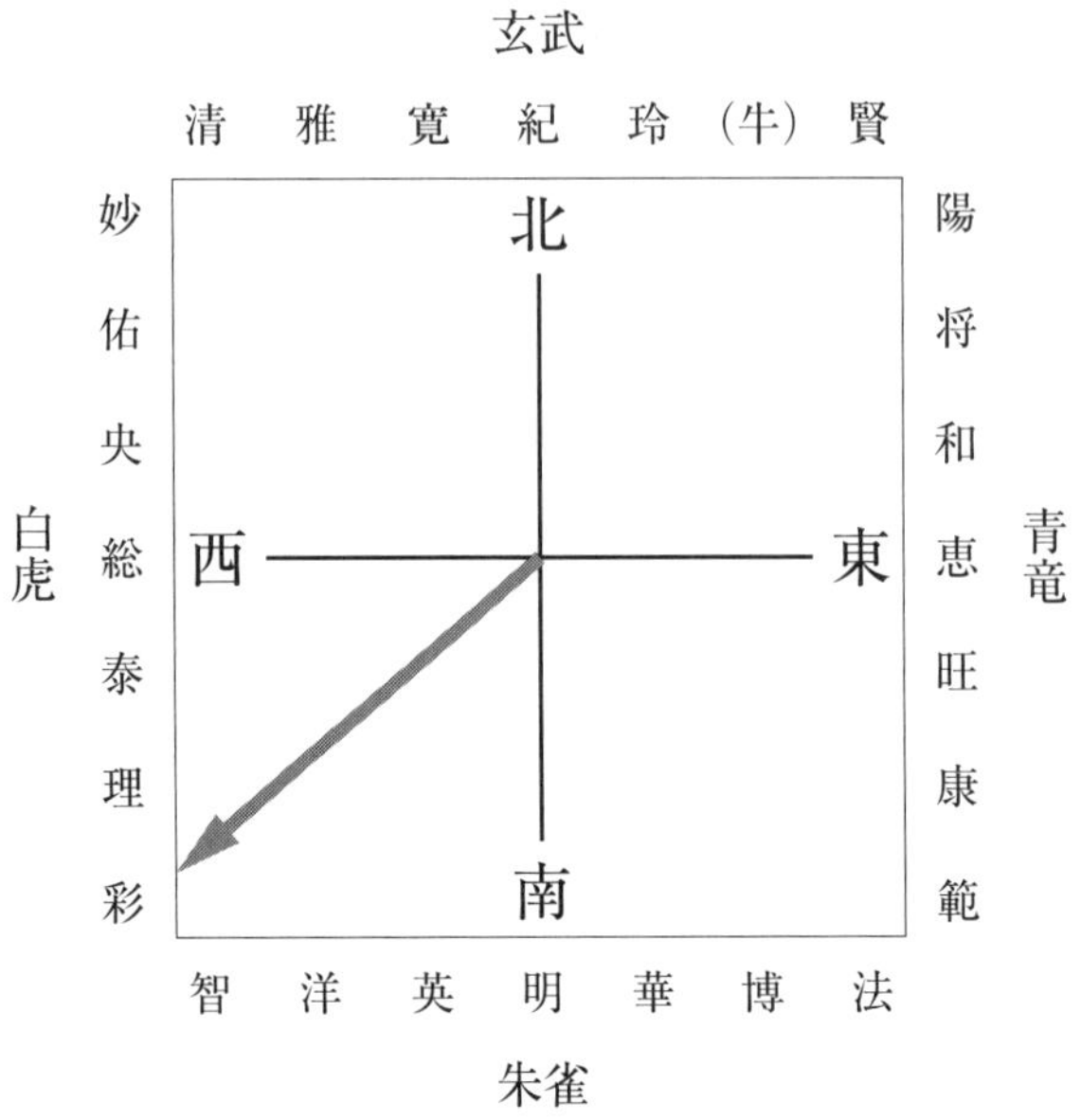

星座　からすきぼし、オリオン座ゼータ星、一・七九等級

方位　南西微西の方位に守護神鎮座礼拝・祈りは吉運が働き、困った時にはその方位に祈りを

四神　白虎、西方を守護する神獣彩星は南西微西に位置しその勝負エネルギーは西にあり白虎の魔除けに護られる運あり

命の日　「命」の日は東方大凶

十二宮　夫妻宮（四足）
夫妻宮からは気性の強さと、強い信念で困難に立ち向かうエネルギーをもらっており、子孫繁栄の運をもらっています

ビジネス運

・仕事に対する頭の回転は速く既存の手順や方法では満足しません。創造的、効率的な自分なりの方法を考え手際よく処理します。改革の星とも言われ地味な仕事には向きません。

恋愛運

・男女共に異性には縁があり、特に男性は女性に優しくモテます。従って口説く才能は豊かで浮気がバレても何とかコントロールしてしまいます。女性は母性本能を発揮します。

適職

・芸能、デザイナー、作家、ミュージシャン、研究者、開発、企画、医師、薬剤、事業家、マスコミ、職人、手先やアイデアを使った職業、スタイリスト、美容家。

健康運

・運命的部位「目」、注意を要する疾患「泌尿器系疾患、生殖器周辺疾患、肝臓、神経痛」。

彩星の有名人

芸能界
伊勢谷友介
松嶋菜々子
叶　美香
TAKAHIRO
武井　咲
高橋真梨子
菜々緒
伊藤英明
えなりかずき
ジャッキー・チェン
杉良太郎
滝沢秀明
浜田省吾
氷川きよし

スポーツ界
小久保裕紀
高橋大輔
中山雅史
メッシ

政界・財界
辻元清美
ビル・クリントン
亀井静香
岩崎弥太郎

文化・その他
中村うさぎ
カミラ王妃
池上　彰
ウィリアム王子

智星
ちせい
夫妻宮
牛宮
羊宮
魚宮
蟹宮
獅子宮
女宮
秤宮
智 彩 理 泰 総 央 佑 妙 清 雅 寛
洋 英 明 華 博 法 範 康 旺
命 親 友 壊 成 危 安 衰 栄 胎
栄 衰 安 危 成 壊 友 親 業 栄

智星の年運レベル

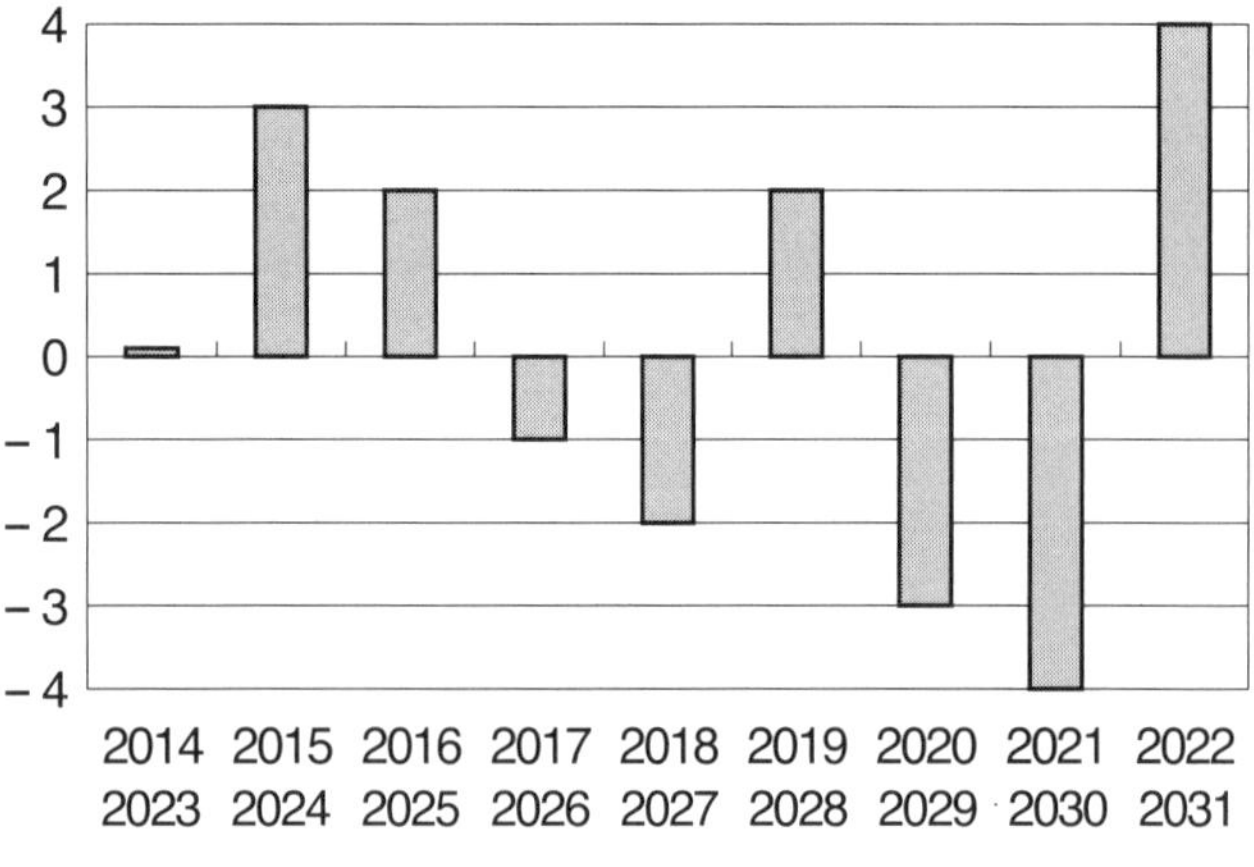
4
3
2
1
0
−1
−2
−3
−4
2014 2023
2015 2024
2016 2025
2017 2026
2018 2027
2019 2028
2020 2029
2021 2030
2022 2031

◆智星の性格

- 冷静沈着でクールな理論派の印象を与え、感情に流されません。
- 社会の常識やルールを重視する人で、まじめで几帳面な人が多くいます。
- 緻密な分析力、実務に強い理論家で、感情を表さないポーカーフェースの人。
- 不利なことは毅然として〝ノー〟という意思表示をします。
- 弁舌に長け口が達者な人が多く、論争になるとかなう相手がいません。
- 女性は几帳面で冷静、気位の高い才女タイプで、何ごとにも手堅い人。
- 彩星同様夫妻宮に属し、強い母性本能で、よき母よき妻を完璧にこなそうとします。
- 家族や親族のつながりを大事にします。人にも情報や物を惜しまず与えます。

◆落とし穴を招く性格

- 燃え上がるような恋には縁がなく、婚期も遅れがちになりやすいところがあります。
- 陰性と陽性の二つのタイプがあり、人を見下すような態度で嫌われる人も多くいます。
- 周りの人にも理性を求めてしまい、無用な口論で相手を傷つけてしまうことがあります。
- 相手の家柄、容姿にこだわりがちで、名声、名誉に弱いところがあります。
- 人に褒められたい、目立ちたいという願望が強く、自分を褒める人に偏りがち。

（方位：南西微南）

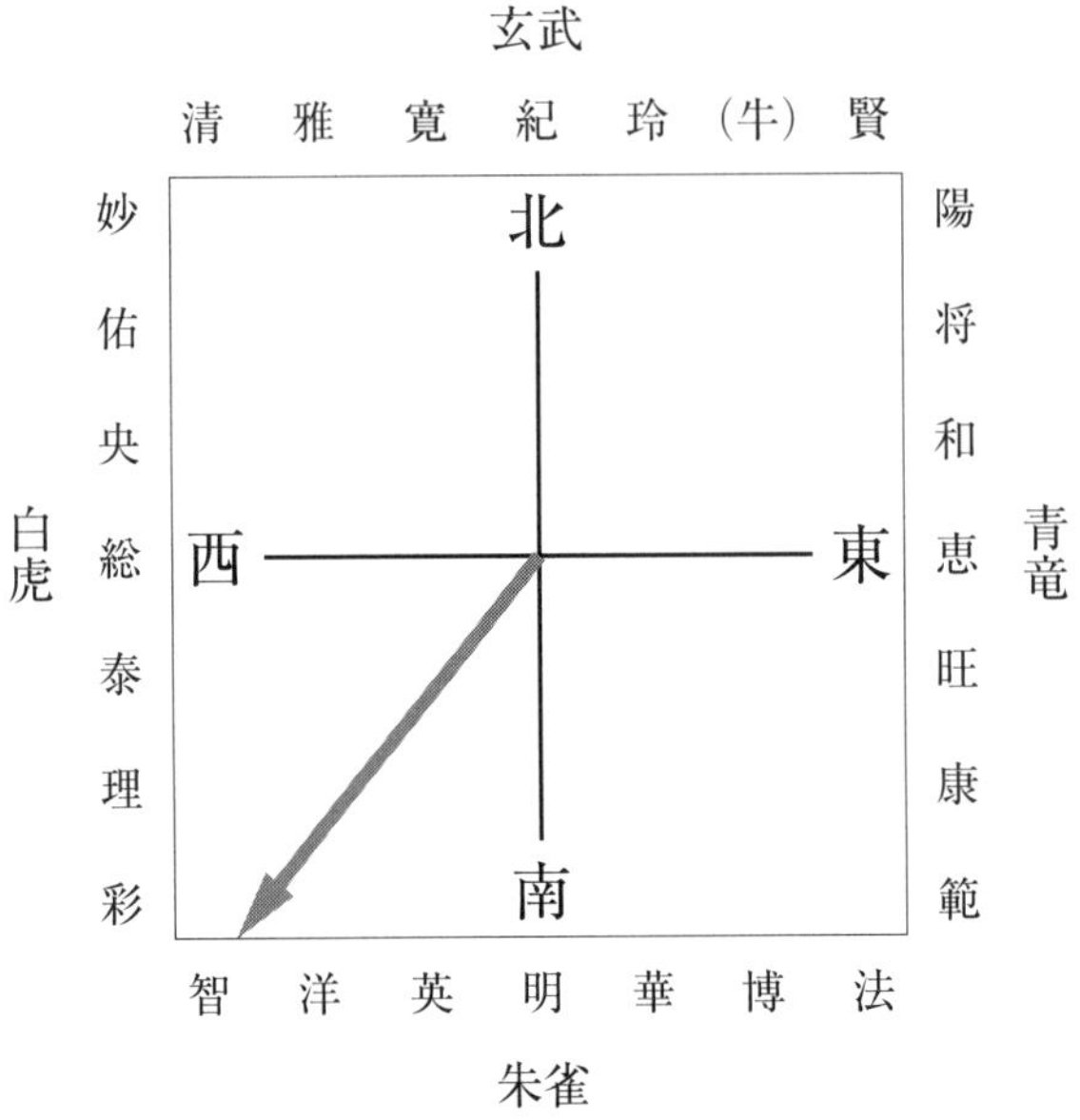

星座　ちちりぼし、ふたご座ミュー星、二・八七級

方位　南西微南の方位に守護神鎮座礼拝・祈りは吉運が働き、困った時にはその方位に祈りを

四神　朱雀、南方を守護する神獣智星は南西微南に位置しその勝負エネルギーは南にあり、長生きの神朱雀に護られます

命の日　「命」の日は東方大凶

十二宮　夫妻宮（三足）、蟹宮（一足）夫妻宮からは気性の強さと、強い信念で困難に立ち向かうエネルギーをもらっており、子孫繁栄の運をもらっています

ビジネス運

●頭の回転の速さが仕事全般に影響を及ぼし口も達者なので、リーダー的存在になります。もともとクールで理屈っぽい本質を持っているので周囲を思い遣る気配りが運を開きます。

恋愛運

●男女共に理性的な恋愛になり燃えるが、どこか冷めた自分がいます。女性は家庭に入れば母性を発揮して家をしっかり守ります。亭主や子供に対してうるさい妻は禁物。

適職

●教師、評論家、ジャーナリスト、宗教家、事務職、管理職、人事・総務、官公庁、通訳、アナウンサー、司会者、ガイド、タレント、自衛官、中小企業経営者。

健康運

●運命的部位「耳、両頬」、注意を要する疾患「ストレス、神経、肺炎、肝臓、子宮、直腸」。

智星の有名人

芸能界

前田敦子
松坂慶子
安田成美
山瀬まみ
小沢真珠
とよた真帆
中谷美紀
原　節子
渡辺えり
石黒　賢
杏
小室哲哉
堺　雅人
陣内孝則

スポーツ界

金本知憲
松井稼頭央
ラモス瑠偉

政界・財界

佐藤栄作
安住　淳
海部俊樹
柳井　正

文化・その他

天海僧正
東條英機
与謝野晶子
白洲次郎
福沢諭吉
愛子内親王
八代英輝

洋星
ようせい
蟹宮
夫妻宮
獅子宮

洋星の年運レベル

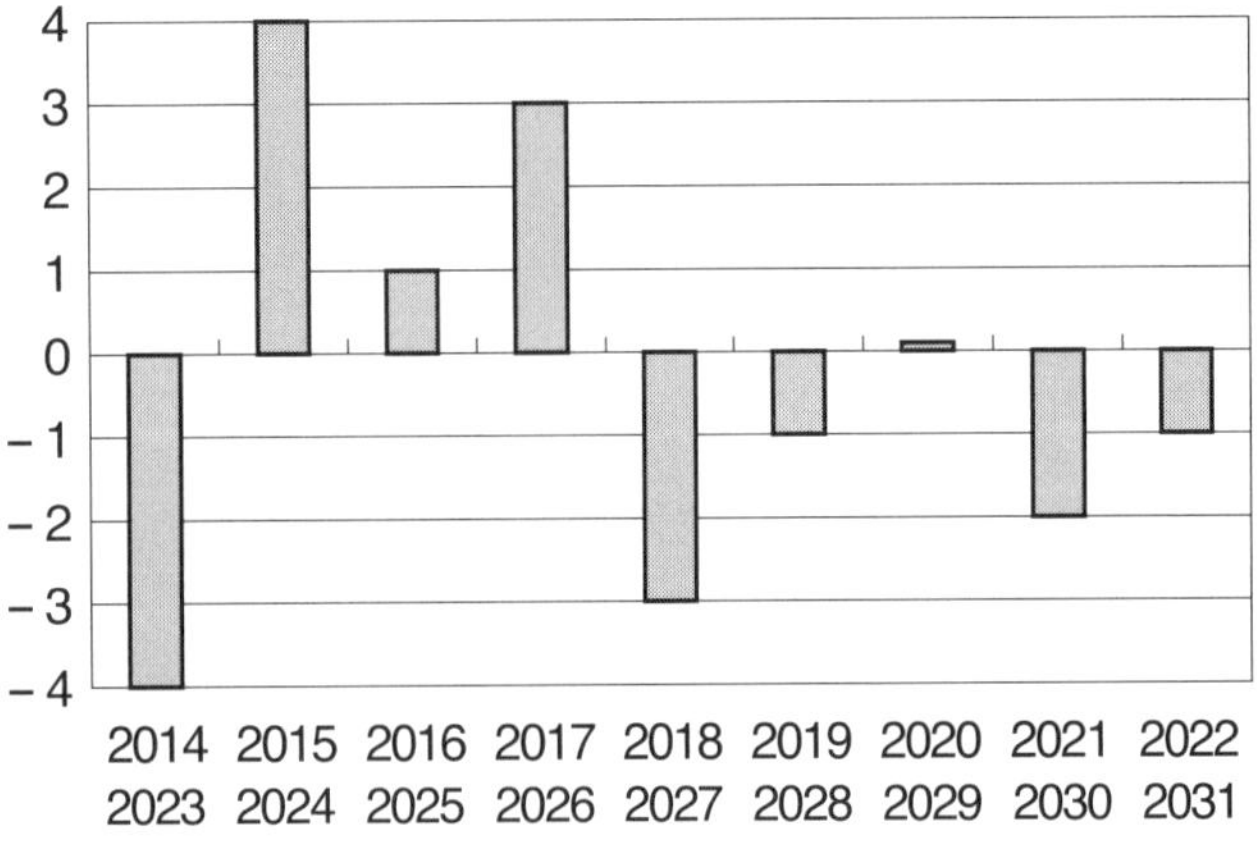
4
3
2
1
0
−1
−2
−3
−4
2014 2023
2015 2024
2016 2025
2017 2026
2018 2027
2019 2028
2020 2029
2021 2030
2022 2031

◆洋星の性格

- 明るく楽天的な人、豊かな感性を持った自由人。束縛されることを嫌います。
- 社交性も豊かで姿かたちも端正な人が多く、多くの人から愛されるタイプ。
- 好奇心、空想力が旺盛で、目上の人から引き立てられ成功します。
- 奇想天外に思える行動も本人はまじめで悪気はありません。
- フロンティア精神で新しい道を切り拓き、物への執着はそれほど強くありません。
- 女性は世話女房、男性も家庭的。恋愛経験も豊富で恋多き人生を歩みます。
- 情に厚く困っている人にはだまっていられない優しさがあります。
- 出世欲、名声欲とは無縁。心が純粋で透明感があるのが最大の魅力です。

◆落とし穴を招く性格

- 他人の悪意を見抜けず人にだまされたり、ふりまわされたりして運気を落とします。
- 感情的になると行動が一変し、修復不可能になることがあります。
- 密接な人間関係の維持は不得意で、自由のあまり人に迷惑をかけることがあります。
- 熱しやすく冷めやすい性格で、結果的に人を裏切ってしまうことがあります。
- ハングリー精神に欠け、執着心が少ない夢追い人。よく途中で脱線します。

（方位：南南西）

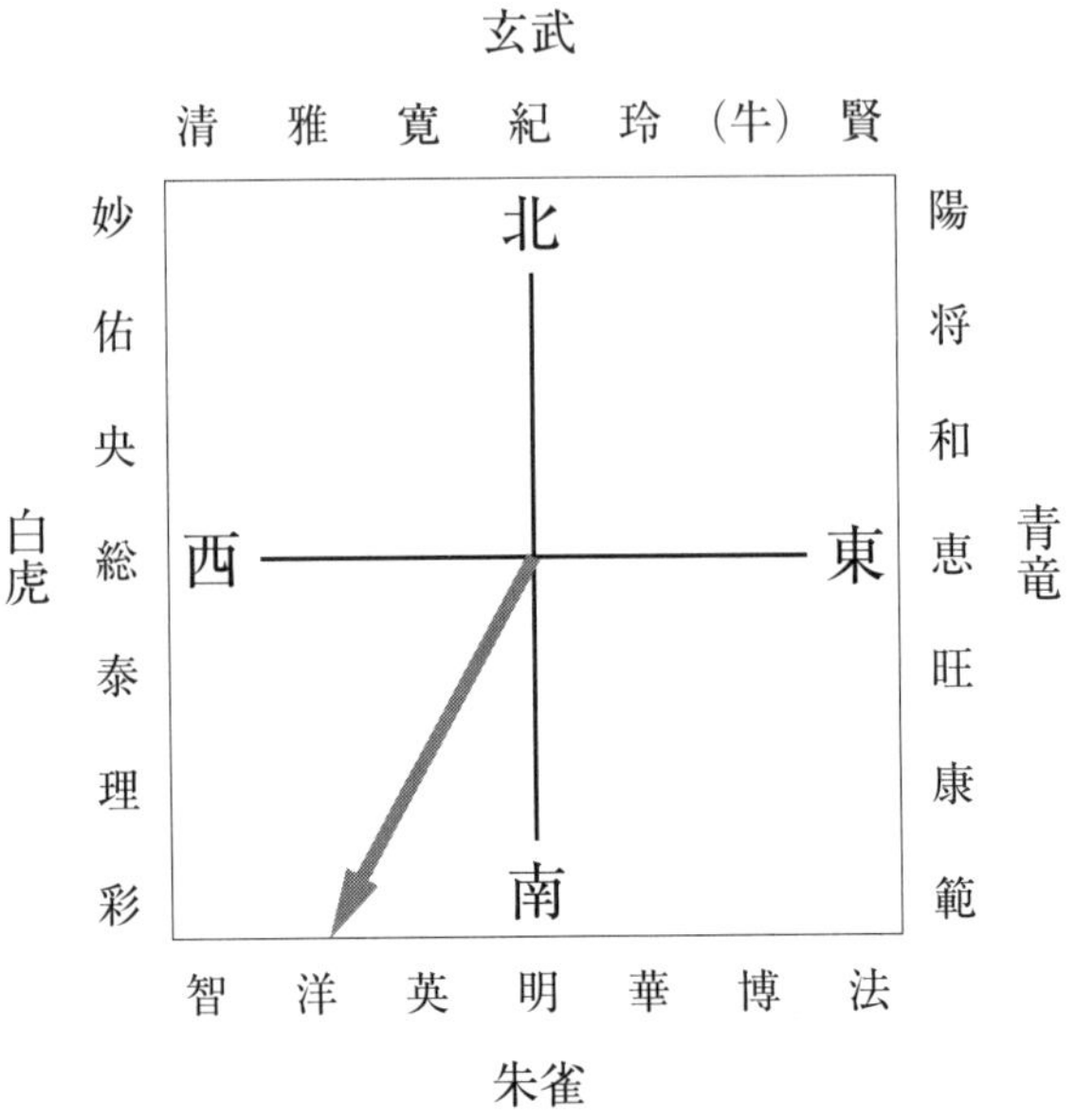

星座　たまおのぼし、かに座シータ星、五・三三七等級

方位　南南西の方位に守護神鎮座 礼拝・祈りは吉運が働き、困った時にはその方位に祈りを

四神　朱雀、南方を守護する神獣 洋星は南南西に位置しその勝負エネルギーは南にあり、長生きの神朱雀に護られます

命の日　「命」の日は北方大吉

十二宮　蟹宮（四足） 外柔内剛、内心に強さを秘めています。蟹の横這いと言われ突然人生の横道に逸れることがあるので注意が必要です

ビジネス運

●束縛された中での仕事は息が詰まり成果が出ません。自由な環境で仕事に臨むことが大事です。大きな組織より小さな組織の方が、運が開けます。模倣の天才と言われます。

恋愛運

●男女共に浮気者に見られがち。優しく愛情も豊かで軽い乗りで周囲から愛されます。持ち前の社交性で異性との交流も活発なのでお互いに出会うチャンスも多くなります。

適職

●企画、旅行、ライター、教師、コンサルタント、自営業、営業、貿易、研究者、福祉、弁護士、ファッションデザイナー、モデル、プログラマー、インテリア職人、プロデューサー。

健康運

●運命的部位「鼻」、注意を要する疾患「骨折、心臓病、ストレス、消化器系疾患」。

洋星の有名人

芸能界

川口春奈
坂口健太郎
石田ゆり子
大貫亜美
島谷ひとみ
鈴木保奈美
ともさかりえ
香取慎吾
中村アン
今井　翼
HIKAKIN
京本政樹
真田広之
高橋ジョージ
大悟
船越英一郎
マツコ・デラックス
吉田栄作

スポーツ界

新庄剛志
今岡真訪
桜庭和志
ジャック・ニクラウス

政界・財界

三木谷浩史

文化・その他

浅田次郎
熊谷達也
坂本龍馬

英星
えいせい

英星の年運レベル

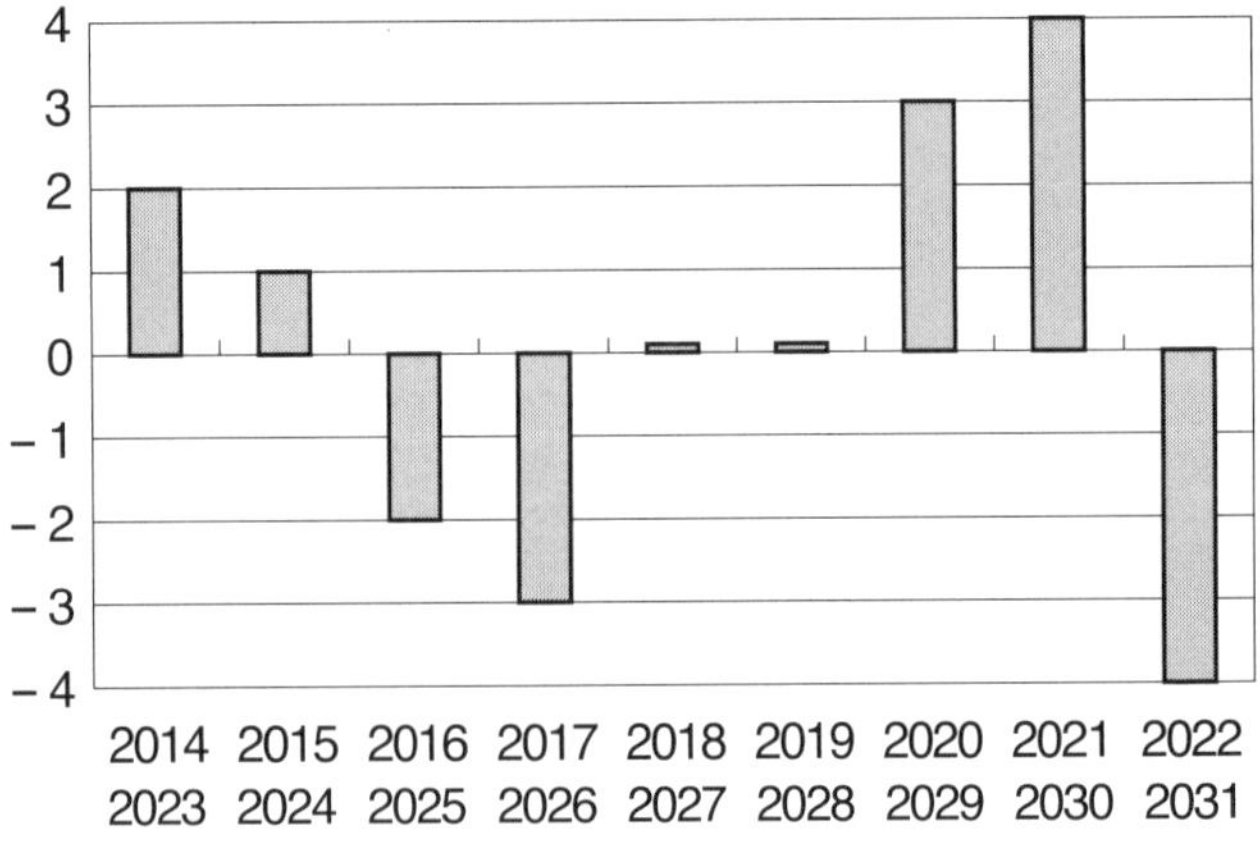
4
3
2
1
0
−1
−2
−3
−4
2014 2023
2015 2024
2016 2025
2017 2026
2018 2027
2019 2028
2020 2029
2021 2030
2022 2031

◆英星の性格

- 強い意志と向上心で我が道をつらぬき、その芯の強さは一、二を争います。
- 男性は温厚でもの静かな紳士、女性は淑女風といった外見が多く見受けられます。
- 熱い男、燃える女のように向上心が旺盛、目標へ向けて猛烈に努力します。
- 自分の個性をよく認識しており、頭脳明晰で物事を論理的に考える人。
- 男女ともに、起業家として成功する仕事運を持っています。
- 人の面倒見がよく、下の人からも慕われ、上からも引き立てられる運があります。
- 他人ではかもし出せない独特のカラーを持っています。
- ひたむきな姿に応援してくれる人が現れます。

◆落とし穴を招く性格

- 気位が高く、激しい気性を秘めた性格なので、欲が強いと失敗することがあります。
- 帝王の星と言われ、物事を客観的に見られず頭を下げられないで試練を招きます。
- 社会から大きく足を踏み外し、ドロップアウトしてしまうケースがあります。
- 人間関係をわずらわしく感じ、世間を断ち切って独立した道を歩む人がいます。
- 女性は家庭の中だけでは満足できず、仕事や趣味などに過熱しがちです。

（方位：南微西）

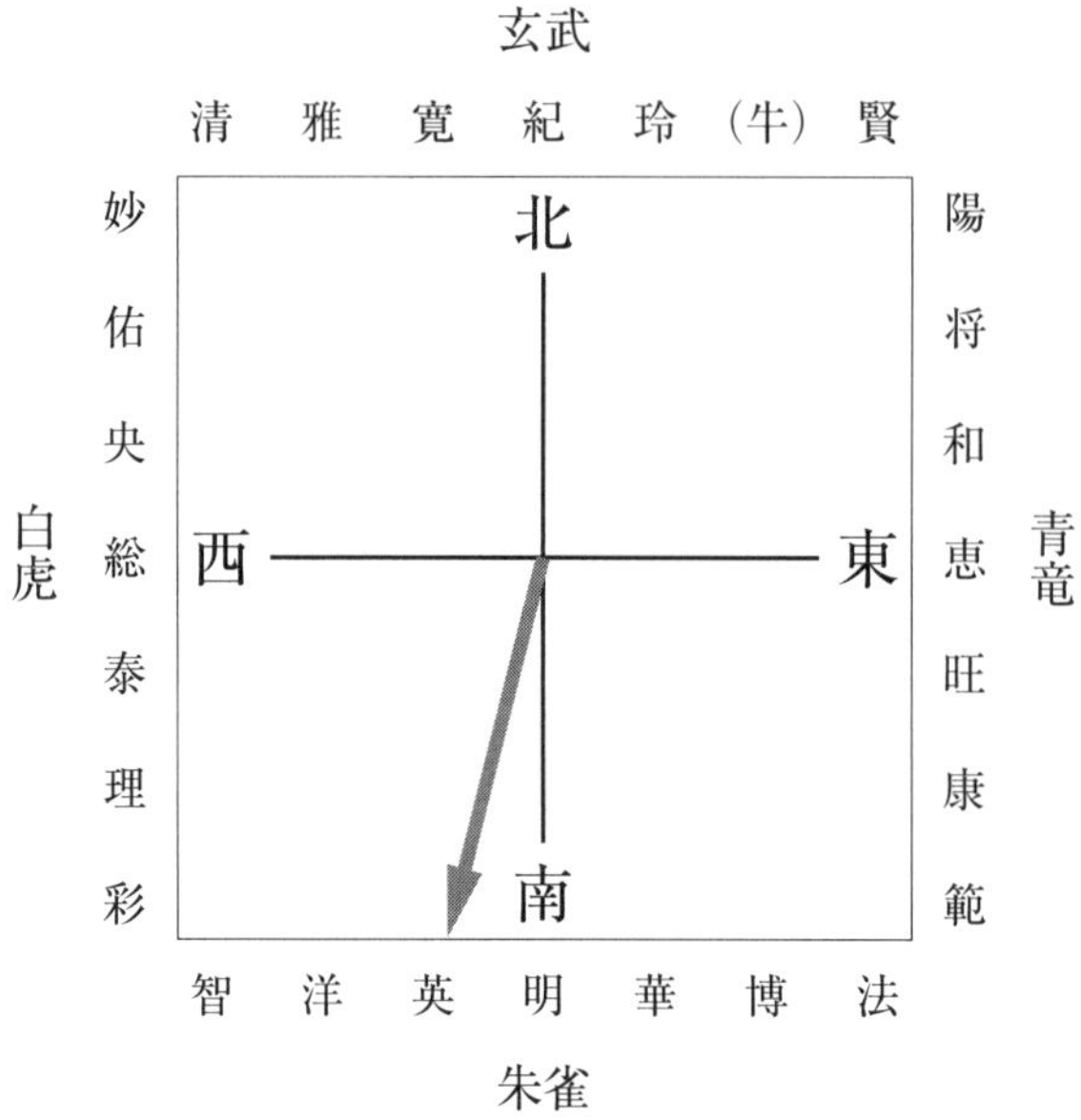

星座　ぬりこぼし、うみへび座シグマ星、四・四三等級

方位　南微西の方位に守護神鎮座
礼拝・祈りは吉運が働き、困った時にはその方位に祈りを

四神　朱雀、南方を守護する神獣
英星は南微西に位置しその勝負エネルギーは南にあり、長生きの神朱雀に護られます

命の日　「命」の日は北方大吉

十二宮　蟹宮（四足）
外柔内剛、内心に強さを秘めています。色難を招き布施の心を失うと地に堕ちるとあります。また若くして財運を得ます

ビジネス運

・プライドが高く他人に頭を下げる仕事は向きません、またやりたがりません。どちらかというと一匹狼型の仕事に適しています。男女共にエネルギッシュで仕事もできます。

恋愛運

・情熱的で独善的な恋愛になりがちです。気性の激しい部分が表に出ると失敗しやすくなります。ロマンチックやムードを大切にしますがデリカシーに欠けると嫌われます。

適職

・弁護士、検事、警察、ジャーナリスト、芸能、教師、師匠、政治家、宗教家、貿易、通訳、起業家、作家、デザイナー、コンサルタント、ボランティア、研究者、学者。

健康運

・運命的部位「歯」、注意を要する疾患「高血圧、心臓病、胃腸病」。

英星の有名人

芸能界

宮﨑あおい
伊沢拓司
三浦りさ子
山本モナ
吉田美和
吉田　羊
さかなクン
大野　智
トム・クルーズ
仲代達矢
中村七之助
松田翔太
山﨑　努

スポーツ界

岩隈久志
岡崎慎司
佐々木則夫
髙田延彦
室伏広治

政界・財界

稲盛和夫
東国原英夫

文化・その他

櫻井よしこ
小倉智昭
村上春樹
田中耕一
チャイコフスキー
水木しげる
手塚治虫

明星
めいせい
獅子宮
蟹宮

明星の年運レベル

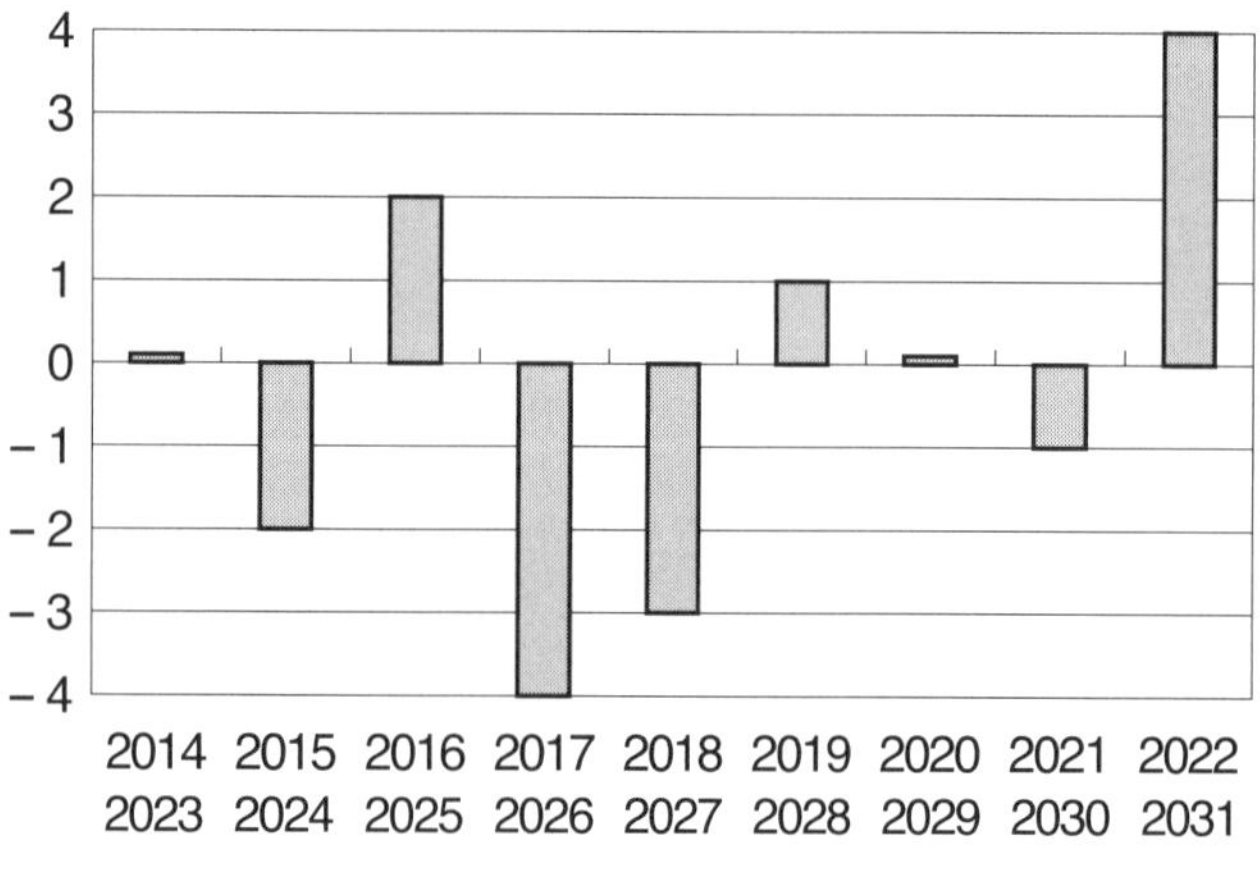
4
3
2
1
0
−1
−2
−3
−4
2014 2023
2015 2024
2016 2025
2017 2026
2018 2027
2019 2028
2020 2029
2021 2030
2022 2031

◆明星の性格

・夢と理想に向かってひたむきに働き、自信とオーラが滲み出る個性派。
・親分肌、姐御肌《あねご》で面倒見がよく、堂々とした態度で我が道を切り拓きます。
・本流からはなれて独自の世界を築くマイペース型の人。チームリーダーに最適。
・頑固で妥協せず自分の信じる道を歩みますが、人情味に溢れ面倒見のよい人。
・反骨精神が旺盛で改革の道を選び、完成させてゆくエネルギーを持っています。
・女性は無口ですが、芯は強く働き者で身を崩しません。
・金銭感覚は堅実で、思い切りもよく度胸があり、まじめで義理堅い人。
・強くたくましく生き、エネルギッシュに働き、善にも悪にも強い運があります。

◆落とし穴を招く性格

・愛想や人に甘えるのがへたで、遠回りや損をしたりすることがあります。
・人に頭を下げることが苦手なため誤解をされやすいが、本人は気に留めません。
・正直すぎてお世辞が苦手な、融通性に欠ける変人と思われがち。
・自由奔放な態度で社会から足を踏み外すケースに注意が必要です。
・妥協しないので、男女ともに晩婚になりがちな人が多く見受けられます。

（方位：南）

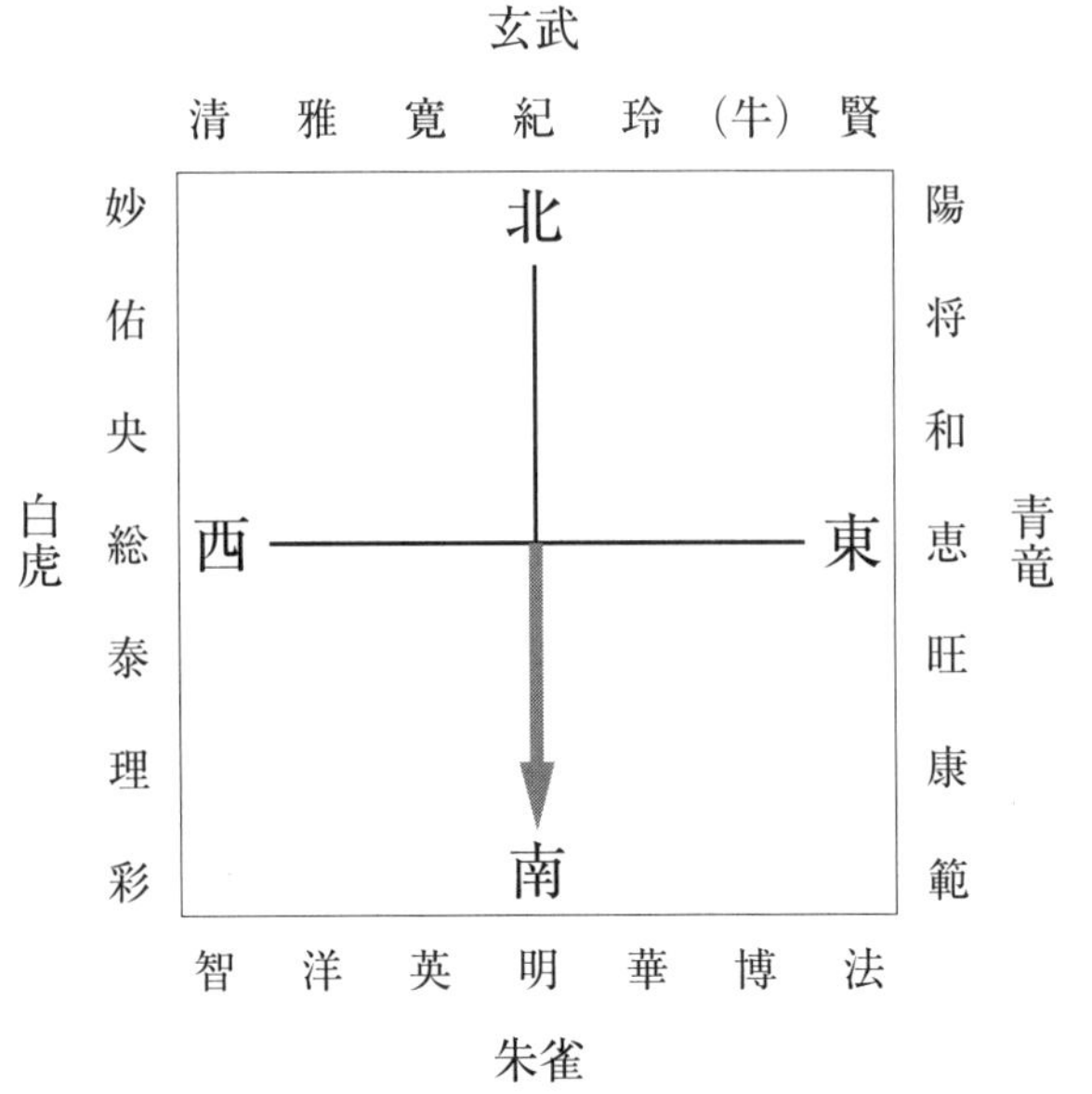

星座　ほとおりぼし、うみへび座アルファ星、一・九七等級

方位　南の方位に守護神鎮座
礼拝・祈りは吉運が働き、困った時にはその方位に祈りを

四神　朱雀、南方を守護する神獣
明星は南に位置しその勝負エネルギーは南にあり、長生きの神朱雀に護られます

命の日　「命」の日は西方大吉

十二宮　獅子宮（四足）
勇気と決断力があり恵まれた才能を発揮して運を開きます
人と同じことをはやりたがらず、独自の道を開きます

ビジネス運

・独創的なアイデアや才能を活かせる仕事で大きく成功する運があります。のびのびと自分の考えを取り入れることのできる仕事でないと、ストレスを抱え失敗も多くなります。

恋愛運

・人見知りが恋愛に出ると晩婚型になりがち。まじめで一途な恋を求め、本命が見つかると積極的になり相手を逃しません。恋に破れた時はダメージも大きくなります。

適職

・建築、設計、不動産、保母、看護師、弁護士、学者、教師、研究者、宗教、芸能、役者、技術者、デザイナー、コーディネーター、プロデューサー、店のオーナー。

健康運

・運命的部位「うなじ」、注意を要する疾患「首、骨、過労、精神の不安定疾患」。

明星の有名人

芸能界

西田敏行
柳葉敏郎
aiko
波留
加藤ローサ
劇団ひとり
松任谷由実
工藤静香
IKKO
ウエンツ瑛士
上川隆也
徳永英明
アンミカ
ポール・マッカートニー
西野カナ
MISIA

スポーツ界

池江璃花子
田中将大
小笠原満男

政界・財界

習近平
河野太郎
志位和夫
与謝野馨

文化・その他

金原ひとみ
北川悦吏子
木村太郎
坂東玉三郎

華星
かせい

華星の年運レベル

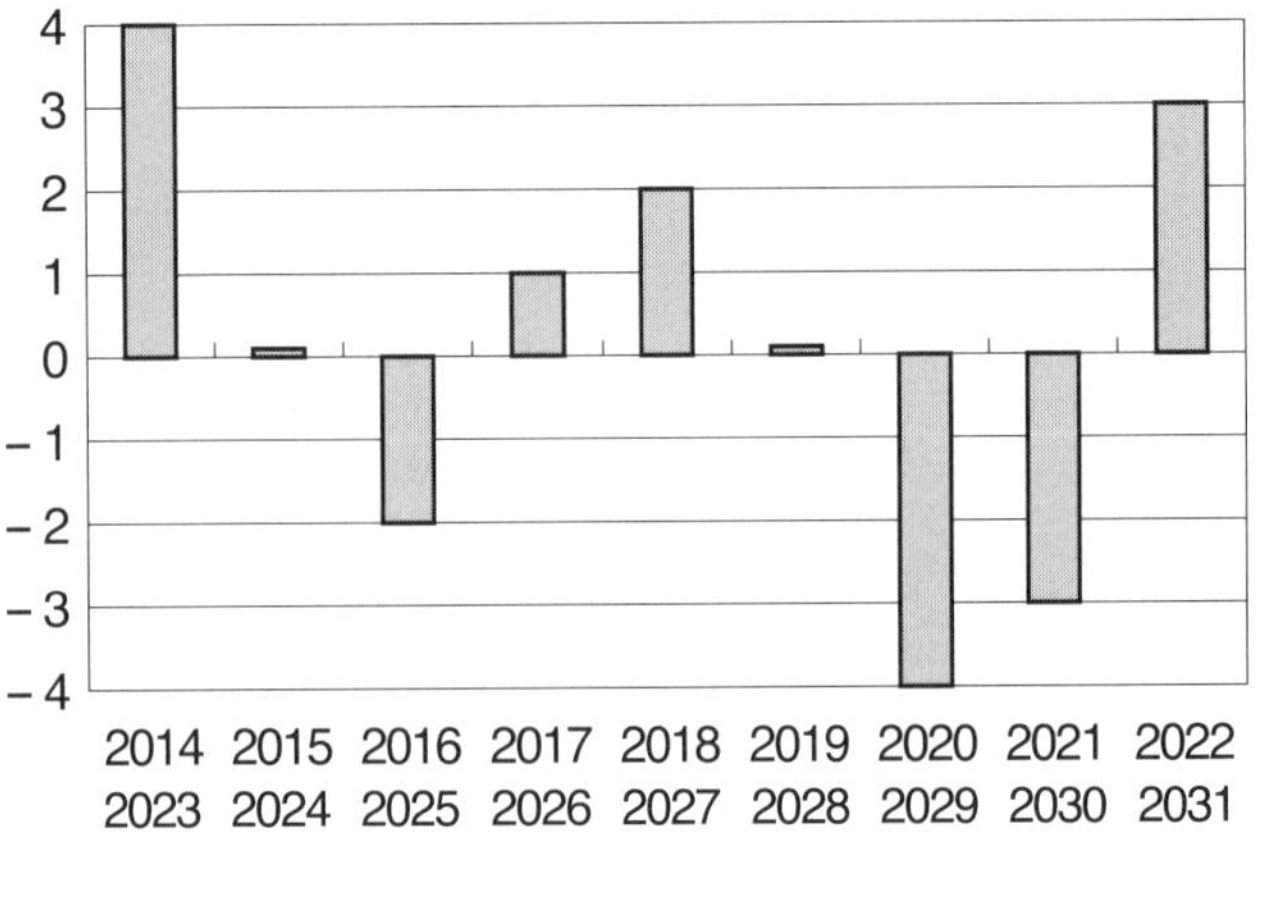
4
3
2
1
0
－1
－2
－3
－4
2014 2023
2015 2024
2016 2025
2017 2026
2018 2027
2019 2028
2020 2029
2021 2030
2022 2031

◆華星の性格

- 女性にとっての「大将星」であり、大きなエネルギーと行動力を持っています。
- 「恵星」「泰星」に並ぶ三大美人星のひとつで、容姿端麗で華があります。
- 華やかなスポットライトが似合い、子供時代からどこにいても主役となる存在。
- 男性は正義感に溢れ清廉潔白。男女共に相手の心をつかむ言葉が得意です。
- 恋多き青春、恋愛も人生のこやしにしてしまう割り切りと賢さがあります。
- 俳優、歌手、タレント、芸術家に多く、表舞台で活躍できる星。
- 知識も豊富、統率力もある頭脳派、実力派の人が多くいます。
- 多彩な才能で、女性は結婚後も仕事バリバリ。家庭におさまっていません。

◆落とし穴を招く性格

- 移り気なところがあり、新しい恋人ができるとすぐのりかえる傾向があります。
- 辛抱強く一つのことに打ち込めないことも多く、広く浅くなりがち。
- 周りに与える影響や常識を意識せず、振り回してしまうことがあります。
- ドライな言葉が出てしまう一面があり、本心とは異なる結果に陥りやすい。
- 離婚もやむなしと考え、割り切りが早く立ち直りも早い。

（方位：南微東）

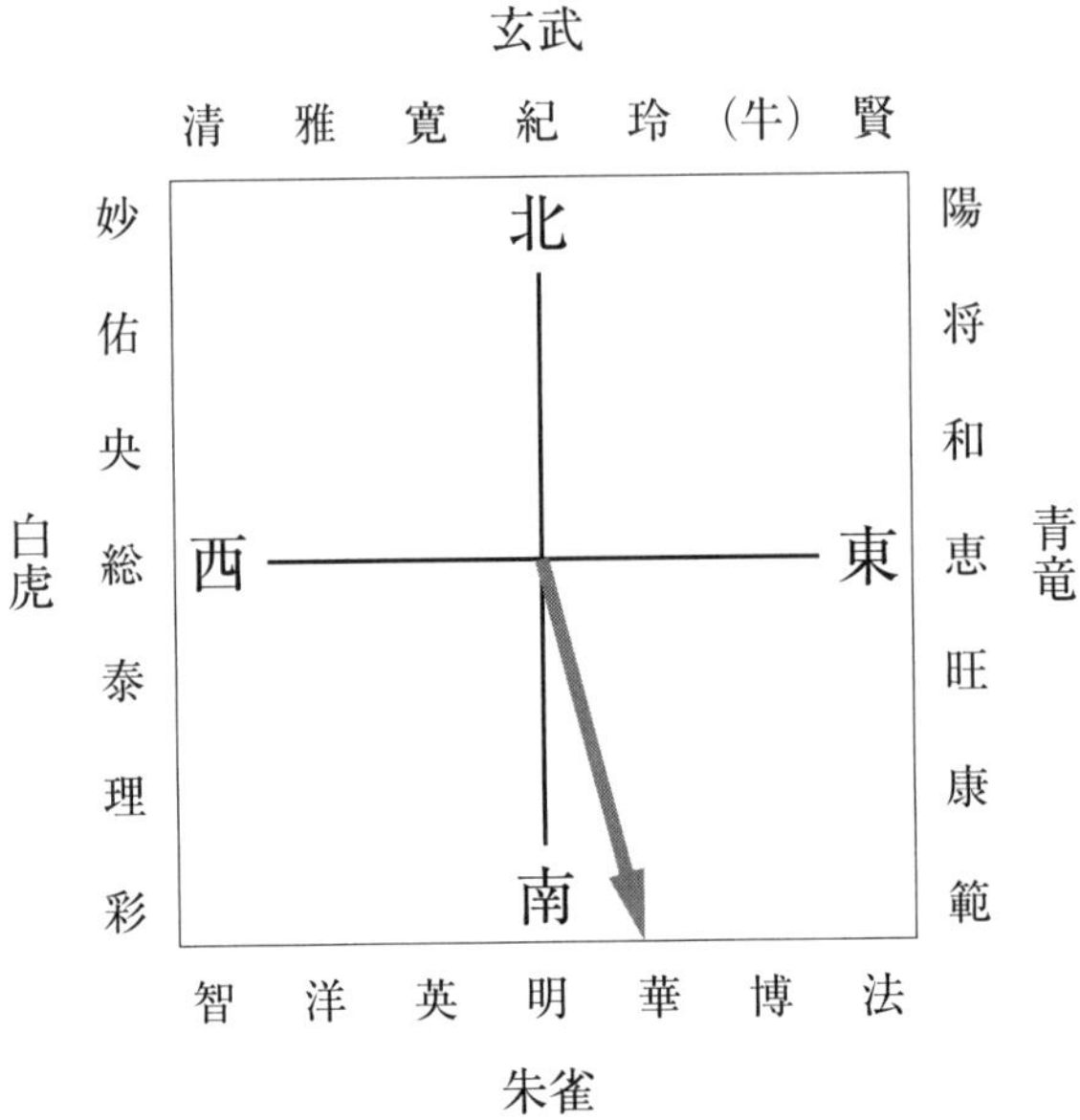

星座　ちりこぼし、うみへび座ミュー星、四・一一等級

方位　南微東の方位に守護神鎮座
礼拝・祈りは吉運が働き、困った時にはその方位に祈りを

四神　朱雀、南方を守護する神獣
華星は南微東に位置しその勝負エネルギーは南にあり、長生きの神朱雀に護られます

命の日　「命」の日は西方大吉

十二宮　獅子宮（四足）
勇気と決断力があり恵まれた才能を発揮して運を開きます。強いリーダーシップで、財運、名誉がついてまわります

ビジネス運

・とにかく周りには人の出入りが多くスポットライトを浴びる運があります。それが強みとなって上昇するときの勢いは並外れています。驕《おご》ると男性は一度大きな失敗を経験します。

恋愛運

・発する言葉は相手の心に心地よく響きます。強い性格が表面に出ると相手の神経を逆なでする言葉も飛び出します。バランスがよければ人たらしの魅力で恋愛も成就します。

適職

・実業家、大企業経営者、政治家、官僚、外交官、芸能、タレント、モデル、営業、アドバイザー、外資系、CA、メディア、医者、学者、教員、女将、ママ。

健康運

・運命的部位「右肩」、注意を要する疾患「高血圧、くも膜下、心臓病、糖尿病、内臓疾患」。

華星の有名人

芸能界

藤原紀香
小泉今日子
Cocomi
柏木由紀
西川史子
高嶋ちさ子
メンタリストDaiGo
加藤浩次
丸山桂里奈
田村正和
時任三郎
松山ケンイチ

スポーツ界

伊藤みどり
井口資仁
長谷部誠
魔裟斗

政界・財界

安倍晋三
堀江貴文
小泉進次郎
ゴルバチョフ
平沢勝栄
細野豪志

文化・その他

さくらももこ
山本寛斎
東野圭吾
エリザベス2世

博星
はくせい
女宮
獅子宮
蟹宮
夫妻宮
牛宮
羊宮
魚宮
瓶宮
弓宮
蠍宮
秤宮

博星の年運レベル

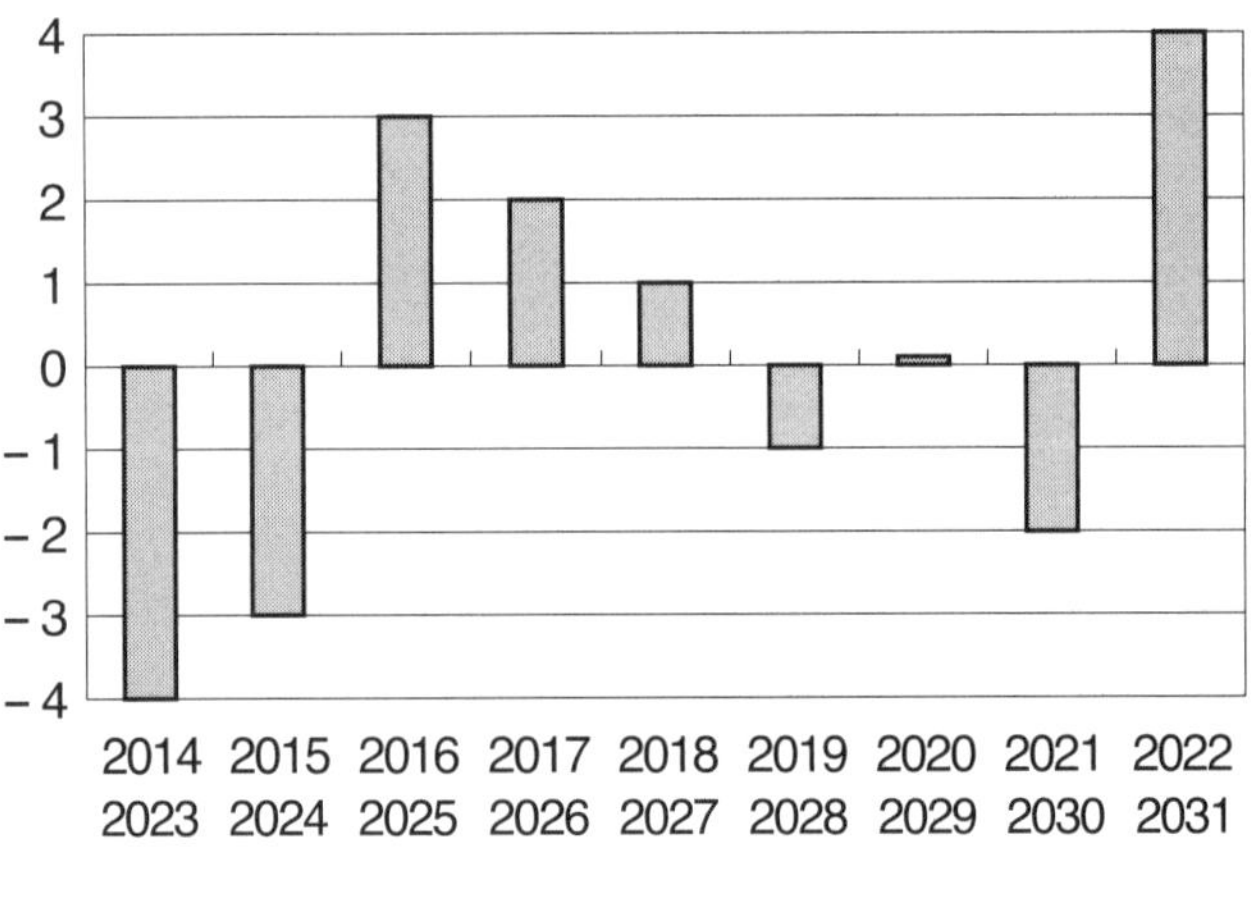
4
3
2
1
0
−1
−2
−3
−4
2014 2023
2015 2024
2016 2025
2017 2026
2018 2027
2019 2028
2020 2029
2021 2030
2022 2031

◆博星の性格

・正義感が強く固い意志で信念を貫きます。また、それが持ち味となります。
・まじめで頑固な理想主義者。「あの人なら大丈夫」という人徳があります。
・人や物事の本質を見抜き、自分の信念を強く押し通してその道の権威者が多い。
・目先の損得より、胸に秘めた理想に向かって信念を貫く方が大事と考えます。
・自分の信じる道を歩むうちに、周囲からの評価が高まり自然と威厳が備わります。
・争いを好まない平和主義者、人に対する気配りも欠かしません。
・ふだんは温厚で穏やかな人柄、私利私欲は表に出てきませんが仕事は貪欲です。
・優しそうに見えても威厳があり商売上手。政治家などにも多い星です。

◆落とし穴を招く性格

・無口でどちらかというと無愛想。底知れぬ落ち着きをただよわせ近寄り難い雰囲気。
・強引でわがまま、ワンマンの批判を受けることもあり自分らしさを曲げません。
・身内に甘く、過保護な子育てに注意。自分は自分というこだわりの生き方をします。
・喜怒哀楽の感情を表すのが苦手で、真意が伝わりにくい一面があります。
・女性は理想が高く恋愛に発展しにくい、男性からは気軽に声をかけにくい人。

（方位：南南東）

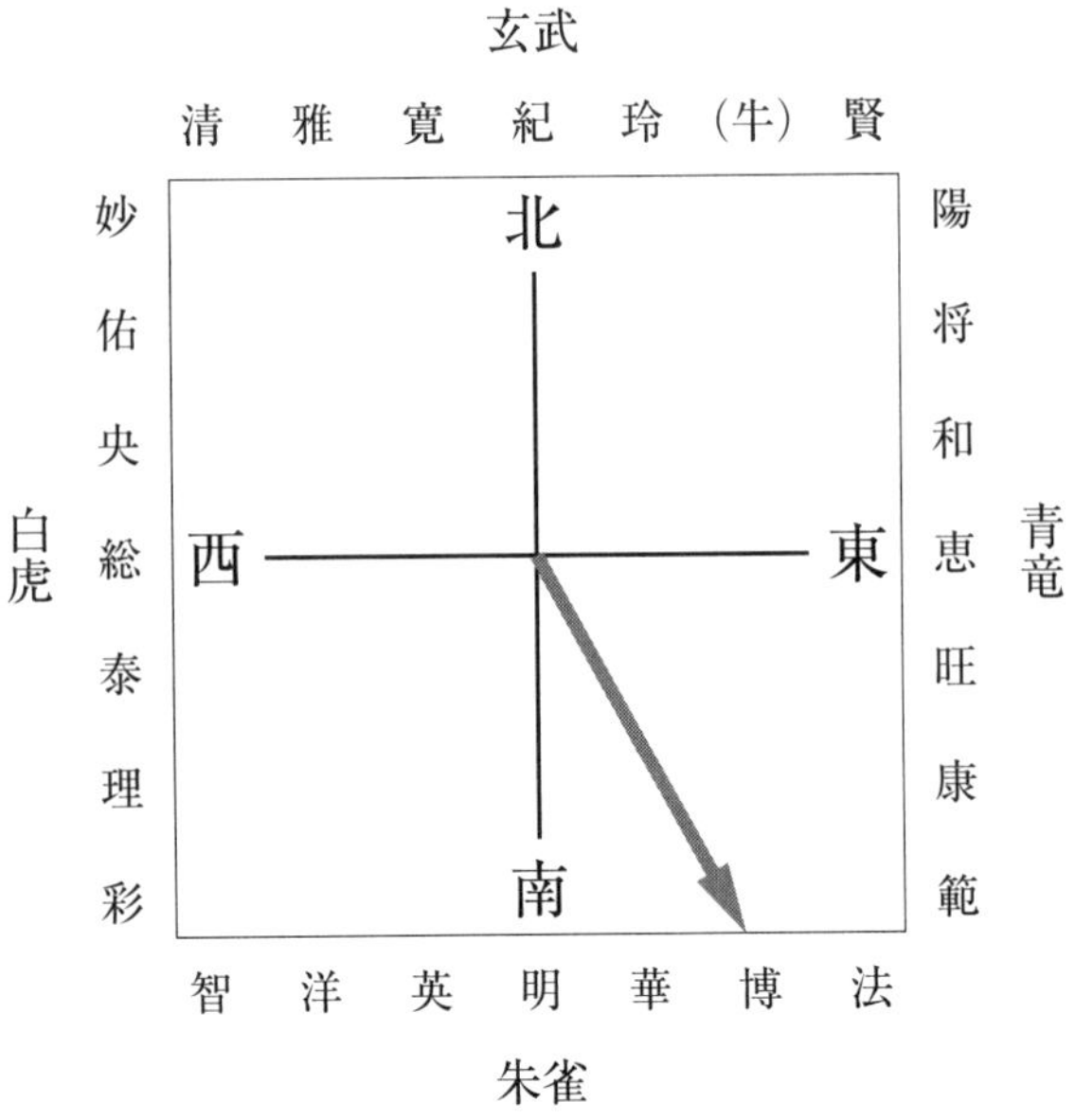

星座　たすきぼし、コップ座アルファ星、四・〇七等級

方位　南南東の方位に守護神鎮座礼拝・祈りは吉運が働く。困った時にはその方位に祈りを

四神　朱雀、南方を守護する神獣博星は世界を飛び回る翼を持つが朱雀の翼といわれている

勝負エネルギーは南にあり

命の日　「命」の日は北方大吉

十二宮　獅子宮（一足）女宮（三足）勇気、決断力、リーダーシップは獅子宮から、思慮深さ、用心深さ、財運は女宮からもらっています

ビジネス運

●海外運があり世界を飛び回る仕事で人生が大きく飛躍します。動き回ってこそよい成果を得ます。机に座ったまま、閉じ込もったままの仕事、生活は博星の才能が眠ってしまいます。

恋愛運

●男性は女性にモテ、結婚後は愛妻家に、女性は母性本能で子宝に恵まれる運がありますが、愛情表現は苦手。甘い雰囲気づくりや可愛らしさを意識すると幸運を呼びます。

適職

●開発、事業家、政治家、外交官、貿易、旅行、運転手、CA、パイロット、教育者、学者、IT、出張の多い仕事など、幅広い分野でその道の成功者がいます。

健康運

●運命的部位「左肩」、注意を要する疾患「肝臓、膵臓、胃腸病」。

博星の有名人

芸能界

田中みな実
橋本環奈
剛力彩芽
釈由美子
田中麗奈
長澤まさみ
マドンナ
吉岡美穂
伊東四朗
河北麻友子
舘ひろし
松尾スズキ
松平　健
ロバート・レッドフォード

スポーツ界

井上康生
具志堅用高
中嶋常幸
本田圭佑

政界・財界

ゼレンスキー
毛沢東
チャーチル
玄葉光一郎

文化・その他

昭和天皇
江原啓之
徳光和夫
黒澤　明
酒井雄哉

法星
ほうせい
女宮
獅子宮
蟹宮
夫妻宮
秤宮
蠍宮
弓宮
範
法
博
華
明
康
旺

法星の年運レベル

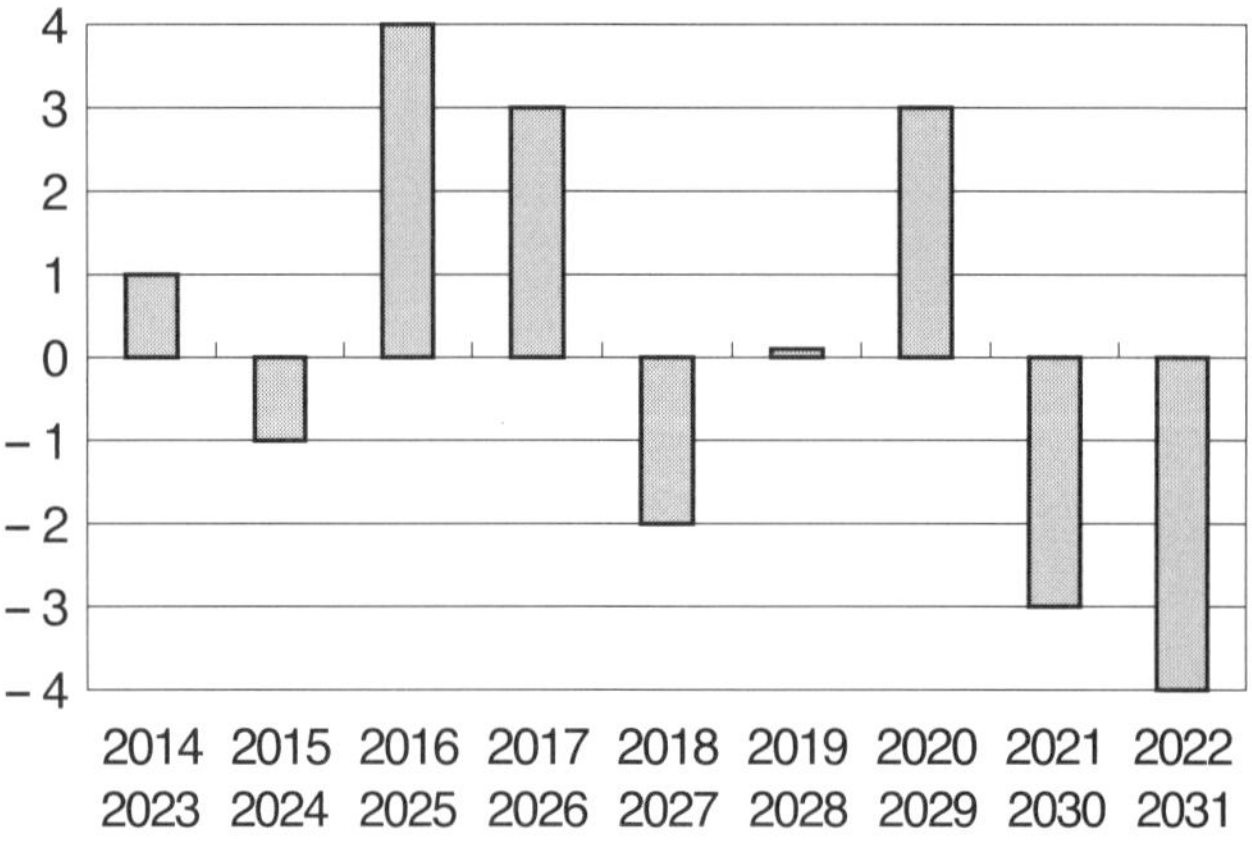
4
3
2
1
0
−1
−2
−3
−4
2014 2023
2015 2024
2016 2025
2017 2026
2018 2027
2019 2028
2020 2029
2021 2030
2022 2031

◆法星の性格

- 人当たりがよく実務能力にも優れており、誰からも好感を持たれます。
- 物事の本質を見抜く直観力、洞察力に優れています。参謀役で実力を発揮します。
- 一歩控えめな態度が好感を持たれ、人に恨みを買うようなことはありません。
- 男女とも口調がおだやかで振る舞いも静かなため、繊細な人物という印象です。
- 個性的な人たちをみごとな手綱さばきでまとめる能力にすぐれています。
- 相手の金銭感覚にチェックが厳しく、心の奥では相手を冷静に観察しています。
- どんなこともスピーディーに処理、器用な人が多く努力家のため高い評価を得ます。
- どちらかというと積極型より受身の堅実型、クールで緻密、心の内は明かしません。

◆落とし穴を招く性格

- ズボラな人や手際の悪い人を批判し、他人にも自分と同じスピードを要求します。
- 内心では表舞台に立ちたいが、どうしても裏方にまわってしまう運命があります。
- 男性は女難の相があり、また、女性にピンチを救われる不思議な運命もあります。
- 女性は嫉妬深いところがあり、思い込みも強く浮気の発覚は簡単には許しません。
- 男女共に仕事もできるため、独身生活が長くなるきらいがあります。

（方位：南東微南）

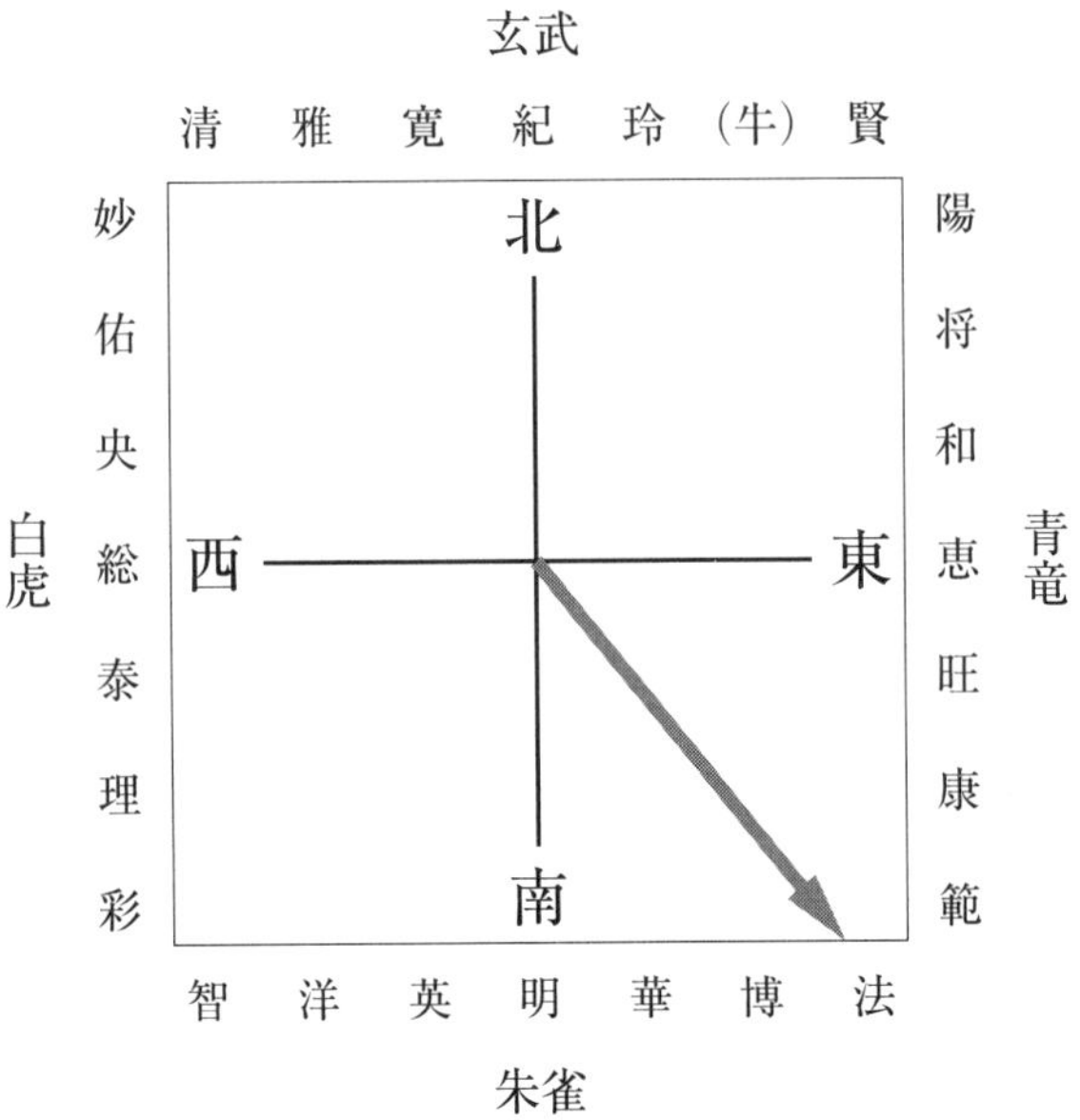

星座 みつかけぼし、カラス座アルファ星、二・五八等級

方位 南東微南の方位に守護神鎮座礼拝・祈りは吉運が働き、困った時にはその方位に祈りを

四神 朱雀、南方を守護する神獣
法星は南東微南に位置しその勝負エネルギーは南にあり、長生きの神朱雀に護られます

命の日 「命」の日は北方大吉

十二宮 女宮（四足）
用心深くて本心を見せないところがあります。また思慮深く他人に心を許しません。晩年は富と長寿が約束されています

ビジネス運

・人当たりのよい柔軟な対応により周囲から尊敬され堅実に道を切り拓いていきます。大きな組織のリーダーになっても、自ら現場の仕事に手を出してしまいがち、人に任せる決断を。

恋愛運

・男女共に人の好き嫌いが激しく純粋な恋愛、一途な愛を求めます。結婚後は家庭を大事にします。嫉妬心が強く出る場合は相手に近づきすぎると相手は逃げて行きます。

適職

・事務職、技術職、管理職、人事、教育、タレント、旅行、調査、研究、分析、翻訳、サービス業、自動車、美容、女性に関わる仕事、小中規模組織のリーダー、海外事業。

健康運

・運命的部位「手」、注意を要する疾患「ウィルス性の病気、喘息、精神不安、排せつ器官」。

法星の有名人

芸能界

天海祐希
ひろゆき
一青窈
小林綾子
ジュリア・ロバーツ
有吉弘行
高橋英樹
鈴木亜美
上戸　彩
北斗　晶
松雪泰子
赤西　仁
大杉　漣
ゴリ
多部未華子
南こうせつ

スポーツ界

栗山英樹
アントニオ猪木

政界・財界

中山恭子
ダライ・ラマ14世
マハトマ・ガンジー

文化・その他

長峰由紀
羽生善治
ピエール・カルダン

範星
はんせい

範星の年運レベル

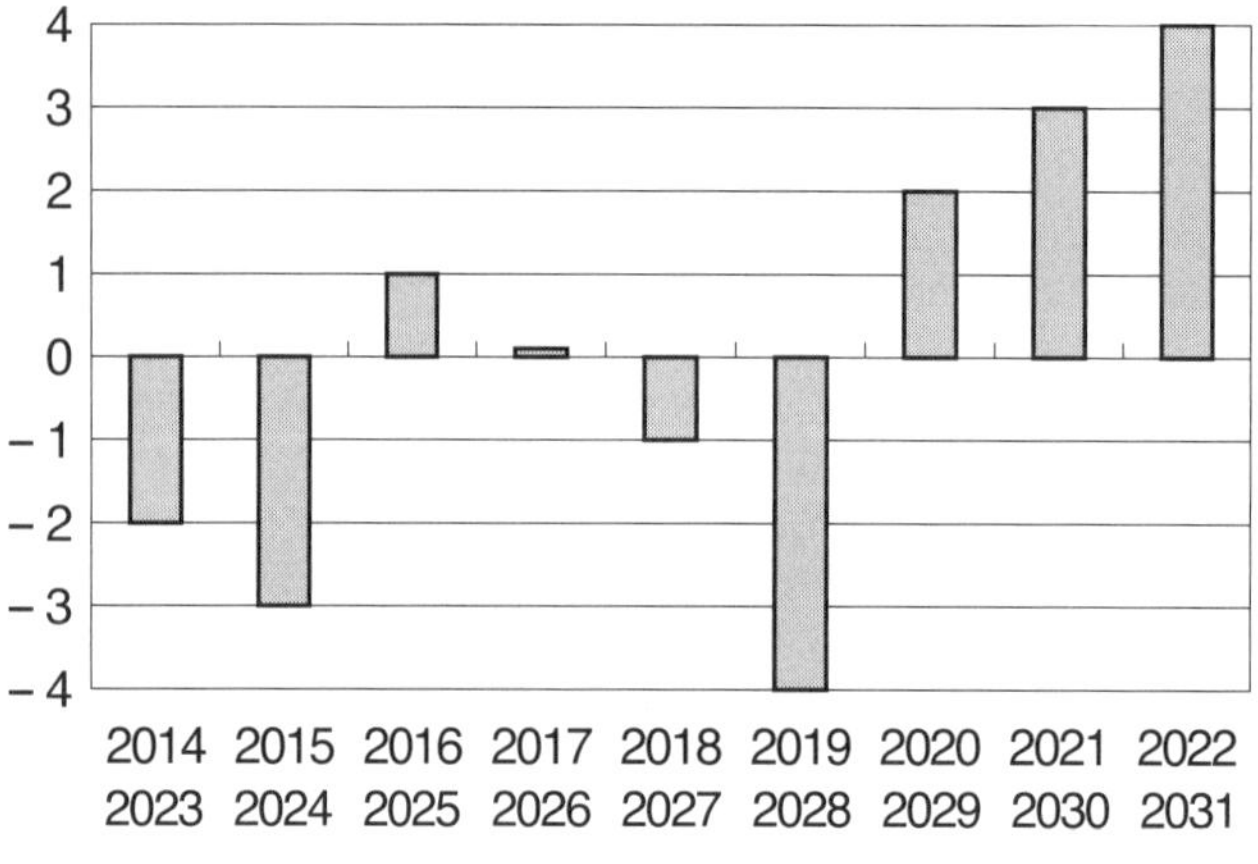
4
3
2
1
0
－1
－2
－3
－4
2014 2023
2015 2024
2016 2025
2017 2026
2018 2027
2019 2028
2020 2029
2021 2030
2022 2031

◆範星の性格

- 聡明で活力にあふれ、素早く的確な判断を下します。頭の回転の速さは随一。
- 能弁でユーモラス、自然な気配りで人を引き付ける力は康星と並んで一番。
- 付き合いのよさからいつでもどこでも人気者になります。
- 数字に強くなかなかの商売上手、大胆すぎて失敗した時のダメージは大きい。
- 天真爛漫で明るく素直な性格。清潔感があり誠実な印象。
- のびのびとして楽天的、天性のバランス感覚で調子を合わせるのが得意。
- 多彩な趣味、天性の器用さで何でもこなす働き者、頑張り屋で自信の人です。
- 女性は色気が乏しいものの、男まさりで家事もソツなくこなす料理上手な人。

◆落とし穴を招く性格

- 見栄っ張り。格好、形から入りやすく、恋にものめり込む弱点があります。
- 職人気質が強く大きな商売には向かないので、地道にコツコツ働く方がよい。
- 人や物の好き嫌いがはっきりとしているため人間関係で苦労します。
- 人の話を即座に否定しがちなので、素直に耳を傾けるといいでしょう。
- 嫌いな人には顔を背ける傾向がありよく失敗をします。意外と頑固で頭が固い。

（方位：南東微東）

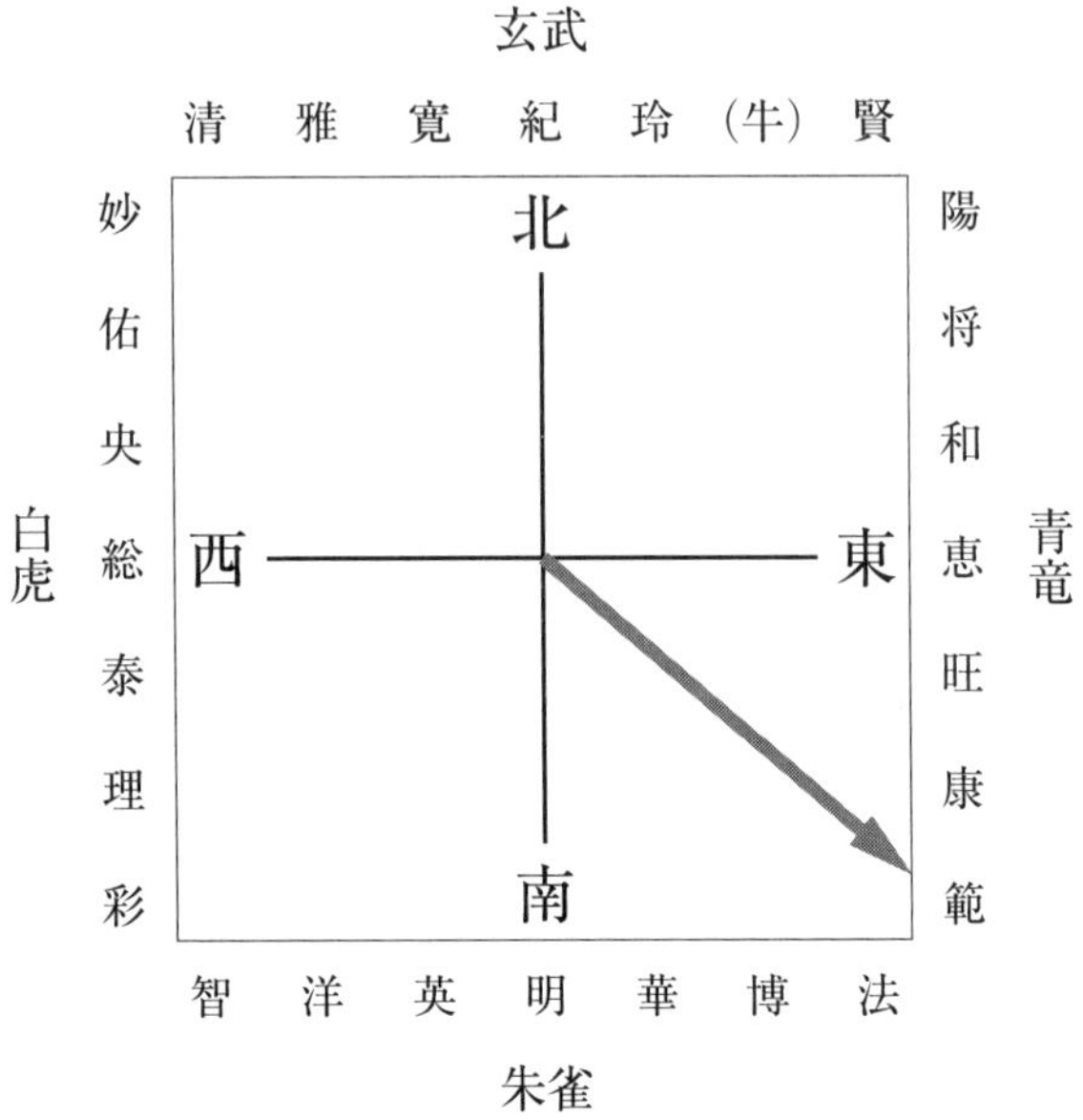

星座　すぼし、おとめ座アルファ星
○・九七等級

方位　南東微東の方位に守護神鎮座
礼拝・祈りは吉運が働き、困
った時にはその方位に祈りを

四神　青龍、東方を守護する神獣
範星は南東微東に位置しその
勝負エネルギーは東にあり成
功と勝利の神に護られます

命の日　「命」の日は東方大吉

十二宮　女宮（二足）、秤宮（二足）
用心深くて本心を見せないと
ころがあります。繊細にして
大胆で人付き合いも多くよき
友人を得て好運に恵まれます

ビジネス運

●自由奔放、人に好かれるため人脈も広がります。自分の好きな道を磨き一芸に秀でる運を持っています。焦点を絞って一点に集中し、突破する大きなパワーを活かすとよいでしょう。

恋愛運

●男女共に人の好き嫌いは激しいのでプッツンすると失敗します。自分から愛を告白するのは苦手なため、晩婚になりやすい人も多くいます。家庭的なので早期の結婚は吉。

適職

●学者、技術職、デザイナー、評論家、調理師、税理士、医師、看護師、教師、不動産、スポーツ、営業、おもちゃ、芸術家、作家、秘書、趣味の店、飲食店オーナー。

健康運

●運命的部位「頤《あご》」、注意を要する疾患「顔・頭のケガ、消化器系、子宮、膀胱」。

範星の有名人

芸能界

広末涼子
君島十和子
友近
水卜麻美
福田沙紀
山田　優
オダギリジョー
要　潤
柴田英嗣
水嶋ヒロ
メル・ギブソン

スポーツ界

上田桃子
クルム伊達公子
辰吉丈一郎
丸山茂樹

政界・財界

田中眞紀子
中曽根弘文
森　喜朗

文化・その他

皇后雅子
内田春菊
大前研一
白川英樹
周防正行
マリア・カラス
貴乃花光司
毛利　衛
レフ・トルストイ

康星
こうせい
秤宮
女宮
獅子宮
蟹宮
夫妻宮
牛宮
羊宮
魚宮
瓶宮
磨宮
弓宮
蠍宮

康星の年運レベル

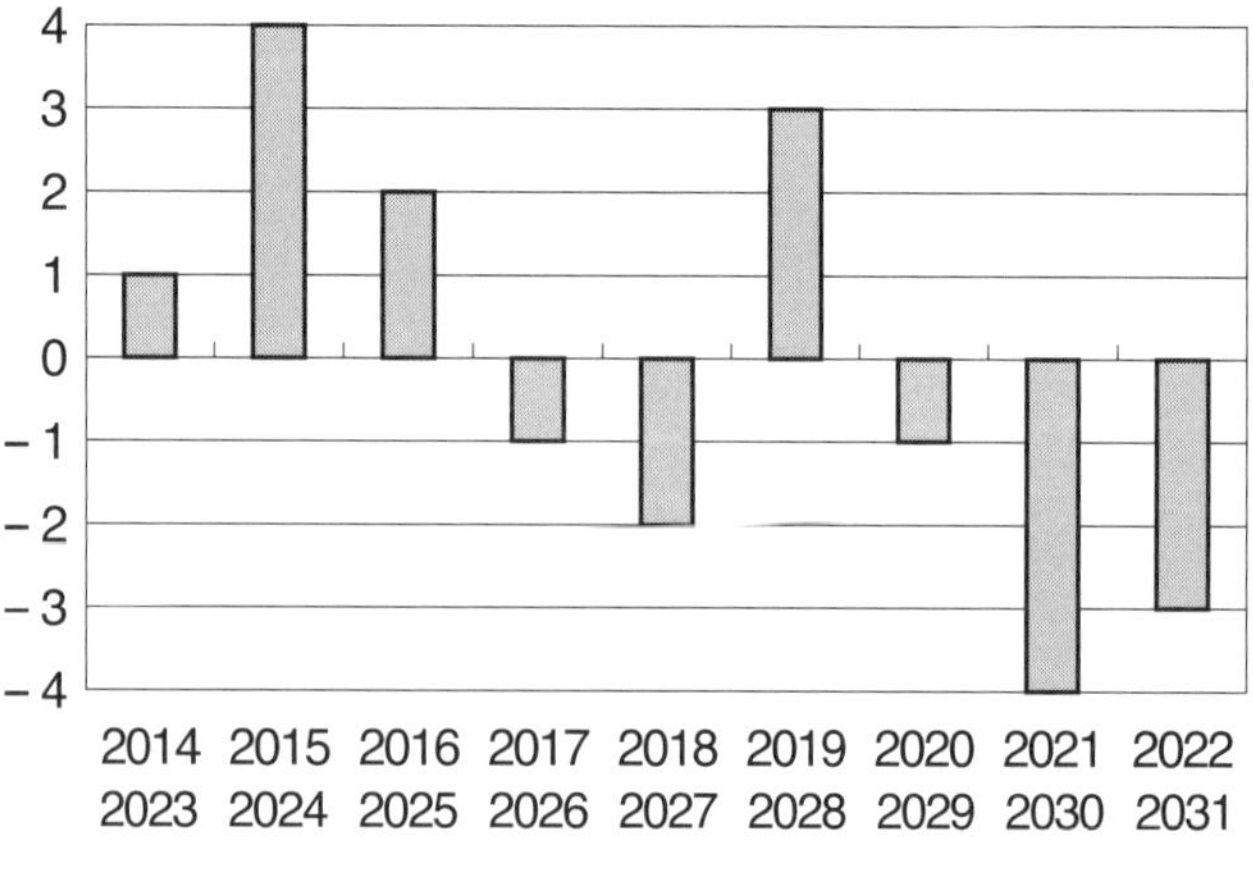
4
3
2
1
0
－1
－2
－3
－4
2014
2023
2015
2024
2016
2025
2017
2026
2018
2027
2019
2028
2020
2029
2021
2030
2022
2031

◆康星の性格

・理想と夢を追いかける反骨精神の人。仕事に遊びによく飛び回ります。
・人がやれないようなことを実現し、前人未踏の道を強いエネルギーで切り拓きます。
・子供の頃から強情、意地でも押し通す強引さで、人生を切り拓いていきます。
・まじめで曲がったことが大嫌い、正義感が強く権威や権力に抵抗します。
・思い込んだら命がけといった傾向があり、強烈なエネルギーで相手に迫ります。
・陰で努力するストイックな努力家、重厚な存在感で注目を浴びます。
・なかなか人を信用しませんが、心を開いた人には深い信頼を寄せます。
・男女共に結婚後はよき家庭人、細かい金銭感覚でやりくり上手になります。

◆落とし穴を招く性格

・恰好のいいことが好きで、みっともないことには過剰に反応し、人の二番煎じは大嫌い。
・口数少なく内向的な人も多くいます。広い心を持ったパートナー選びが必要です。
・信念が強いため、潔癖すぎて極端な行動に走ってしまう人がいます。
・一途な思いと強すぎる自我で人生の選択肢を狭くしてしまう人が多くいます。
・女性は家庭に集中し社会的な視野を失ったり、身なりにかまわなくなったりしがちです。

（方位：東南東）

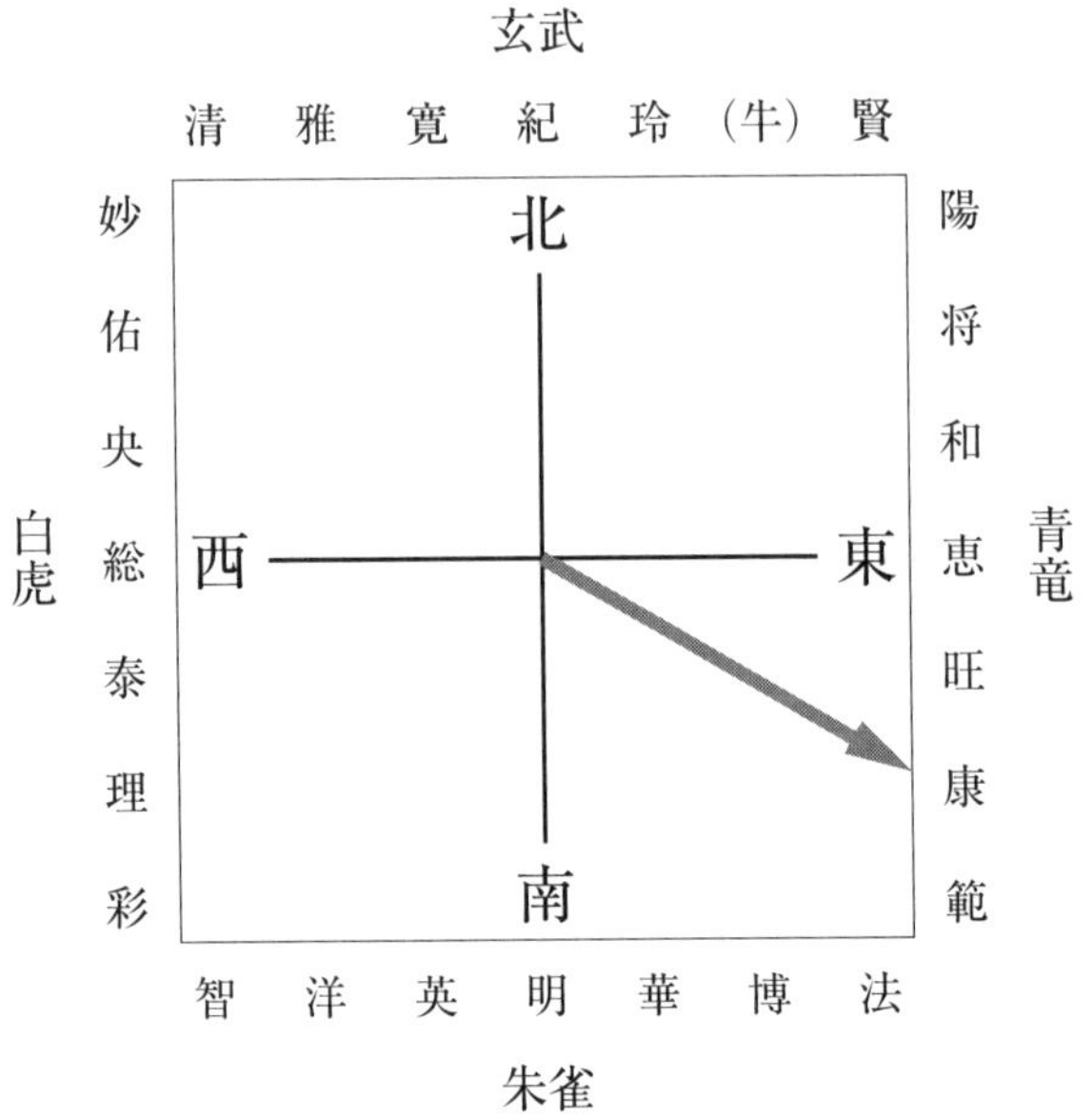

星座　あみぼし、おとめ座カッパー星四・二一等級

方位　東南東の方位に守護神鎮座
礼拝・祈りは吉運が働き、困った時にはその方位に祈りを

四神　青龍、東方を守護する神獣
康星は東南東に位置しその勝負エネルギーは東にあり成功と勝利の神に護られます

命の日　「命」の日は東方大吉

十二宮　秤宮（四足）
繊細にして大胆で人付き合いも多くよき友人を得て好運に恵まれます。面白い人ですが突然の激怒は慎みましょう

ビジネス運

●自由奔放、遊び好きでエネルギッシュに飛んで回ります。仕事で何処へ行っても遊び心を忘れません。細かいことは苦手ですが、口と行動で人を巻き込む才能は天才的です。

恋愛運

●男性は女性を口説くのが上手、女性は内向的で見栄っ張り。男女共にプライドの高さは一、二を争います。女性は浮気をされると一度は許しても二度目は許しません。

適職

●芸術家、教師、研究者、会計士、弁護士、警察、ジャーナリスト、評論家、作家、クリエーター、美容師、ブティック、司法、技術者、不動産、飲食店、経営者。

健康運

●運命的部位「胸」、注意を要する疾患「心臓、肺、風邪、大腸、痔、泌尿器系、糖尿病」。

康星の有名人

芸能界

神田うの
椎名林檎
白石美帆
田丸麻紀
石原裕次郎
安住紳一郎
岡本信人
コロッケ
堂本　剛
ナット・キング・コール
萩本欽一
松岡昌宏
福山雅治
渡辺　大

スポーツ界

イチロー
高原直泰
三浦知良
ロナウド

政界・財界

アウンサン・スーチー
大隈重信
穀田恵二

文化・その他

山田洋次
勝間和代
角川春樹
サム・メンデス
ねじめ正一

旺星
おうせい
秤宮
蠍宮
弓宮
磨宮
瓶宮
魚宮
羊宮
牛宮
夫妻宮
蟹宮
獅子宮
女宮

旺星の年運レベル

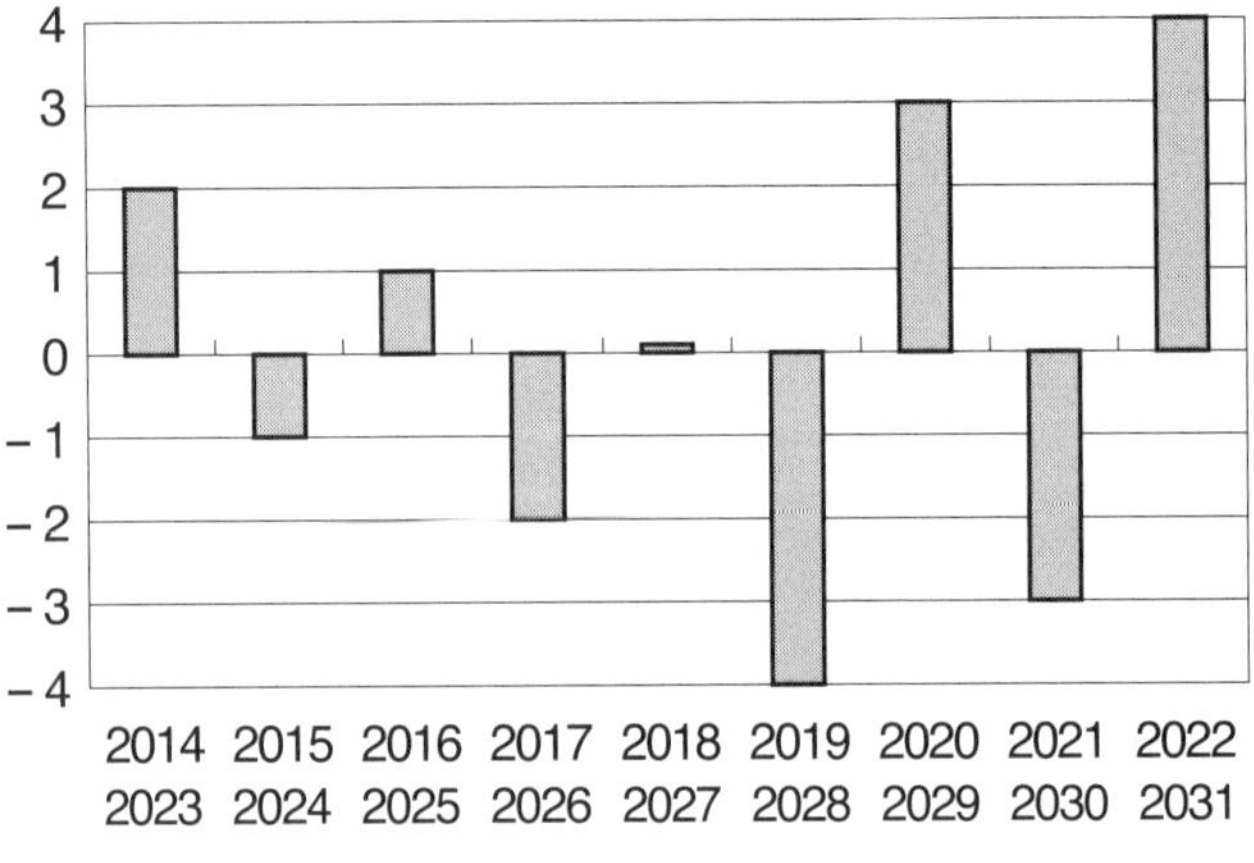
4
3
2
1
0
−1
−2
−3
−4
2014 2023
2015 2024
2016 2025
2017 2026
2018 2027
2019 2028
2020 2029
2021 2030
2022 2031

◆旺星の性格

- 粘り強さと勝負強さで秘めたる野望に邁進します。
- 前向きで行動的、目標に向かって全精力を傾け、財を築いていきます。
- 先進的、奇抜なアイデアで周りをアッと言わせるような結果を出します。
- 先見の明があり、決断後の行動も素早く、集中して取り組みます。
- 仕事ができるタイプで合理的な考えで判断、目上に引き立てられて成功します。
- 強引で押しが強く図太いが憎めない魅力があり、涙もろい人情家の一面があります。
- 男性は親分・番長タイプ、女性は女将・ママさんタイプの人が多くいます。
- ドライ、現実的、楽観的な特徴がよく出る人で、健康運にも恵まれます。

◆落とし穴を招く性格

- 束縛されることを嫌い、チームを組むのは苦手です。
- 一生に一度大きな試練を受ける運命を持っています、暴力的な面は戒めを要します。
- 男性は「愛の狩人」で女性に人気があります。女性遍歴で身を崩す人も多くいます。
- 女性は男性にリードを任せず、仕事もでき、収入もあるので婚期も遅れがちになります。
- よく言えば前向き、悪く言えば反省しない一面があり、周囲に嫌われないように注意。

（方位：東微南）

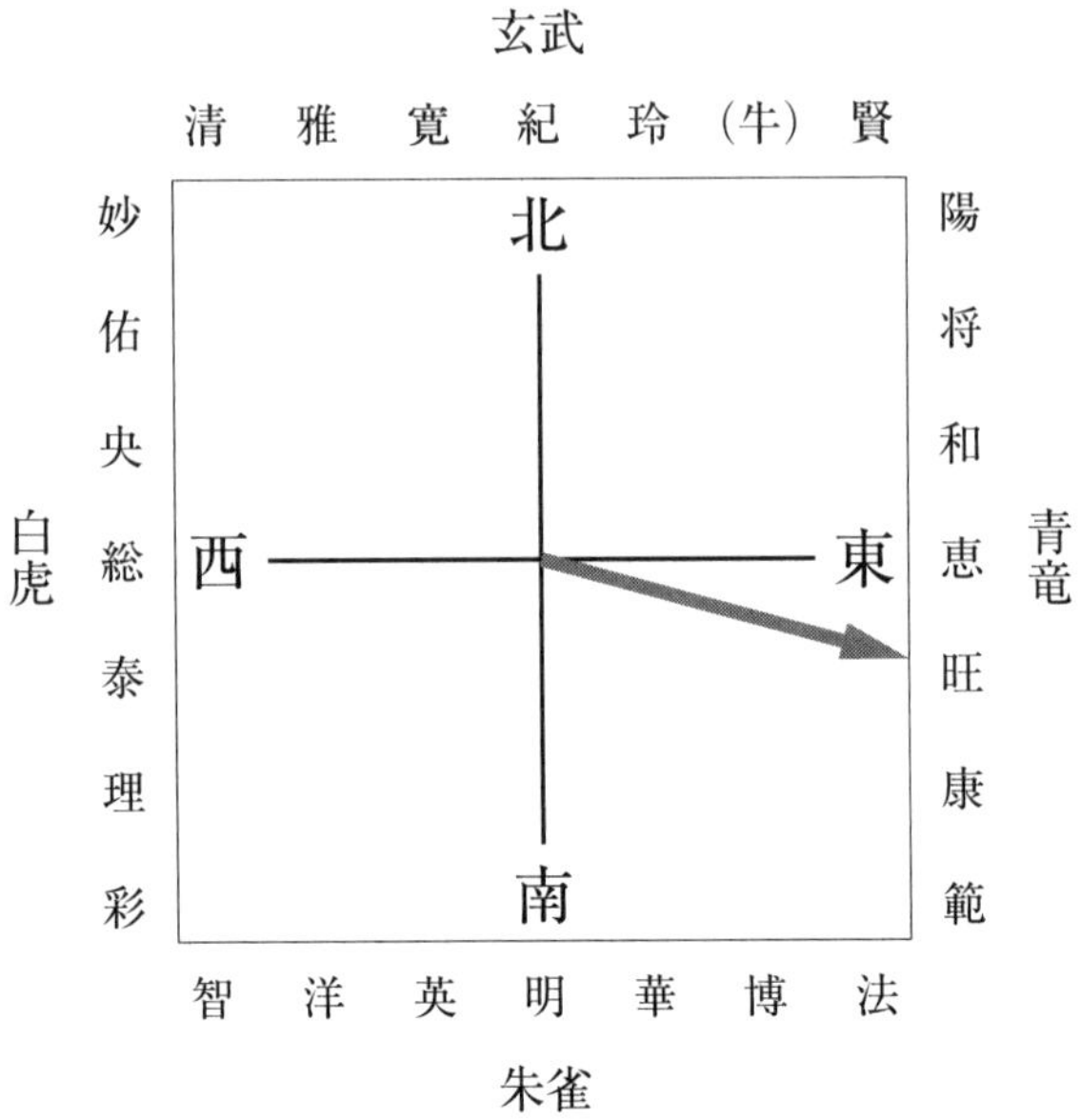

星座 ともぼし、てんびん座アルファ星、二・八等級

方位 東微南の方位に守護神鎮座
礼拝・祈りは吉運が働き、困った時にはその方位に祈りを

四神 青龍、東方を守護する神獣
旺星は東微南に位置しその勝負エネルギーは東にあり成功と勝利の神に護られます

命の日 「命」の日は東方大吉

十二宮 秤宮（三足）、蠍宮（一足）
繊細にして大胆で人付き合いも多くよき友人を得て好運に恵まれます。猜疑心が強くでると波瀾の人生になります

ビジネス運

●束縛される仕事や平凡な仕事では真価を発揮しにくいところがあります。小さくても自由で独立した仕事に向いています。まったく異なる分野へ飛び込んでも成功する運があります。

恋愛運

●男女共に自由人で束縛を嫌います。男性は女性に声をかけなければ失礼だというぐらいフレンドリーに接します。男女共に内心はわがままで自分本位が目立つと失敗します。

適職

●自営業、ブティック、喫茶店、自動車、保険、セールス、運送、工事、教師、保育士、技術者、作家、金融業、プロスポーツ選手、芸術家、コピーライター。

健康運

●運命的部位「胸の臆《こころ》」、注意を要する疾患「お腹、心臓病、婦人病、ヘルニア」。

旺星の有名人

芸能界
吉高由里子
柴崎コウ
石田ひかり
黒木メイサ
森　昌子
戸田恵梨香
エリック・クラプトン
太田　光
市川團十郎白猿
片岡愛之助
長渕　剛
天野ひろゆき
ジェームズ・ディーン
坂本龍一
パパイヤ鈴木
渡辺直美
レオナルド・ディカプリオ

スポーツ界
岡島秀樹
城島健司
中澤佑二

政界・財界
フィデル・カストロ
橋本聖子

文化・その他
五木寛之
森　鷗外

恵星
けいせい
蠍宮
秤宮
女宮
獅子宮
弓宮
瓶宮

恵星の年運レベル

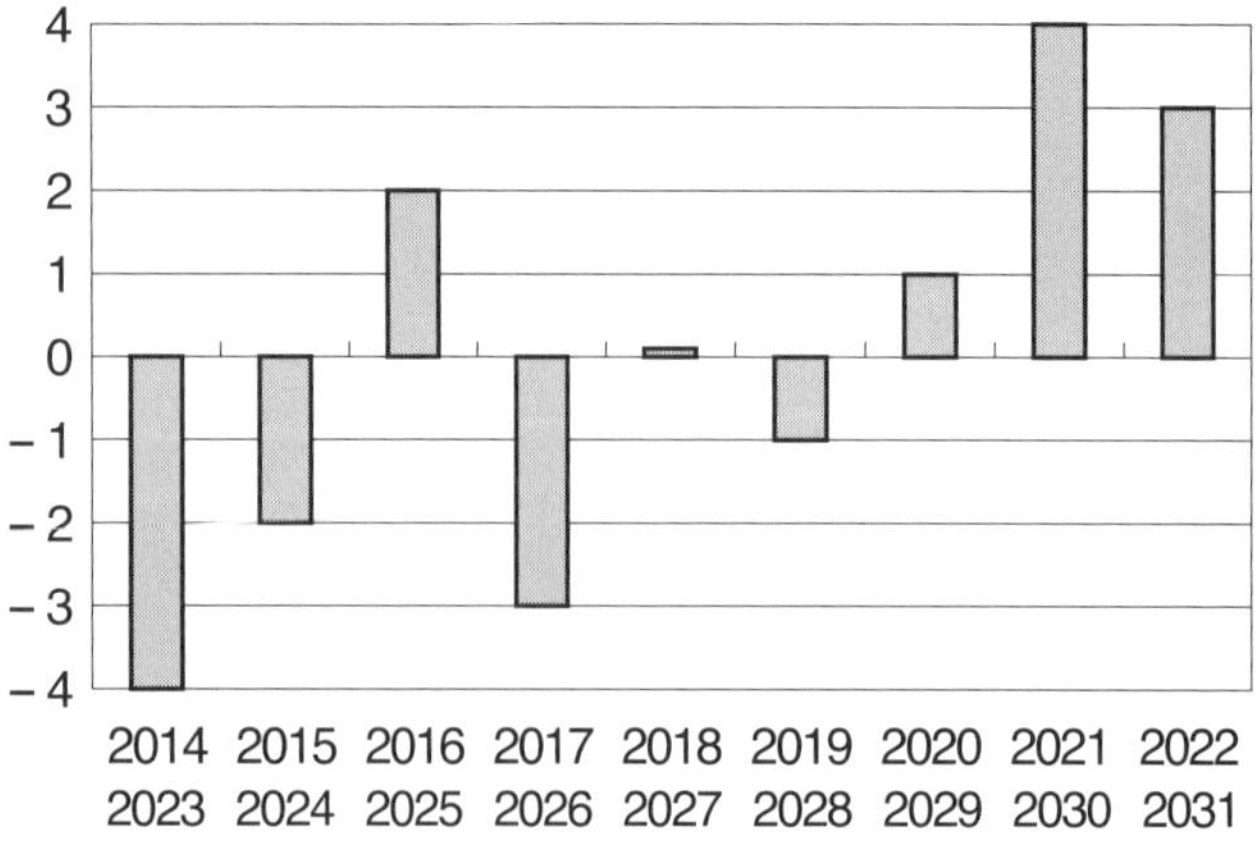
4
3
2
1
0
－1
－2
－3
－4
2014 2023
2015 2024
2016 2025
2017 2026
2018 2027
2019 2028
2020 2029
2021 2030
2022 2031

◆恵星の性格

- 財や人、物が集まってくる星回りで、二十七星中最も財運に恵まれています。
- 即断、即決、目標に向かって粘り強くやりぬく行動力があります。
- 女性は、華星、泰星と並ぶ三大美人星。花なら牡丹《ぼたん》のような華やかさがあります。
- 男性は愛嬌がよく人の心をたくみにつかみ、女性は男性を冷静に見極めます。
- 女性は、結婚後は賢い主婦であり、あでやかな妻になる人が多くいます。
- 女性は男性を引き付ける引力を持っていて、言い寄る男性はセレブが多くなります。
- 一族の中で一番裕福な生活に恵まれ、お金がなくても何らかの豊かさがあります。
- 財産をまわりに分け与えることによって、いっそう財運が強くなっていきます。

◆落とし穴を招く性格

- 人が羨む財運のかわりに、自己中心的な思考回路を持っており時々失敗があります。
- 人の意見を聞かず自分本位でエリート意識が強く、人望に欠ける人が多くいます。
- ワンマンになりすぎて、目的半ばで道から外れてしまう人がいます。
- 激しく燃える恋も自分本位が玉にキズ、愛が冷めるのも早く次々と恋の遍歴をします。
- なんでも自分でやろうとします。困ったときには人の力を借りることも必要です。

（方位：東）

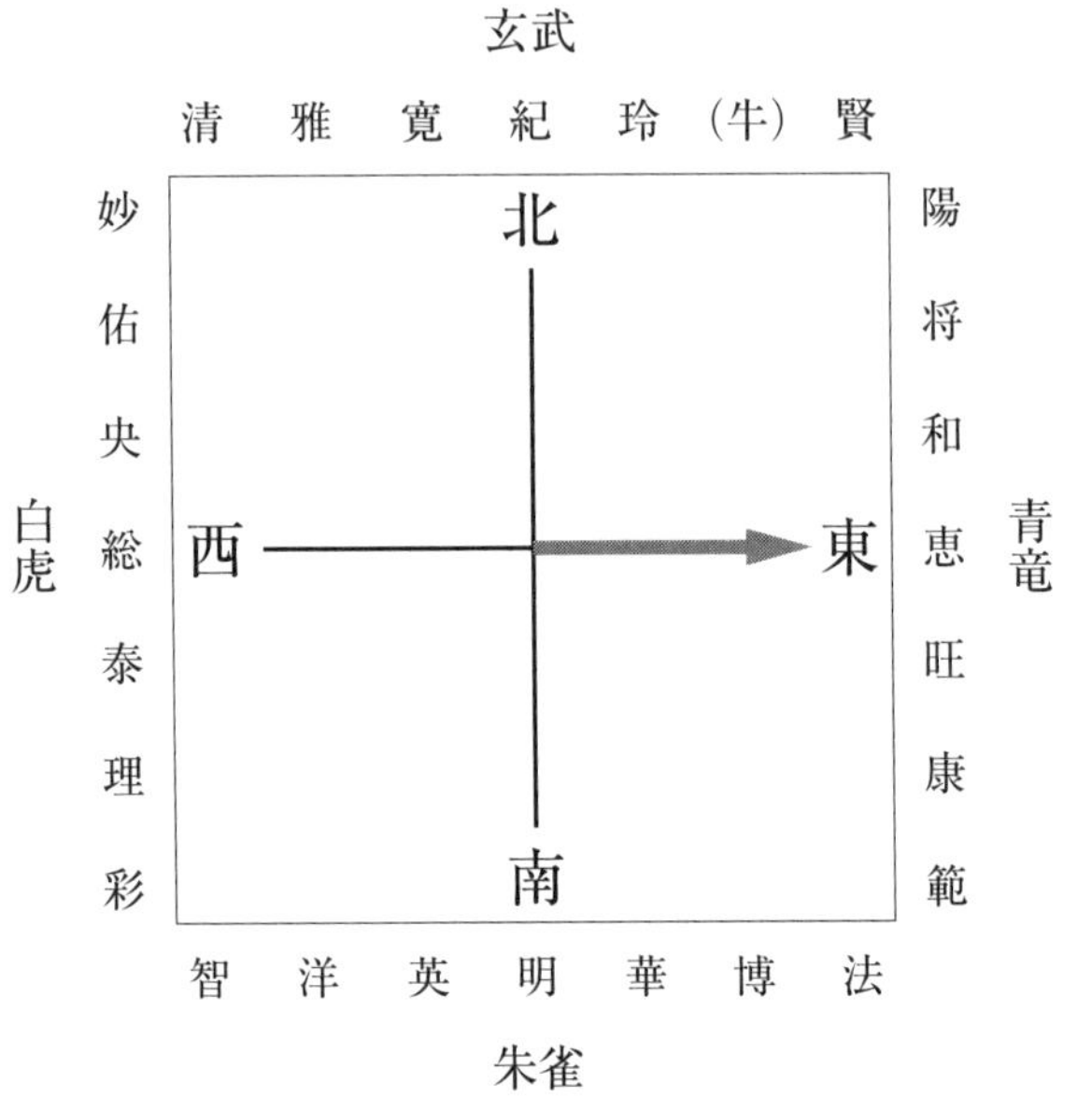

星座　ともぼし、さそり座パイ星
二・九一等級

方位　東の方位に守護神鎮座
礼拝・祈りは吉運が働き、困った時にはその方位に祈りを

四神　青龍、東方を守護する神獣
恵星は東に位置しその勝負エネルギーは東にあり成功と勝利の神に護られます

命の日　「命」の日は東方大吉

十二宮　蠍宮（四足）
財運が強く出費は節約家です。猜疑心が強く出ると波瀾の人生になります。医療関係の仕事に携わると運が開けます

ビジネス運

・持ち前の才能と行動力で成功しお金には困りません。ただし自己を律して人に好かれるようにしないと毒舌で周囲から嫌われ、晩年の成功を見ずに一生を送ることでしょう。

恋愛運

・愛の告白は苦手ですが異性のあしらいはうまく恋多き人生になります。ドライな言葉が飛び出しますが、バランスを間違えなければそれもまた魅力になります。

適職

・経理、財務、高級官僚、銀行員、証券、政治家、実業家、宝石、高級品、芸能、サービス、検事、弁護士、ディレクター、プロデューサー、ジャーナリスト、タレント。

健康運

・運命的部位「右ひじ」、注意を要する疾患「腱鞘炎、肝臓、腎臓、胃腸、膀胱」。

恵星の有名人

芸能界

沢口靖子
森　泉
加藤あい
指原莉乃
佐藤江梨子
シンディ・ローパー
シャロン・ストーン
中川翔子
矢田亜希子
明石家さんま
熊川哲也
ウィル・スミス
ATSUSHI
横浜流星

スポーツ界

古関美保
澤　穂希
諸見里しのぶ
ザッケローニ
白鵬翔

政界・財界

蓮舫
猪瀬直樹
森田健作

文化・その他

藤井聡太
赤川次郎
つかこうへい

和星
わせい
蠍宮
秤宮
女宮
獅子宮
蟹宮
夫妻宮
牛宮
羊宮
魚宮
瓶宮
磨宮
弓宮

和星の年運レベル

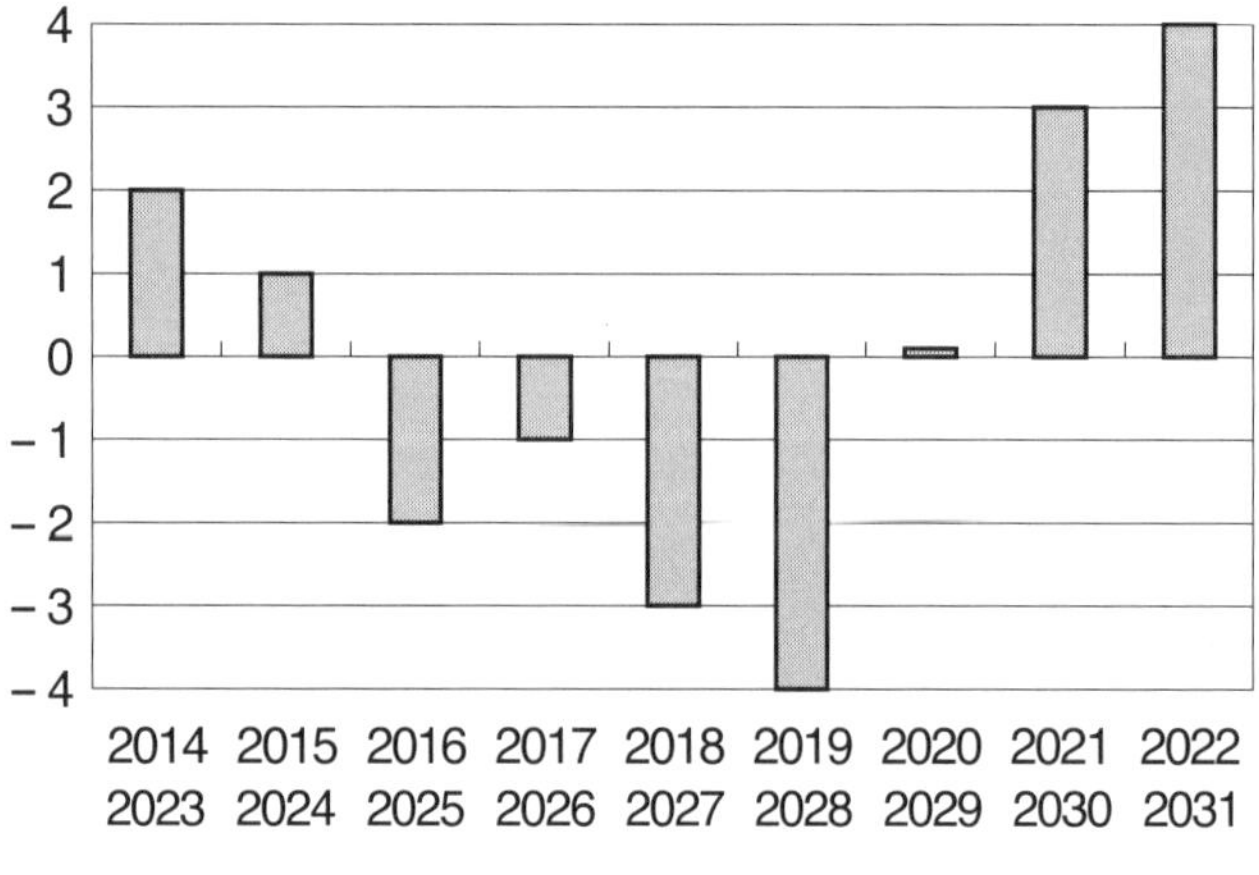
4
3
2
1
0
−1
−2
−3
−4
2014 2023
2015 2024
2016 2025
2017 2026
2018 2027
2019 2028
2020 2029
2021 2030
2022 2031

◆和星の性格

・快活でチャーミングな人気者です、いつもにこやかに人に接します。
・人の心の動きに敏感で、こまやかな心遣いと気配りで好感を持たれます。
・愛嬌星と言われ誰もが楽しくなれる貴重な存在。演技力があり芸能人に多い星です。
・持ち前の負けず嫌いがあり、笑顔からは想像しにくい野心家でもあります。
・天性の頭の回転の速さと、他がたちうちできない芯の強さで野望を達成します。
・自己アピールが上手で、生まれながらにして愛される運を持っています。
・女性は人当たりがよく、美人でも気取らない愛されるタイプの人が多くいます。
・女性は結婚して家庭に入ると、夫や家族にとことん尽くし、世話女房になります。

◆落とし穴を招く性格

・性格は複雑で正しくとらえるのは難しく、まわりからはピント外れと思われがち。
・気の置けない仲間の中心で、笑いながらクールに振舞うことができストレスも抱えます。
・誰にでも合わせることができる武器を持っていますが、争いになると弱さが出ます。
・ただの陽気な人気者ではなく、自分に自信のない小心なところがあります。
・ちょっとしたことで疑心暗鬼が自己増殖して大きく悩みますが、自分で立ち直ります。

（方位：東微北）

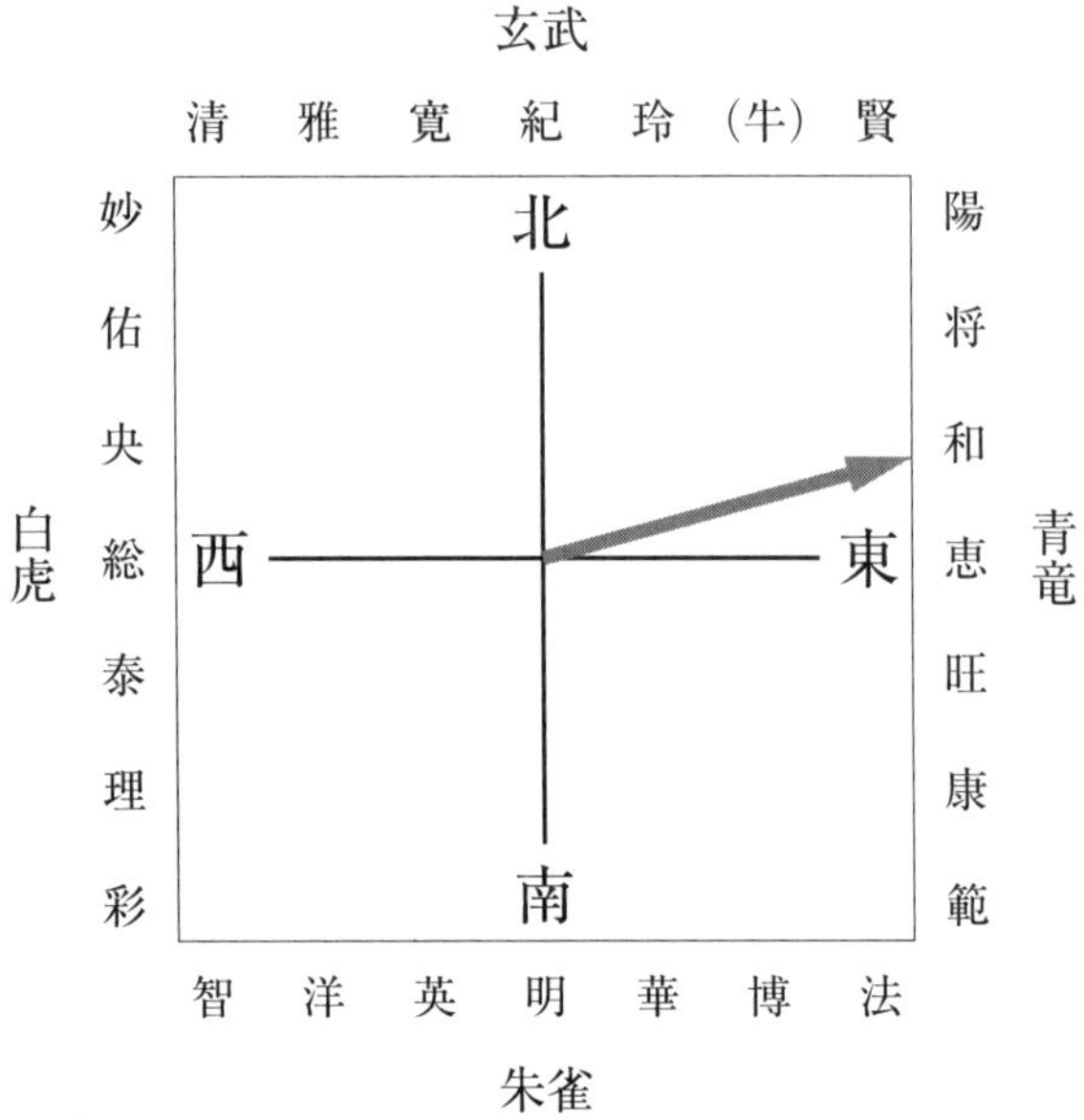

星座	なかごぼし、さそり座シグマ星二・八九等級
方位	東微北の方位に守護神鎮座 礼拝・祈りは吉運が働き、困った時にはその方位に祈りを
四神	青龍、東方を守護する神獣 和星は東微北に位置しその勝負エネルギーは東にあり成功と勝利の神に護られます
命の日	「命」の日は南方大吉
十二宮	蠍宮（四足） 猜疑心が強くでると波瀾の人生になり医療関係の仕事では吉運が働きます。すべての星から剋されるも蠍の一刺しをもつ

ビジネス運

●周囲の雰囲気や相手の心理を素早く読み取るのが上手で気配りが利きます。それが強みとなり対人関係を上手にこなすので上司からの引き立てを得て、早い出世コースを歩みます。

恋愛運

●明るくも暗くもハイになることがあるので、悩まず軽く受け流すように付き合えば、柔らかい性格に引かれて恋は成就するでしょう。優しい気配りで勝負することです。

適職

●医療関係、介護、政治家、評論家、役者、タレント、メディア、ジャーナリスト、企画、カウンセラー、IT、薬剤、サービス業、ダンサー、秘書、女将、飲食業、花屋。

健康運

●運命的部位「左ひじ」、注意を要する疾患「精神神経系、偏頭痛、腱鞘炎、肝臓、歯」。

和星の有名人

芸能界

阿部　寛
絢香
木村カエラ
高岡早紀
常盤貴子
レディー・ガガ
永山瑛太
大和田獏
小池徹平
反町隆史
原口あきまさ
ブルース・リー
松方弘樹
美川憲一
YOSHIKI

スポーツ界

五郎丸歩
村主章枝
川上憲伸

政界・財界

鳩山由紀夫

文化・その他

伊集院静
スティーヴン・スピルバーグ
髙村　薫
辻　仁成
ピカソ
松本白鸚
ネルソン・マンデラ

将星
しょうせい

将星の年運レベル

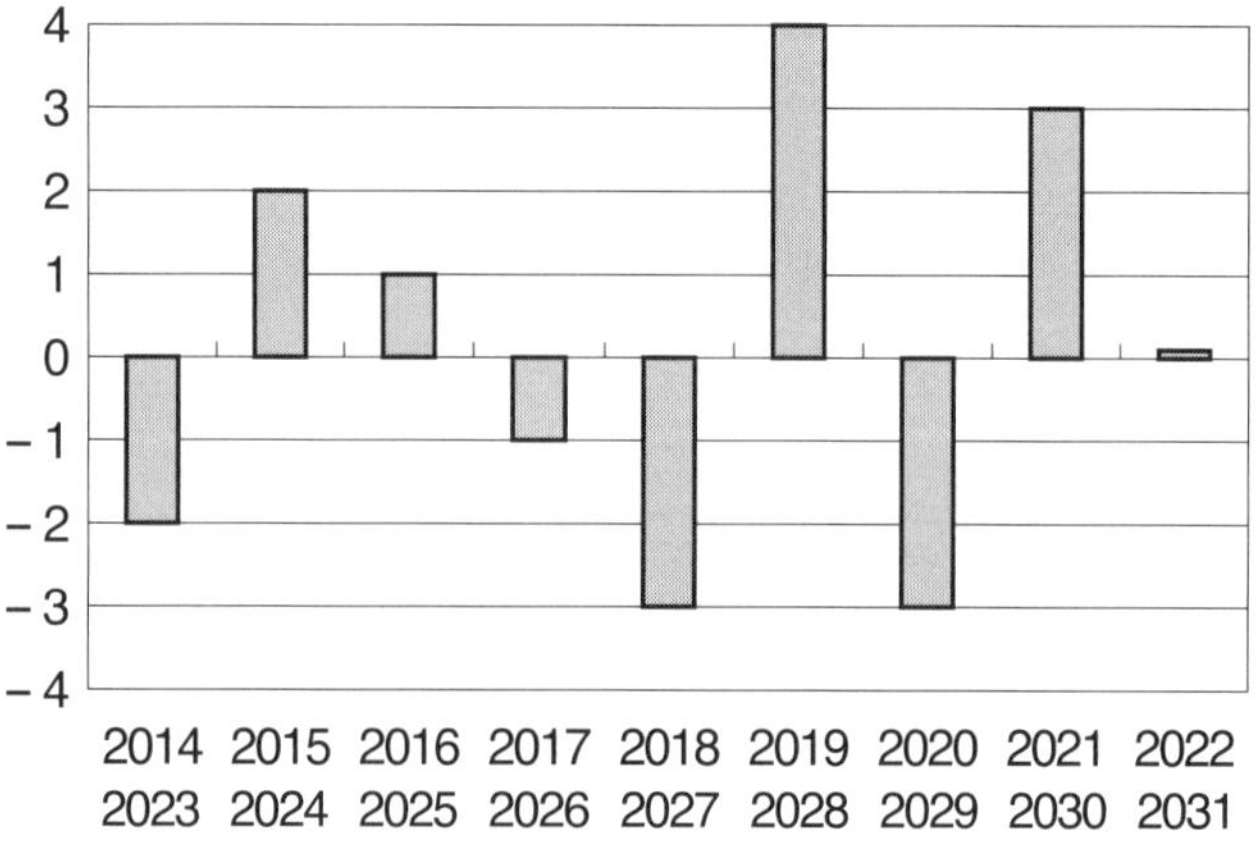
4
3
2
1
0
－1
－2
－3
－4
2014 2023
2015 2024
2016 2025
2017 2026
2018 2027
2019 2028
2020 2029
2021 2030
2022 2031

◆将星の性格

- 地味で実直な人、仕事熱心でこの道一筋の生き方をします。二十七星一番の頑固者。
- 技術屋、職人気質の人が多く、我慢強さと集中力で大成していきます。
- 驚くべき集中力と粘り強さで、目標に向かって突進します。
- 本物志向が強く適当に済ませることはせず、持ち前の器用さで黙々と取り組みます。
- 納得がいくまでこだわり続ける頑固者、外見とは異なる華やかなものを創造します。
- ひとたび決めたらまわりに惑わされず集中し、この道一筋の生き方をします。
- 決めた人は振り向くまで手を尽くし、結婚後は世話女房になる傾向があります。
- 買い物も納得いくまでチェックしないと買いません。ブランドより機能面を重視。

◆落とし穴を招く性格

- どんな深いつきあいでも気にさわると口もきかず、挨拶もしない極端な行動が出ます。
- 人付き合いが苦手、恋愛経験は少なく、女性は男勝りの気性の強さがあります。
- 相手の言葉や行動に心を傾けないと、思い込みの強さで失敗することがあるので注意。
- 取り組みの姿勢が重たく軽快さに欠けます、視野が狭くなりがち。
- 人に教えを請う謙虚さが明暗を分けます。人間的なふくらみを心がける必要があります。

（方位：東北東）

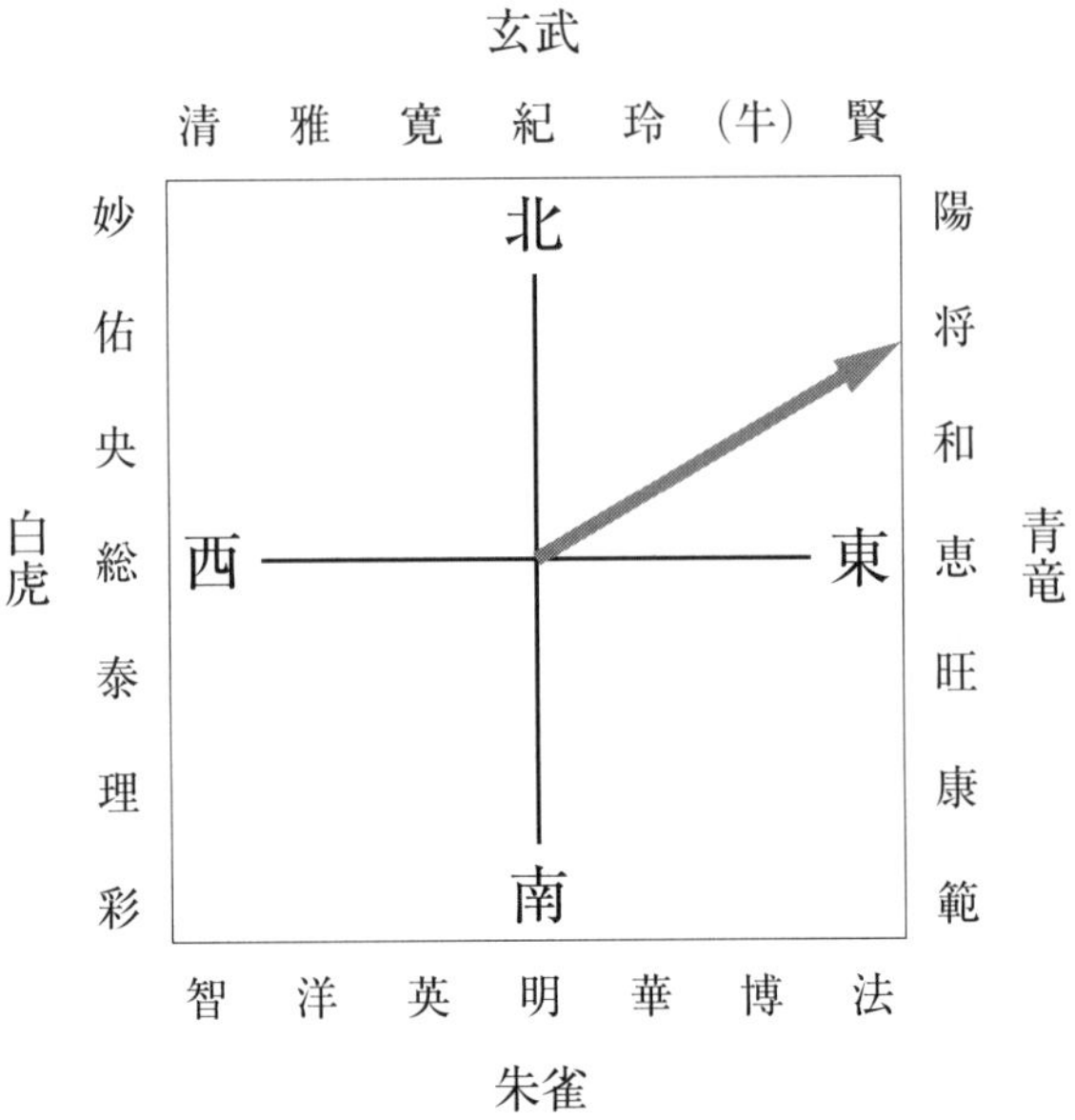

星座　あしたれぼし、さそり座ミュー星二・九八等級

方位　東北東の方位に守護神鎮座
礼拝・祈りは吉運が働き、困った時にはその方位に祈りを

四神　青龍、東方を守護する神獣
将星は東北東に位置しその勝負エネルギーは東にあり成功と勝利の神に護られます

命の日　「命」の日は西方大吉

十二宮　弓宮（四足）
正論を主張して人と争い勝利を得ますが、反面融通が利かない頑固者には注意を要します
強い集中力で道を究めます

ビジネス運

・まじめにコツコツと粘り強く一つの道に打ち込み、成功する運があります。拘《こだわ》り始めると納得するまで前に進みません。拘りの末、人がビックリするほどの結果を出します。

恋愛運

・愛情表現は苦手、生《き》まじめさだけが目立つと面白くない人ととられがち。笑顔で相手に対する気遣いをするだけで運が開けます。細かいこだわりはうっとうしく嫌われます。

適職

・職人、エンジニア、園芸、研究者、会計士、弁護士、建築家、土木、設計、宝飾、アクセサリー、美術・工芸、医者、教師、作家、華道、茶道、日本舞踊、研究開発。

健康運

・運命的部位「心臓」、注意を要する疾患「脳いっ血、糖尿病、高血圧、血管、泌尿器」。

将星の有名人

芸能界
エリザベス・テイラー
大島美幸
菊川　怜
大地真央
高島　彩
冨永　愛
マライア・キャリー
アル・パチーノ
宇崎竜童
萩原健一
小田和正
片岡孝太郎
河村隆一
有村架純
山下智久

スポーツ界
浅尾美和
川口能活
寺原隼人
張本　勲

政界・財界
江田憲司
舛添要一
渡邉美樹

文化・その他
室井佑月
川越達也
プラシド・ドミンゴ
関口　宏
なかにし礼
松本零士
若田光一

陽星
ようせい
弓宮
蠍宮
秤宮
女宮
獅子宮
蟹宮
夫妻宮
牛宮
羊宮
魚宮
瓶宮
磨宮

陽星の年運レベル

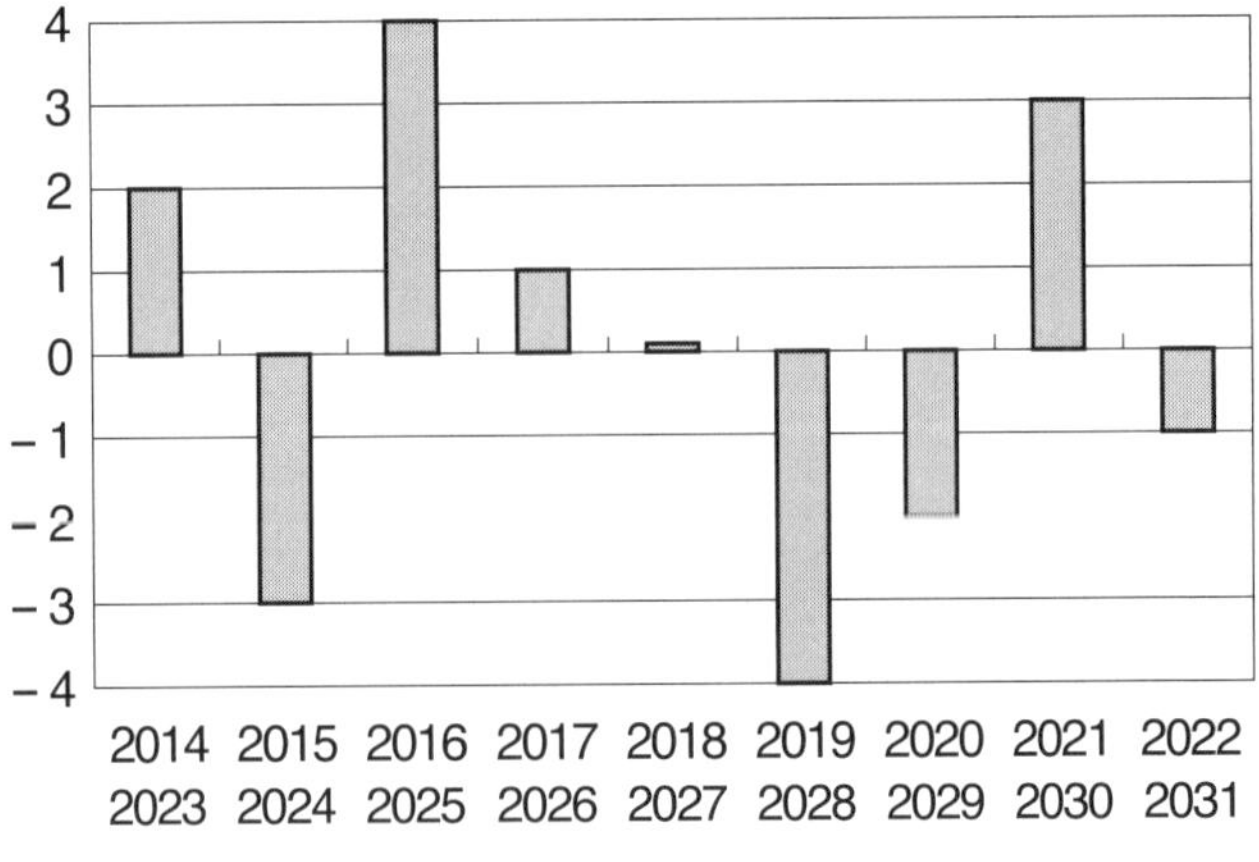
4
3
2
1
0
−1
−2
−3
−4
2014 2023
2015 2024
2016 2025
2017 2026
2018 2027
2019 2028
2020 2029
2021 2030
2022 2031

◆陽星の性格

- 正直者で頑張り屋、人を補佐して力を発揮します。飾り気がなくサッパリした人。
- 度胸がよく勝負強さも十分持っている怖いもの知らず。一言でいうと「やり手」。
- 負けず嫌いで向上心が人一倍強く、努力家で決して手を抜かない人。
- 姑息な手段は使わず真正面から取り組むまじめな人、義理人情にも厚い。
- 単純で策略を講じる思考回路がなく、直球勝負の根っからの正義派。
- よき上司・指導者に恵まれると力を強く発揮し、何倍もの成果を挙げようとします。
- 商才があり、お金を稼ぐのは上手ですが残らない運命を持っています。
- 粘り強さで、交渉ごとも最後は相手の信頼を勝ち取ることができます。

◆落とし穴を招く性格

- 男女共に、アルコールが原因でトラブルになったりする運命があります。
- 女性は何事にも妥協しない傾向があり、独身を貫く人も多くいます。
- 女性はしっかり者で男性から頼られて、一家の大黒柱になってしまうことがあります。
- 損得考えず目上と衝突することが多く、組織を飛び出してしまうこともあります。
- 結婚生活をまっとうするために、うわべでなく心から大切に思ってくれる人が必要です。

（方位：北東微東）

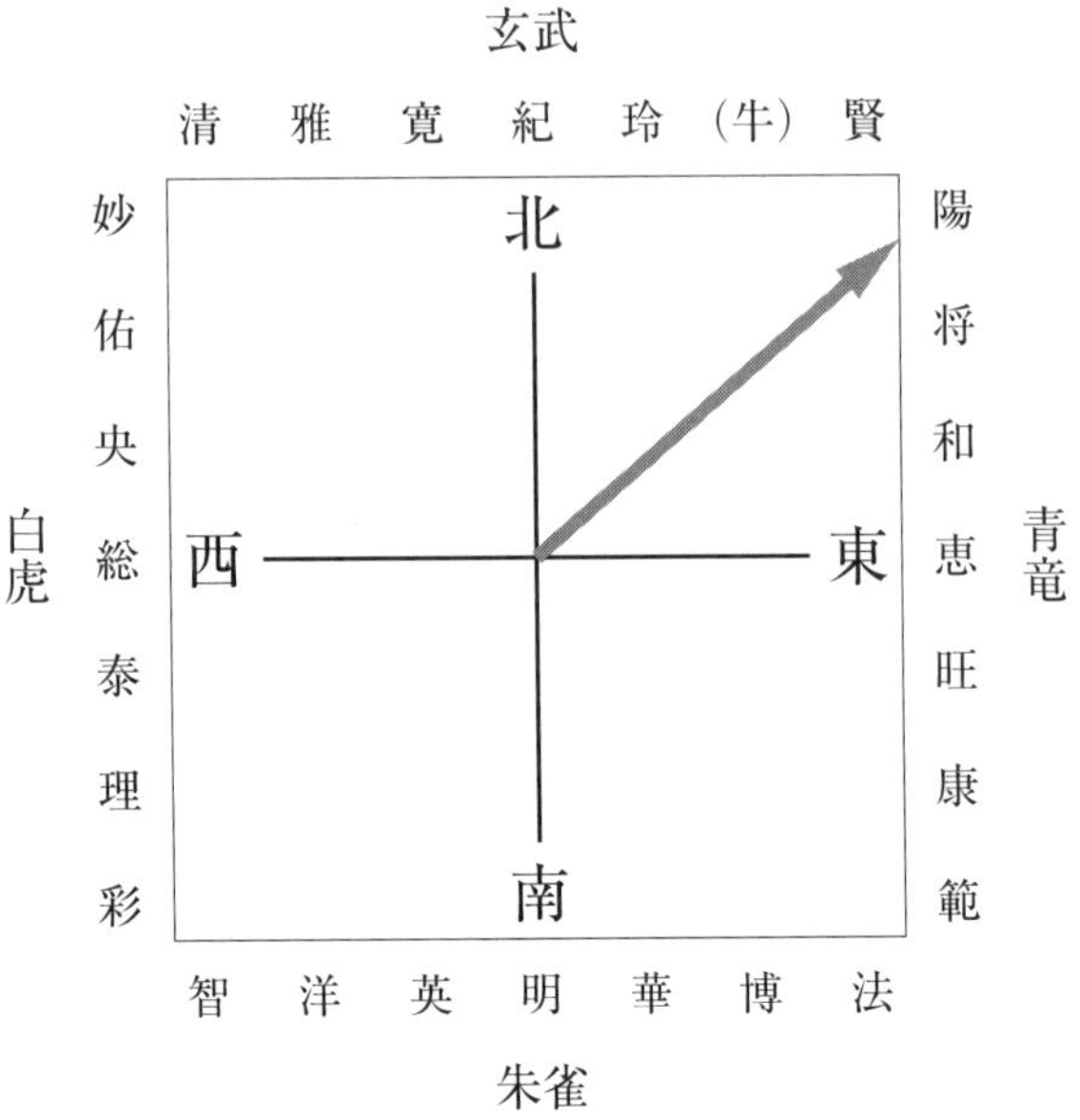

星座　みぼし、いて座ガンマ2.星
二・九九等級

方位　北東微東の方位に守護神鎮座
礼拝・祈りは吉運が働き、困
った時にはその方位に祈りを

四神　青龍、東方を守護する神獣
陽星は北東微東に位置しその
勝負エネルギーは東にあり成
功と勝利の神に護られます

命の日　「命」の日は西方大吉

十二宮　弓宮（四足）
正論を主張して人と争い勝利
を得ますが、反面融通が利か
ない頑固者には注意を要しま
す
難事を超える力があります

ビジネス運

•天性の営業マンとも言われ、力強いエネルギーで突進する働き者です。才能も豊かなので自信過剰にならず、協調性を大切に周囲を味方につけて進めば大きな成功を手にします。

恋愛運

•男性は陽気でまじめ、家庭を大事にすれば幸せをつかみますが、遊び人で度が過ぎると女性に苦労をかけます。女性は開放的で男性を養うパワーがあり、男選びは慎重に。

適職

•マネジメント、プロデューサー、マスコミ関係、技術者、営業、自動車、保険、警官、パイロット、旅行業、店舗オーナー、作家、宗教家、起業家、タレント、評論家。

健康運

•運命的部位「右脇」、注意を要する疾患「過労、筋肉痛、リューマチ、胃、肝臓、痔病」。

陽星の有名人

芸能界

上野樹里
国仲涼子
HIRO
スカーレット・ヨハンソン
ビヨンセ
牧瀬里穂
柳原可奈子
榮倉奈々
片岡鶴太郎
堺　正章
中村獅童
玉木　宏
中居正広
中村雅俊
矢部浩之

スポーツ界

中野友加里
小野伸二
武藤敬司
涌井秀章

政界・財界

A・シュワルツェネッガー
ドナルド・トランプ
谷垣禎一

文化・その他

佳子内親王
相田みつを
ゴッホ
野依良治

賢星
けんせい

賢星の年運レベル

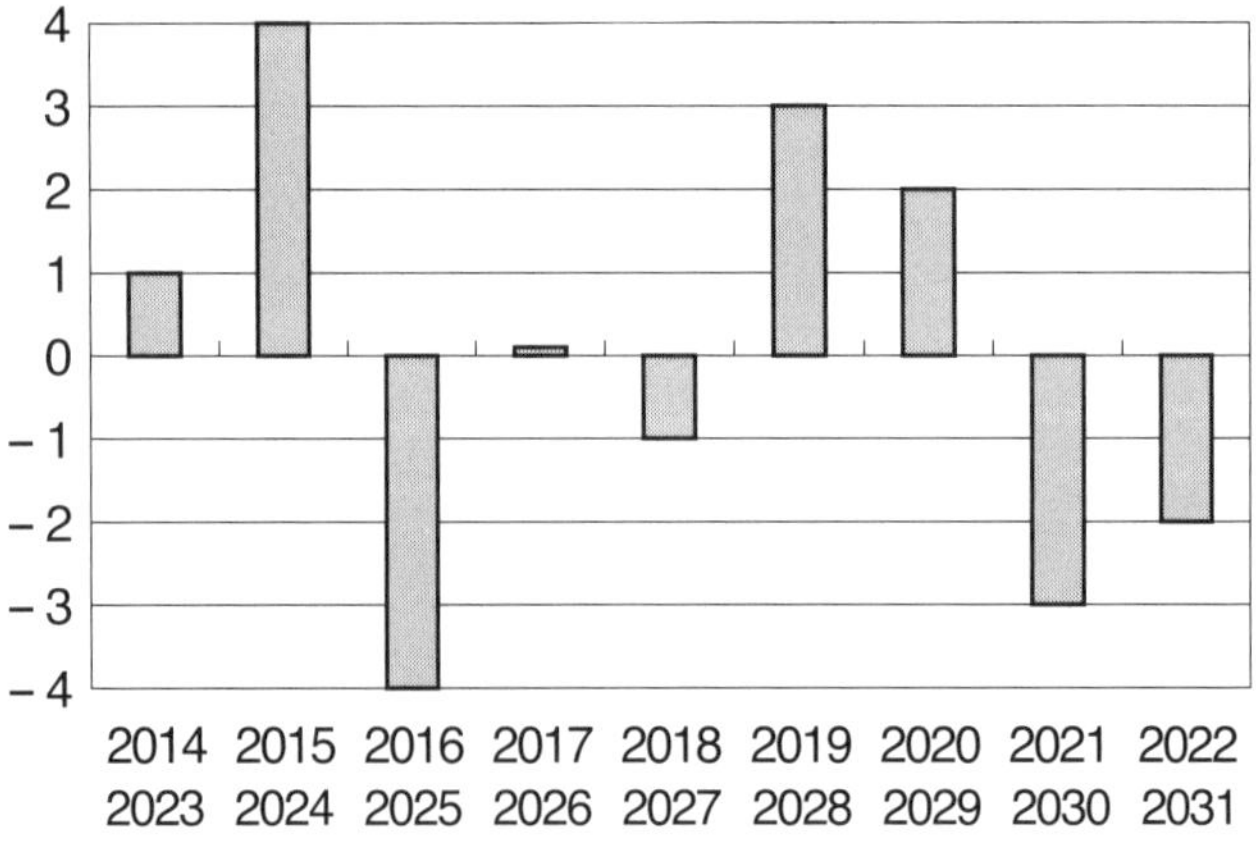
4
3
2
1
0
－1
－2
－3
－4
2014 2023
2015 2024
2016 2025
2017 2026
2018 2027
2019 2028
2020 2029
2021 2030
2022 2031

◆賢星の性格

・男の大将星。総星、博星と並び大きな幸運を天から授かっています。
・男女共に、各分野でカリスマ的存在が多く、教祖、元祖が多い星。
・一見、おだやか、心の奥に強い闘争心を秘めており、あくまで勝ちにこだわります。
・強い相手に向かうと闘争心が旺盛になり、長いものにも巻かれない強さがあります。
・小さな勝負や無駄な争いはせず、自分の名誉や社会的な大義名分の下で争います。
・見えないところで人一倍努力を重ね、無欲で好きなことに打ち込む純粋な人。
・さりげないセンスで持ち物や服装にこだわる、本当のおしゃれ。
・頭の回転が速く、先を見通す力に優れ、少しぐらいの困難では諦めません。

◆落とし穴を招く性格

・性格も強いため、地道に謙虚に努力を重ねなければ、まわりの後押しを得られません。
・頼られると嫌といえない性格を利用され、せっかくの幸運を逃すことがあります。
・お世辞や頭を下げることが苦手で、気性の強い相手とは衝突が絶えません。
・この星は霊感を持っている人も多いため、ネガティブ思考は魔を引き寄せます。
・長い物に巻かれない強さは実力が伴わないと、破滅を招きます。

（方位：北東微北）

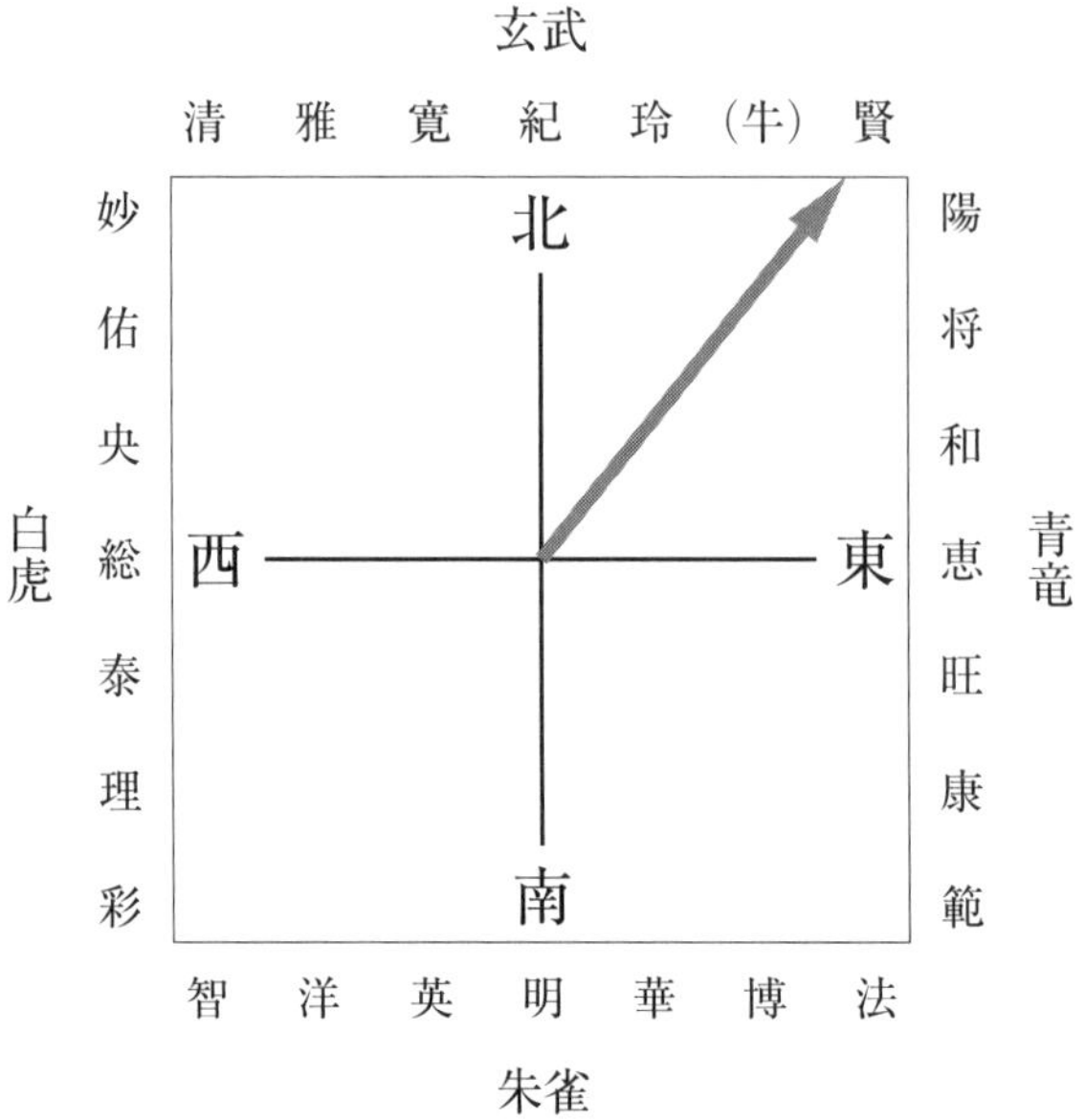

星座 ひきつぼし、いて座ファイ星三・一四等級

方位 北東微北の方位に守護神鎮座礼拝・祈りは吉運が働き、困った時にはその方位に祈りを

四神 玄武、北方を守護する神獣賢星は北東微北に位置しその勝負エネルギーは北にあり長寿と繁栄の神に護られます

命の日 「命」の日は南方大凶

十二宮 弓宮（一足）、磨宮（三足）正論を主張して人と争い勝利を得ます。信義に厚く多くの人から慕われます。勇気があり反抗心も強く出ます

ビジネス運

•男性はスケールの大きな仕事を成功させる運があります。女性も組織を引っ張っていくパワーがあります。上品なオシャレセンスも活かすといいでしょう。強い星なので争わないこと。

恋愛運

•本質的には男女とも恋愛にはやや臆病なところがあり、女性は優しく包容力のある異性を選ぶ方が、おだやかで安定した生活になります。男女共にロマンティストな一面があります。

適職

•ファッションデザイナー、スタイリスト、政治家、教師、宗教、芸術家、作家、評論家、起業家、エンジニア、飲食店、技術者、開発・研究、設計士、カメラマン。

健康運

•運命的部位「左脇」、注意を要する疾患「過労、肝臓、気管支炎、打撲、骨折、胃腸」。

賢星の有名人

芸能界

安室奈美恵
奥菜　恵
オノ・ヨーコ
米津玄師
藤田ニコル
鶴田真由
眞鍋かをり
遠藤憲一
ジーン・ケリー
ジョニー・デップ
今田耕司

スポーツ界

ダルビッシュ有
阿部慎之助
大久保嘉人
岡田彰布
松山英樹

政界・財界

山谷えり子
石原伸晃
渡辺嘉美

文化・その他

内舘牧子
イヴ・サンローラン
橋田壽賀子
アインシュタイン
根岸英一
ヘミングウェイ
モーツァルト

玲星
れいせい

玲星の年運レベル

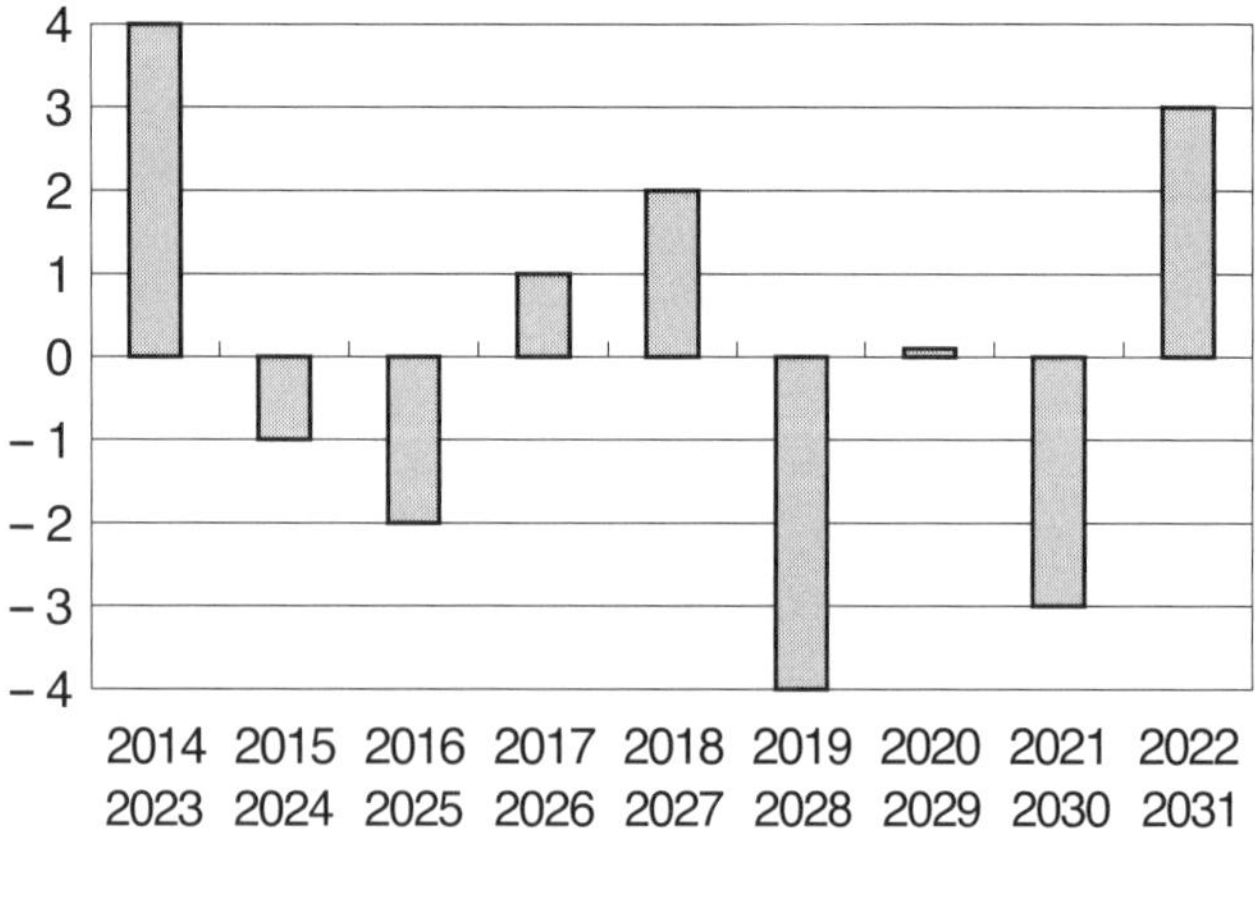
4
3
2
1
0
−1
−2
−3
−4
2014 2023
2015 2024
2016 2025
2017 2026
2018 2027
2019 2028
2020 2029
2021 2030
2022 2031

◆玲星の性格

- 弱音をはかず、秘めた野望の実現にむけて努力を重ねます。
- 正直でいつも直球勝負、頭もきれ合理的にものごとを考えます。
- どんな人とも柔軟に付き合い人間関係を広げ、人を操ることに長けています。
- 男女とも女性的な繊細さを秘めており、表情や行動だけでは心の内が読み取れません。
- 威風堂々とした雰囲気で、人を束ねて動かすリーダーの資質に恵まれています。
- 知性、才能、感受性が豊かでまじめな働き者ですが、激しい心情を持っています。
- 権力意識が強く策略にも長けており、陰で仕切るボスとしての底力を持っています。
- 多少の困難には弱音や泣言を言いませんが、心の中には悩みや迷いを抱えています。

◆落とし穴を招く性格

- 内面では複雑な真理が働き外面とのギャップでストレスを抱え体を壊すことがあります。
- 自己犠牲もいとわない激しさの反面、いったん冷めてしまうとさっぱりしてしまいます。
- 男性は女難の相があり、影のあるタイプが多くいます、女性の中に一人でも平気な人。
- 女の性《さが》を感じさせる女性が多く、命がけで恋に落ちる人も見られます。
- ワンマン色の出しすぎに注意し、明るく軽い前向きなイメージが大切です。

（方位：北微東）

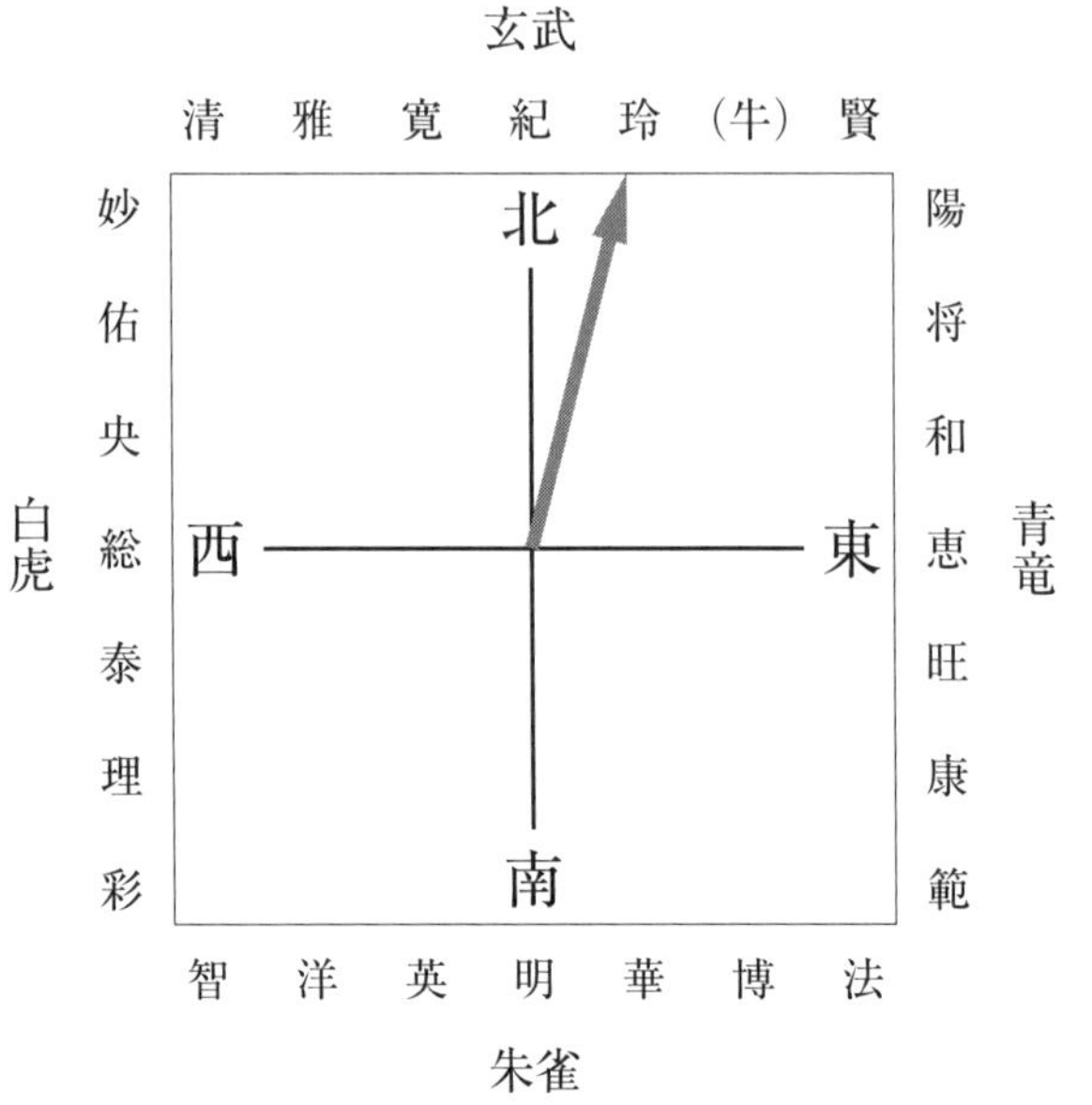

星座　うるきぼし、みずがめ座イプシロン星、三・七七等級

方位　北微東の方位に守護神鎮座
礼拝・祈りは吉運が働き、困った時にはその方位に祈りを

四神　玄武、北方を守護する神獣
玲星は北微東に位置しその勝負エネルギーは北にあり長寿と繁栄の神に護られます

命の日　「命」の日は南方大凶

十二宮　磨宮（四足）
勇気があり、反抗心も強く出ることがあります。信義に厚く多くの人から好かれます
財を保って穏やかな晩年となります

ビジネス運

●この星の人は権威や秩序のある仕事が向いていて、人を操って大きな組織を動かしていくことが得意です。大きな組織か独立事業で成功する運があります。女性はリーダーの器。

恋愛運

●男女共に直球勝負でストレートに表現します。愛のささやきや、気取ったりお世辞を言ったりすることは苦手です。女性は仕事と家庭を両立し夫や子供に尽くします。

適職

●金融、人事、官公庁、政治家、消防士、警察官、美術・工芸、秘書、マネージャー、教職、経理、司法、ジャーナリスト、作家、デザイナー、営業、美容師、調理師。

健康運

●運命的部位「腹」、注意を要する疾患「過労、内臓、肝臓、呼吸器系、骨の病気、神経痛」。

玲星の有名人

芸能界

三浦翔平
大河内奈々子
大島優子
中条あやみ
後藤真希
上沼恵美子
中森明菜
和田アキ子
関根　勤
加藤　茶
桂　文枝
布袋寅泰
マイケル・ダグラス

スポーツ界

阿部勇樹
亀田大毅
松岡修造
カレン・ロバート

政界・財界

李明博
杉浦正健
渡部恒三
渡邉恒雄

文化・その他

後醍醐天皇
弘法大師空海
瀬戸内寂聴
森永卓郎
吉村作治

紀星
きせい
瓶宮
磨宮
弓宮
蠍宮
秤宮
女宮
獅子宮
蟹宮
牛宮
羊宮
魚宮

紀星の年運レベル

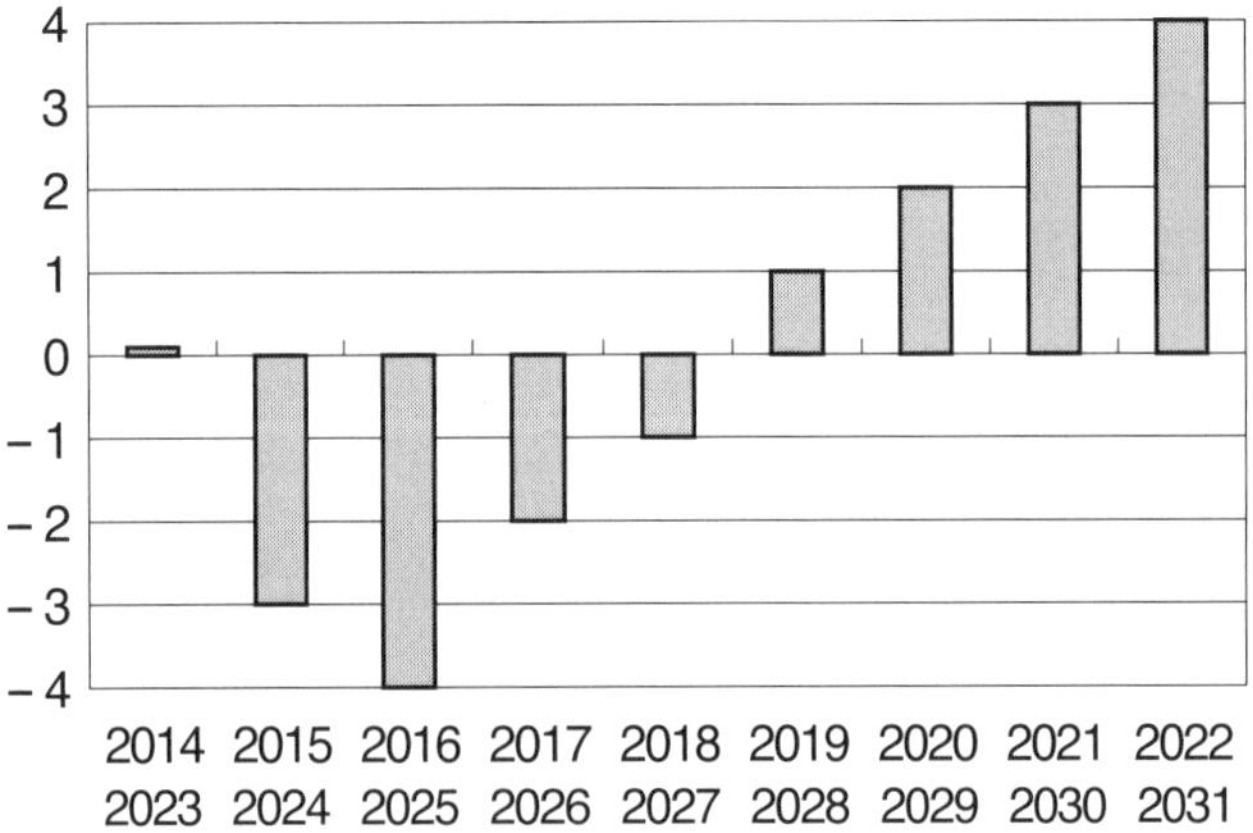
4
3
2
1
0
－1
－2
－3
－4
2014 2023
2015 2024
2016 2025
2017 2026
2018 2027
2019 2028
2020 2029
2021 2030
2022 2031

◆紀星の性格

・忍耐強さとたくましさで、荒波を越えて生き抜く勝負の人。
・プライドの高さと勝負運の強さは二十七星中、一、二を争う強さを持っています。
・目標の達成に向かって強いパワーと忍耐力を発揮して、大きな成功をつかみます。
・信義に厚く、一度心を許した相手にはとことん尽くします。
・短気でせっかち、男女共に極端に走りがちで現実でも内面でもファイター的存在。
・女性は家庭に入っても主導権を握り、恋愛より見合いで良縁に恵まれます。
・男らしくバイタリティのある人が多い。勝負師の星でもあり人に頭を下げない星。
・夢を追いかけるロマンチスト、金で魂を売らない美意識の持ち主。

◆落とし穴を招く性格

・器用に世の中を渡るタイプではなく、気難しい印象を与えてしまいます。
・何を考えているのかさっぱり分からず、近寄りがたい印象を与えることがあります。
・財界の大物が数多いが、実力が伴わないただの見栄っ張りに注意。
・波瀾万丈、パッと咲いてパッと散る潔い人生。親分肌できっぷのいい人が多い。
・男女ともに相手を追い詰めるほど一途になるので、理解されにくい。

（方位：北）

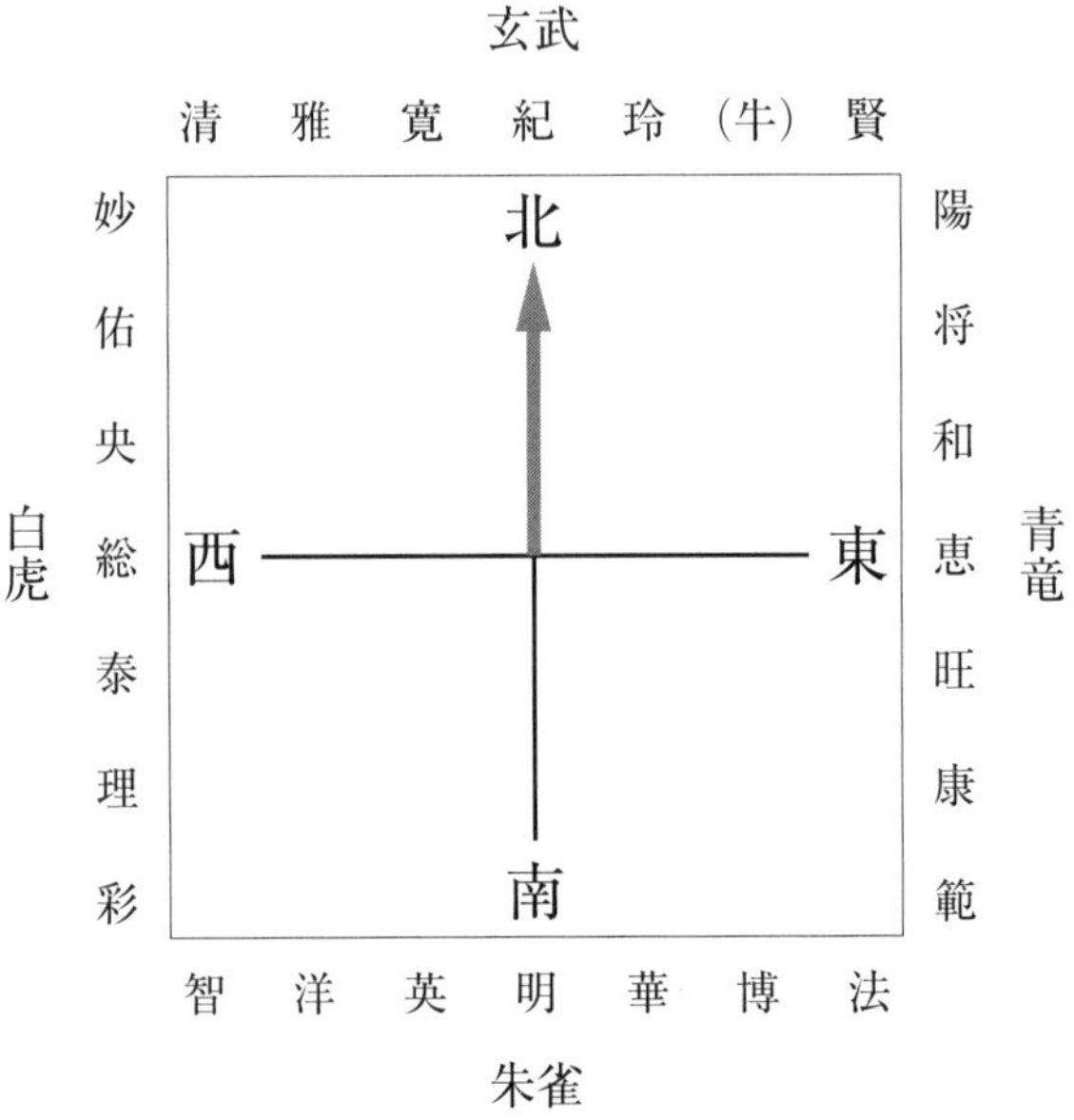

星座　とみてぼし、みずがめ座ベーター星、二・八九等級

方位　北の方位に守護神鎮座
礼拝・祈りは吉運が働き、困った時にはその方位に祈りを

四神　玄武、北方を守護する神獣
紀星は北に位置しその勝負エネルギーは北にあり長寿と繁栄の神に護られます

命の日　「命」の日は南方大凶

十二宮　磨宮（二足）、瓶宮（二足）
勇気があり、反抗心も強く出ることがあります。信義に厚く多くの人から好かれます。人の悪行を清浄にする知恵を有する

ビジネス運

●財閥の星とも言われますが、実力が伴わないと社会の底辺を彷徨《さまよ》います。どちらかというと参謀役で成功します。持ち前の忍耐力で地道にコツコツと前進していきます。

恋愛運

●親切で思い遣りがあるところは異性に受けます。プライドが高いけれどロマンチストなので、理性よりも感情で行動します。最初はとっつきにくく誤解されやすいタイプです。

適職

●管理職、IT、心理カウンセラー、教師、占い師、作家、学者、運転手、アドバイザー、芸能、タレント、プロデューサー、コンサルタント、エンジニア、宗教家、医者。

健康運

●運命的部位「小腸」、注意を要する疾患「呼吸器系、骨の病気、血圧、心臓、神経」。

紀星の有名人

芸能界

浅野ゆう子
上原多香子
加藤登紀子
熊田曜子
つんく♂
千秋
AI
江口洋介
上地雄輔
坂口憲二
庄司智春
仲村トオル
ブラッド・ピット
宮藤官九郎

スポーツ界

アイルトン・セナ
石川　遼
森本貴幸

政界・財界

出光佐三
枝野幸男
竹中平蔵

文化・その他

松田美智子
三宅一生
中川一政
ロン・ハワード
宮藤官九郎
杉原千畝

寛星
かんせい
瓶宮
磨宮
弓宮
蠍宮
秤宮
女宮
獅子宮
蟹宮
夫婦宮
牛宮
羊宮
魚宮

寛星の年運レベル

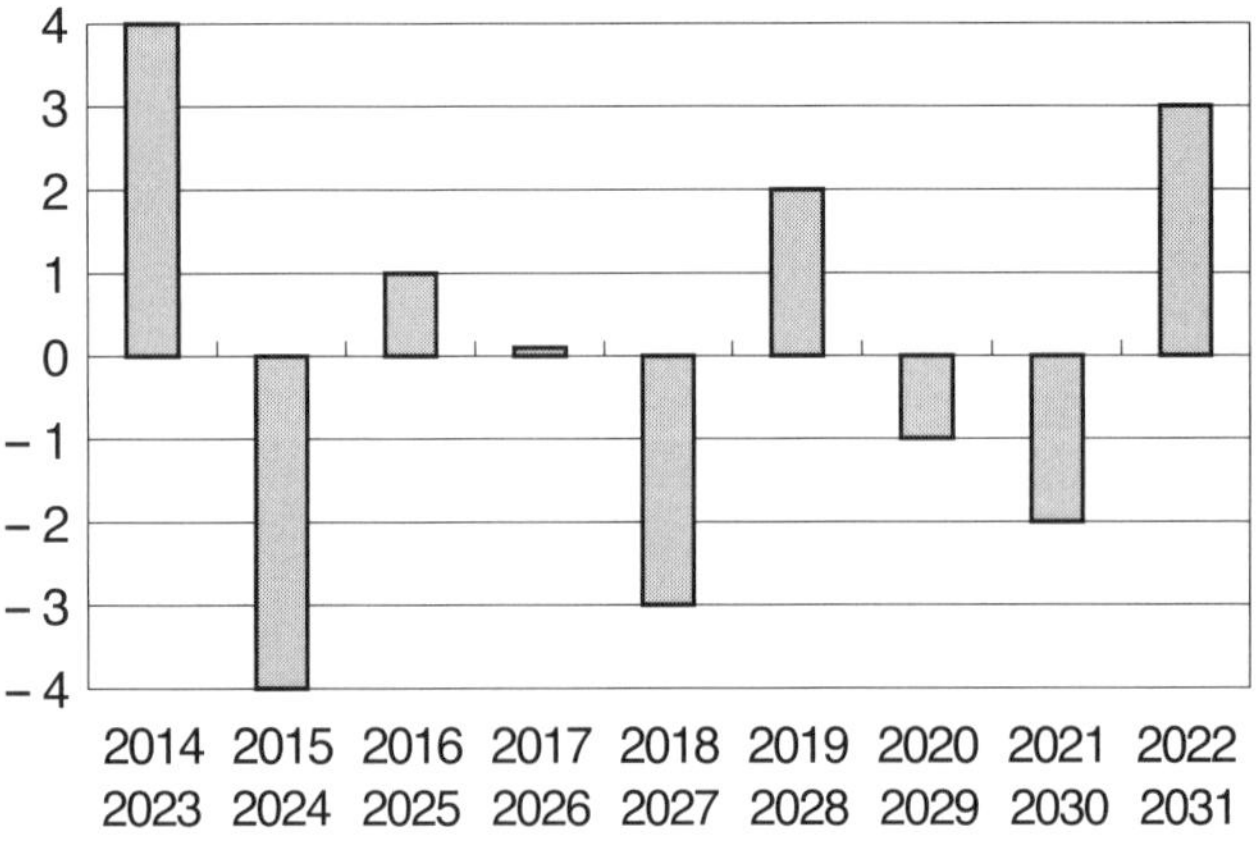
4
3
2
1
0
－1
－2
－3
－4
2014 2023
2015 2024
2016 2025
2017 2026
2018 2027
2019 2028
2020 2029
2021 2030
2022 2031

◆寛星の性格

・頼まれると、無理なことでも断りきれずつい親身になってしまうお人好し。
・クセがなく誰からも好感を持たれ、交友関係の広さは二十七星の中で一番。
・都会的でセンスがよく趣味も多彩、美的センスが豊かでオシャレな人が多くいます。
・明るい性格のうえ、どことなく育ちのよさを感じさせます。
・流行に敏感で好んで流行ものをためすので、情報通としての存在感があります。
・勝負運が強く、交友を活かして仕事を広げる才能に長けています。
・礼儀や規律を守り周囲への心配りを怠らない人で、失敗を無駄にしません。
・束縛された環境よりも自由な環境に身を置くと、水を得た魚のように頑張ります。

◆落とし穴を招く性格

・感受性が豊かでデリケートな人が多い反面、熱しやすく冷めやすい特徴があります。
・人を疑わないため騙されやすく散財に注意、世間知らずで失敗することがあります。
・遊びと見栄っ張りが過ぎて失敗する人が多く、お酒や大きな望みに足をとられがち。
・苦労や忍耐、努力は苦手で、気分屋のところがあり傷つきやすい性格があります。
・危険なことや、悲劇に縁がある星のため、油断は禁物です。

（方位：北微西）

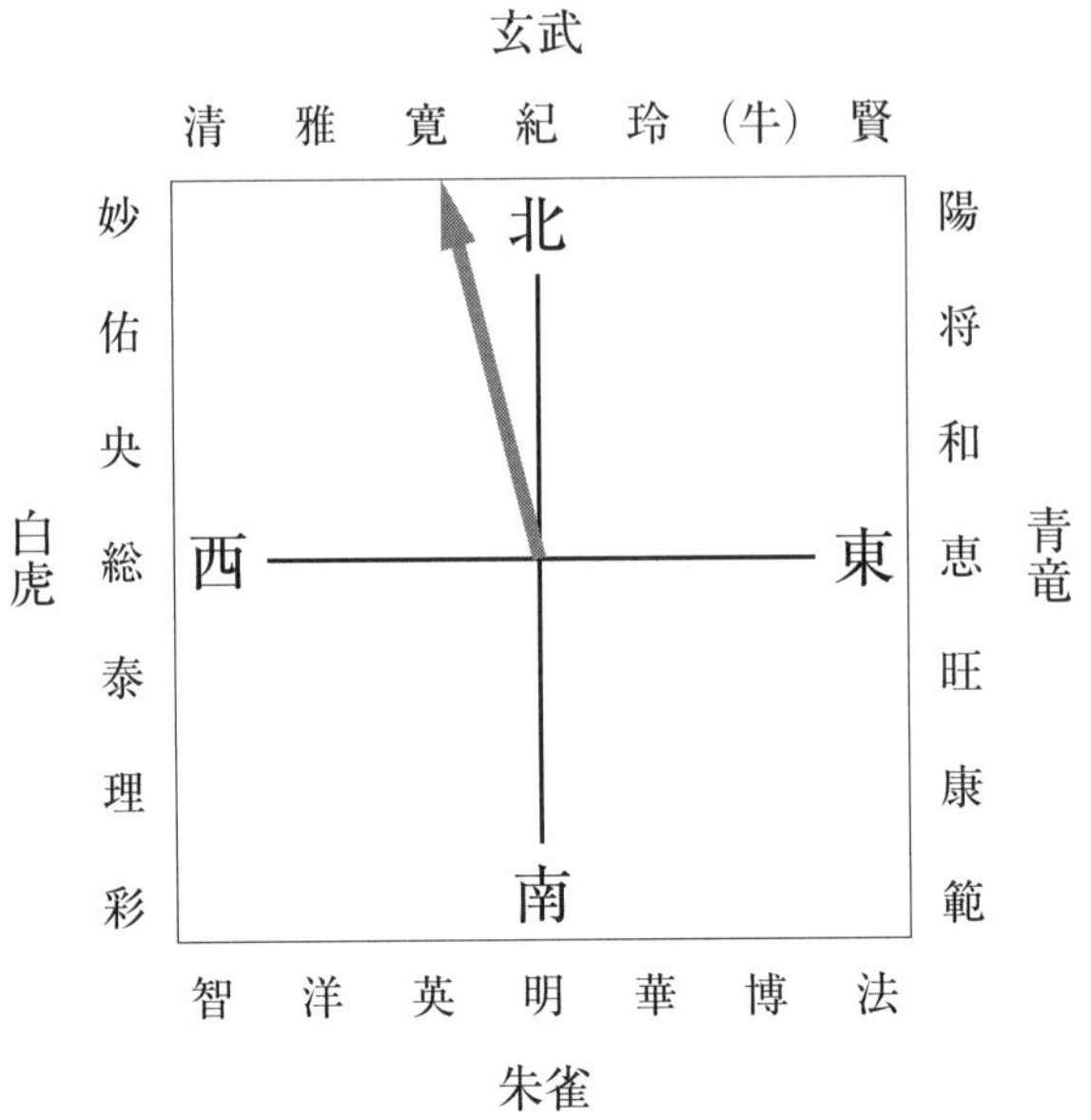

星座　うみやめぼし、みずがめ座アルファ星、二・九四等級

方位　北微西の方位に守護神鎮座 礼拝・祈りは吉運が働き、困った時にはその方位に祈りを

四神　玄武、北方を守護する神獣 寛星は北微西に位置しその勝負エネルギーは北にあり長寿と繁栄の神に護られます

命の日　「命」の日は東方大吉

十二宮　瓶宮（四足） 忠誠と学問に優れ、財運に恵まれます。名誉を重んじますが、布施を好み人々に恵を与え悪行を清浄にする知恵を有する

ビジネス運

•持ち前の社交性が力となり、他の人では及ばない営業力を発揮します。センスがあり直観力とアイデアで道を切り拓き成功します。機械系・電気系の技術産業では社長職は不可。

恋愛運

•男女共にロマンティストで面食い、恋愛にはまじめ、純情で一途なところがあります。男性は女性を口説くのも上手で恋多き人生を歩みます。女性の気分屋は運を逃します。

適職

•学問、芸術、芸能、営業、接客サービス、映画、エンターテインメント、ゲーム、音楽、ファッション、デザイナー、クリエーター、出版・広告、インストラクター、設計。

健康運

•運命的部位「股、腰」、注意を要する疾患「股関節、胃、腸、肝臓、心臓、生理不順」。

寛星の有名人

芸能界

大塚寧々
叶　恭子
清水ミチコ
森高千里
マリリン・モンロー
デヴィ夫人
沢田研二
ジョン・レノン
高倉　健
上白石萌音
速水もこみち
平井　堅
前田　吟
ブルース・ウィリス

スポーツ界

落合博満
木村沙織
鈴木桂治

政界・財界

トニー・ブレア
豊田章男
鳩山邦夫

文化・その他

今上天皇徳仁
悠仁親王
落合恵子
黒川紀章
西村京太郎
ピーター・ドラッカー

雅星
がせい
魚宮
瓶宮
磨宮
弓宮
蠍宮
秤宮
女宮
獅子宮
蟹宮
夫妻宮
牛宮
羊宮
清
雅
寛
紀
妙
命
親
友
壊
成
危
安
衰
栄
胎
業

雅星の年運レベル

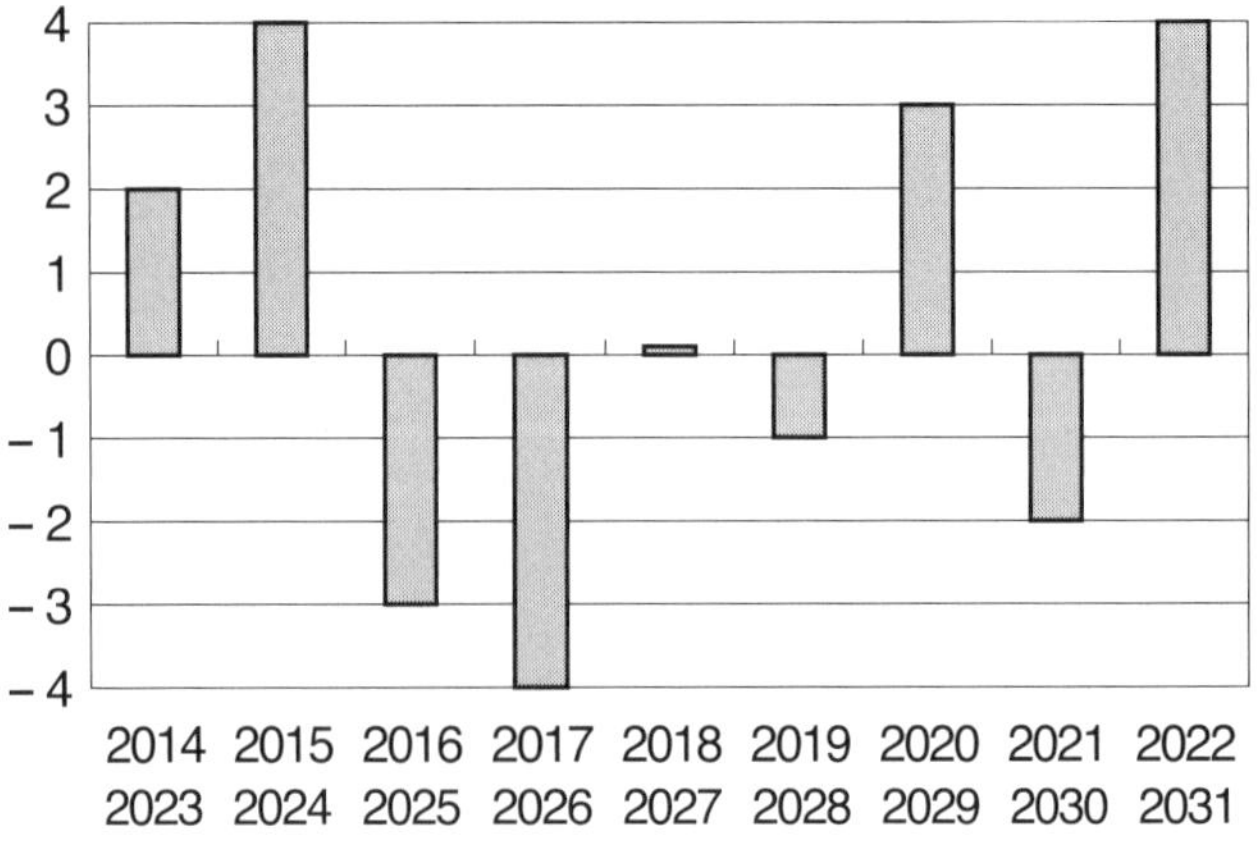
4
3
2
1
0
－1
－2
－3
－4
2014 2023
2015 2024
2016 2025
2017 2026
2018 2027
2019 2028
2020 2029
2021 2030
2022 2031

◆雅星の性格

・自己主張は強い一方で、周囲への気配りがあり、独自の世界を築いていきます。
・男性は勇猛果敢、目的を遂げるまで頑張り通す芯の強さを持っています。
・他人がどう思うかなんて気にしない頑固さがあり、目的を遂げる行動力があります。
・人の気持ちを察することが早く無駄な摩擦を起こしません。
・正直で律儀、少々のアクの強さがあっても憎まれることはありません。
・何をするにも迷わず行動し、めまぐるしいほどエネルギッシュに動きます。
・仕事、趣味の分野で一家言を持っており、様々な分野でその道の第一人者が多い。
・女性はしっかり者、仕事も正確にテキパキこなし、夫を出世させる運があります。

◆落とし穴を招く性格

・働く女性にピッタリの星、生き方も明快ですが自信過剰に陥ることがあります。
・人からどう思われるか気にしない図太さは、時にはデリカシーに欠け嫌われます。
・男性は熱がさめればさっさと別れてしまいやすく、別れから学ぶことが少ない星。
・男女共に、仕事に喜びを見出すため家庭不和を招きやすい傾向があります。
・男女とも個性が強く、人間的にユニークで、女性は色気に乏しい傾向があります。

（方位：北北西）

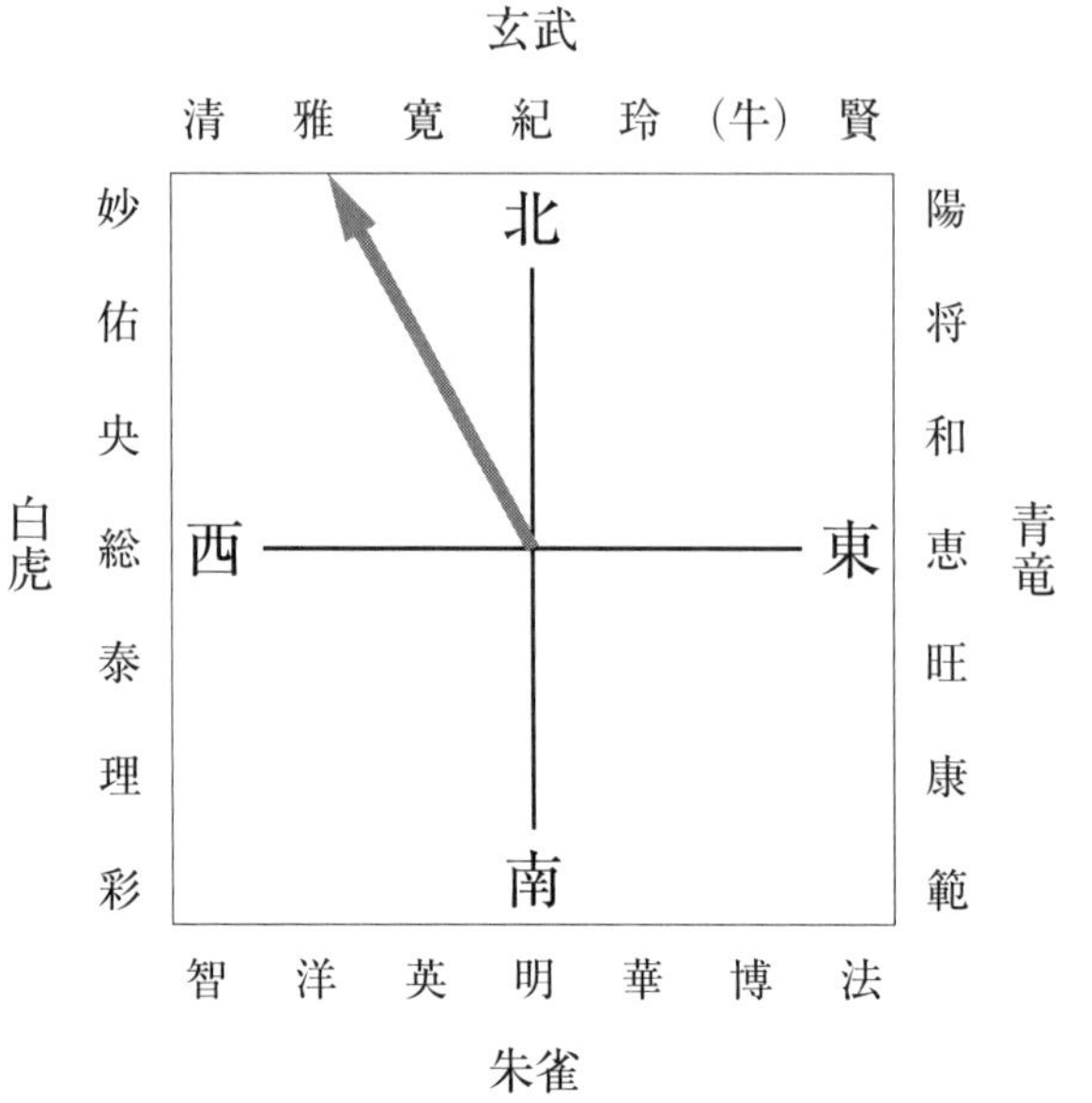

星座 はついぼし、ペガスス座アルファ星、二・四八等級

方位 北北西の方位に守護神鎮座礼拝・祈りは吉運が働き、困った時にはその方位に祈りを

四神 玄武、北方を守護する神獣雅星は北北西に位置しその勝負エネルギーは北にあり長寿と繁栄の神に護られます

命の日 「命」の日は東方大吉

十二宮 瓶宮（三足）、魚宮（一足）忠誠と学問に優れ、財運に恵まれます。自尊心が強く忍耐力があり、布施の心を修養すれば、自在に運を開いていきます

ビジネス運

●社交性、積極性、パワーの三拍子が揃っている星で、大きな成功を摑む運を持っています。大勢の人と接触する仕事で真価を発揮します。あらゆる仕事への対応能力に優れます。

恋愛運

●自己中の星ともいわれ、男性はアクの強さが表に出ると女性に嫌われますが意外とフェミニストが多くいます。女性は家庭に入ると楽天的で生活力もあるしっかり者です。

適職

●営業、自営業、商社、旅行、技術、不動産、土木、起業家、美術・工芸、デザイナー、スポーツ、飲食、サービス業、CA、医師、看護師。

健康運

●運命的部位「右もも」、注意を要する疾患「足のケガ、腎臓、膀胱、脳出血、子宮、脊髄」。

雅星の有名人

芸能界
黒柳徹子
篠原涼子
ジャンヌ・モロー
ソフィア・ローレン
高田純次
中島みゆき
仲間由紀恵
市村正規
櫻井　翔
木村拓哉
草彅　剛
山里亮太
タモリ
堂本光一
マイケル・ジャクソン

スポーツ界
羽生結弦
長嶋茂雄
松井秀喜

政界・財界
河野洋平
輿石　東

文化・その他
ココ・シャネル
コシノヒロコ
篠山紀信
立花　隆
益川敏英

清星
せいせい
魚宮
瓶宮
弓宮
夫妻宮
牛宮
羊宮

清星の年運レベル

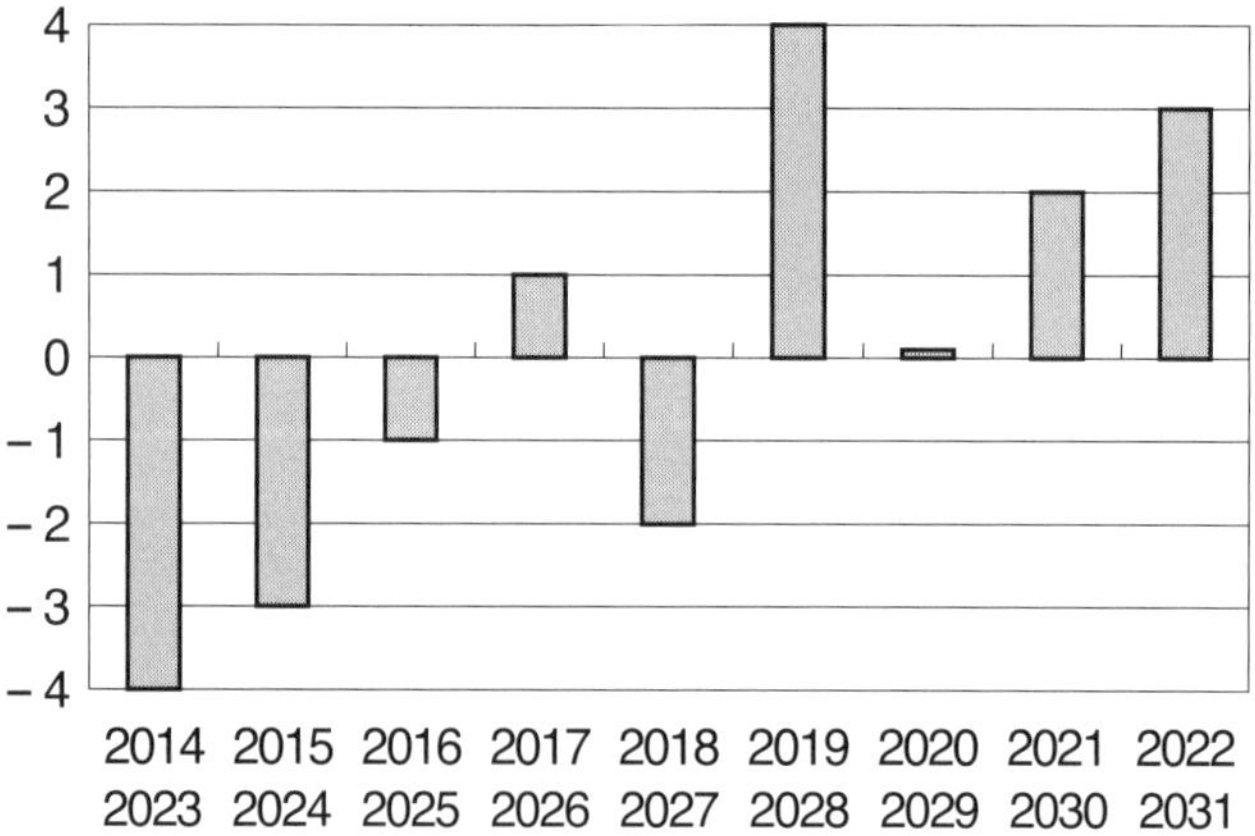
4
3
2
1
0
－1
－2
－3
－4
2014 2023
2015 2024
2016 2025
2017 2026
2018 2027
2019 2028
2020 2029
2021 2030
2022 2031

◆清星の性格

・冷静な観察眼と分析力で、慎重に自分のプレイする場を築き上げる努力の人。
・温厚で善良、人のよさと庶民的な印象で、我が道を進んでいきます。
・内に秘めた知的能力は抜群で、集中力と記憶力で周囲を巻き込み成功へ導きます。
・安定志向が強く組織の中で力を発揮するタイプで、大局的に物事を進めます。
・目上から認められると意気に感じて働きますが、争うと失望感が大きくなります。
・長寿運、強い財運を授かっていますが、どちらかというと裏方の役割で成功します。
・実利主義で金銭感覚は鋭くむだ金を使わない賢さがあります。
・女性は結婚後やりくり上手のよき妻となり、再婚で運が開ける運命があります。

◆落とし穴を招く性格

・人に心を許さない面があり、とかく奇人・変人と思われがちになります。
・人生に失敗すると人嫌いの世捨て人や、出家するような人になる傾向があります。
・精神面で相手に踏み込ませない壁を作ってしまうことがあり、運気を落としがちです。
・恋愛になると臆病で思いを告げられず、どちらかというと待つ身になりがち。
・結婚そのものに慎重ですが、結婚運はよくないケースが多く見受けられます。

（方位：北西微北）

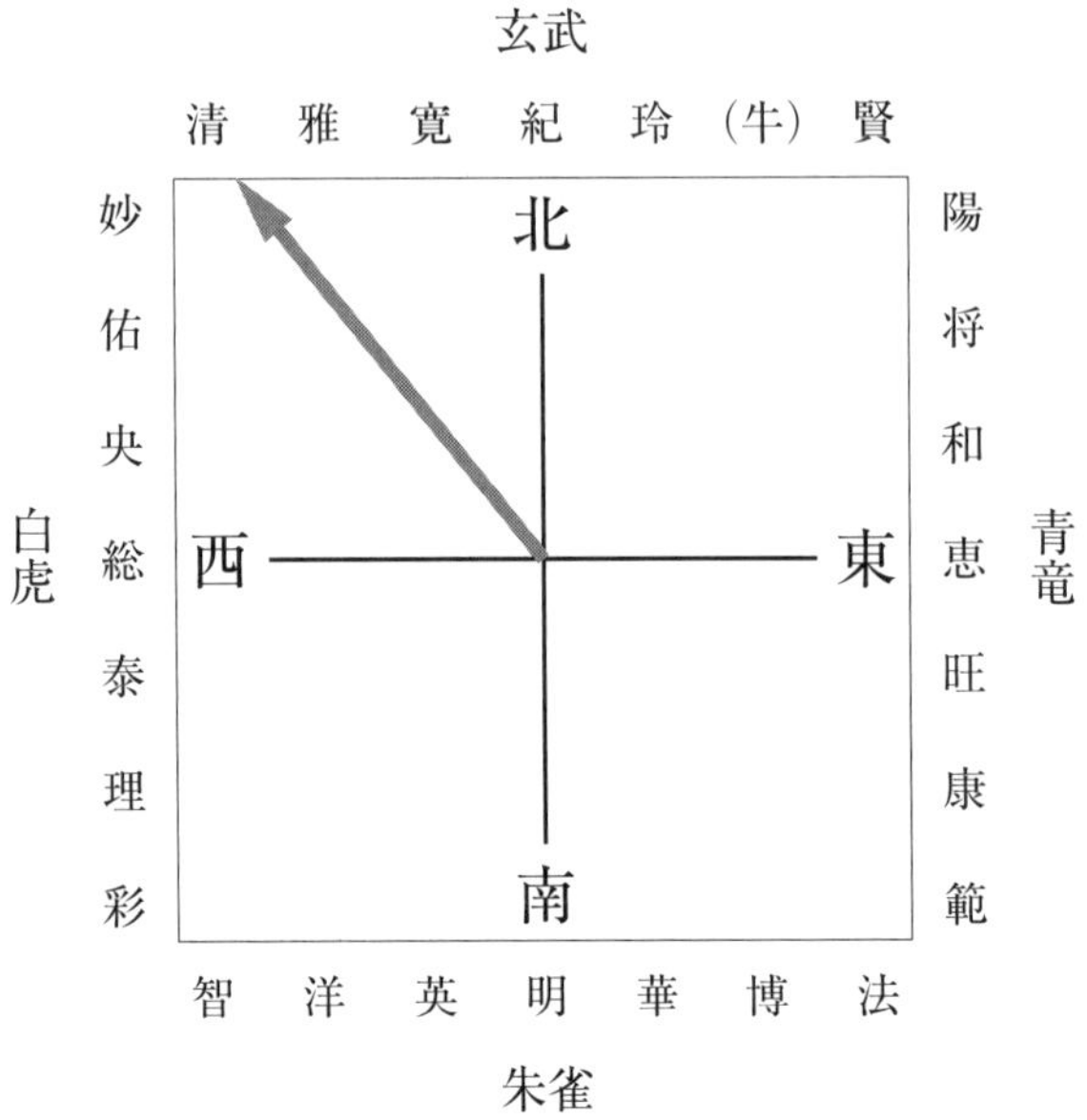

星座 なまめぼし、ペガスス座ガンマー星、二・八四等級

方位 北西微北の方位に守護神鎮座礼拝・祈りは吉運が働き、困った時にはその方位に祈りを

四神 玄武、北方を守護する神獣清星は北西微北に位置しその勝負エネルギーは北にあり長寿と繁栄の神に護られます

命の日 「命」の日は南方大吉

十二宮 魚宮（四足）何事にも精進します。布施の心を持ち先祖の供養をよくします。人の道を守り学問を修め吉祥運を授かっています

ビジネス運

●名誉よりも実利を優先します。自分のプレイする場を作り上げながら目的達成に向かっていきます。周りからは遠回りをしているように見られますが、仲間を作るのは上手です。

恋愛運

●男女共にあまり社交的ではないので恋愛には積極的ではありません。女性は若い頃は失恋も多いですが、再婚で運が開ける不思議な運命があります。結婚後は家庭的です。

適職

●公務員、経営コンサルタント、工芸職人、エンジニア、芸能、作家、画家、音楽家、福祉、政治家、秘書、クリエーター、広告、スポーツ、デザイナー、モデル、ダンサー。

健康運

●運命的部位「左もも」、注意を要する疾患「ノイローゼ、足のケガ、膵臓、生殖器」。

清星の有名人

芸能界

蛯原友里
オードリー・ヘプバーン
池田美優
里田まい
安藤優子
辻　希美
石塚英彦
遠藤章造
エルヴィス・プレスリー
草刈正雄
国分太一
吉永小百合
フランク・シナトラ
山崎まさよし

スポーツ界

ウサイン・ボルト
荒川静香
石井一久
大鵬幸喜
二宮清純

政界・財界

海江田万里
孫　正義
山口那津男

文化・その他

江川紹子
樋口一葉
養老猛司

妙星
みようせい

妙星の年運レベル

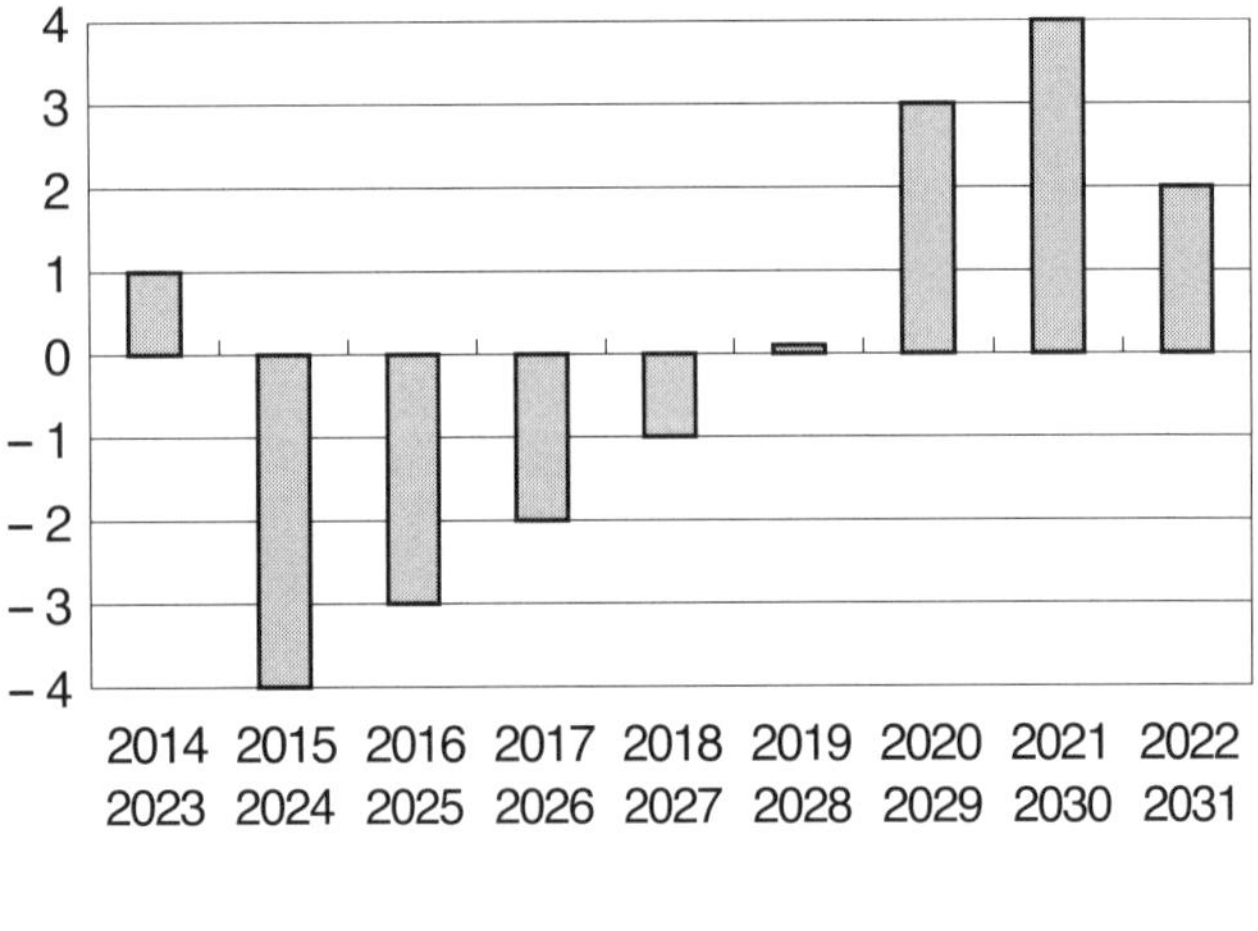
4
3
2
1
0
－1
－2
－3
－4
2014 2023
2015 2024
2016 2025
2017 2026
2018 2027
2019 2028
2020 2029
2021 2030
2022 2031

◆妙星の性格

- 好奇心や想像力が旺盛で、好んで未知の世界へ関心をもって飛び込んでいきます。
- 気位が高く心には高い理想を抱いています。中流以上の家庭に育つ人が多くいます。
- 誰に対しても親切で誠実です。名誉欲や金銭欲だけでは動きません。
- 物質的なものより学問を好み清廉潔白な生き方をします。
- 男性は遊び好きですが道を踏み外すことはなく、恋愛にも誠実な態度でのぞみます。
- 美しいもの精神的なものを大事にします。俗っぽいものは好みません。
- 礼儀をわきまえた人柄で、決断力も実行力もあり理路整然とした考え方をします。
- 夫婦仲がよく家族愛も強く、女性は「妻にするなら妙星」と言われます。

◆落とし穴を招く性格

- 短絡的な思考回路を持っており、深く考えずに結論を出して失敗することがあります。
- 芸能界、文芸界に多くの有名人がいますが、政財界、スポーツ界には少ない星です。
- 親の仕事を受け継ぐと財産が残りますが、金銭面にシビアになりすぎると運を落とします。
- 男女とも理想が高く潔癖症が出過ぎると、独身で過ごすことが多くなる星です。
- 女性は一見お嬢さんタイプでも強情で、思いっきり奔放な生き方をする人もいます。

（方位：北西微西）

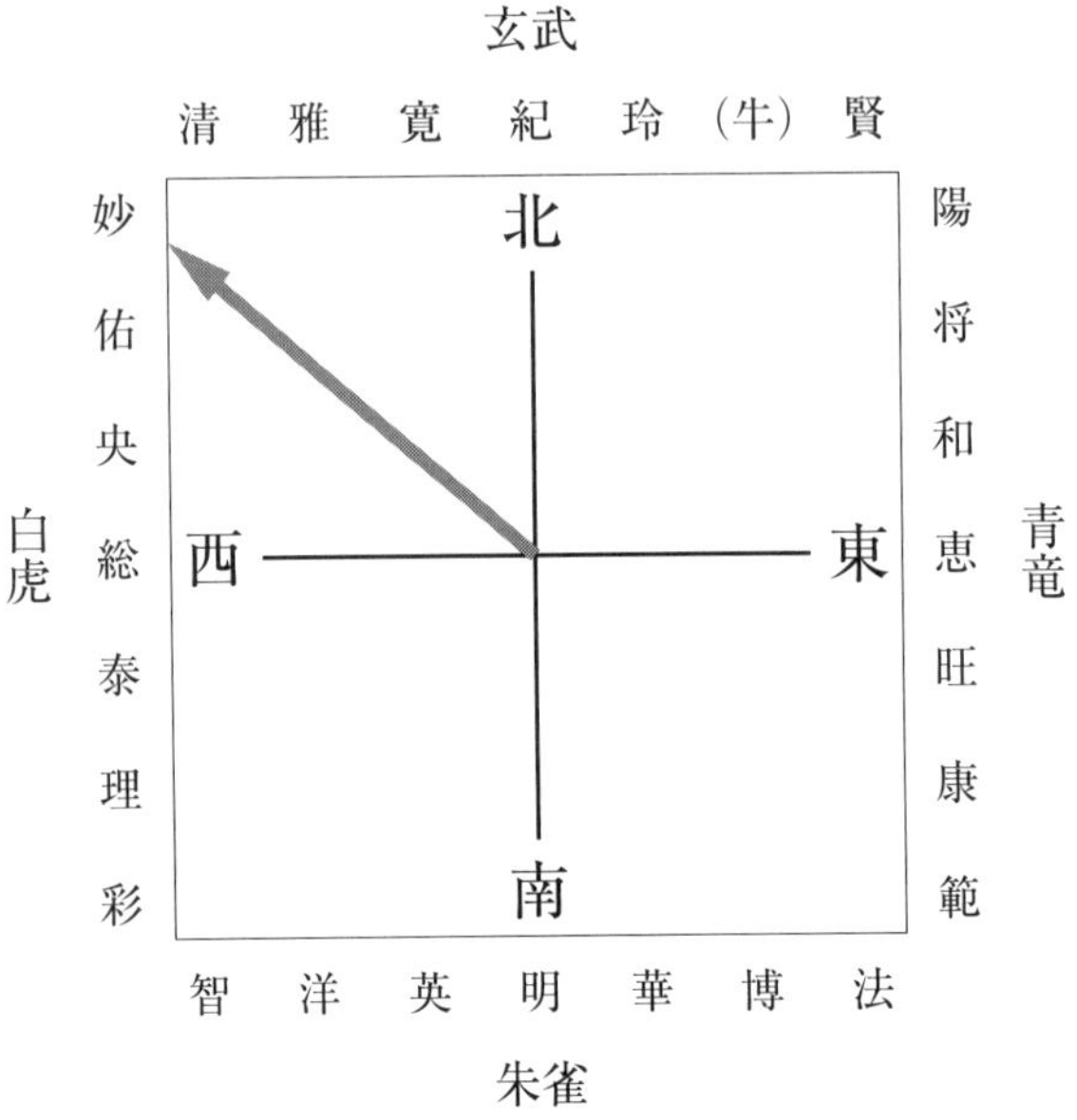

星座 とかきぼし、アンドロメダ座ゼーター星、四・〇八等級

方位 北西微西の方位に守護神鎮座礼拝・祈りは吉運が働き、困った時にはその方位に祈りを

四神 白虎、西方を守護する神獣妙星は北西微西に位置しその勝負エネルギーは西にあり邪気を祓い幸運を呼び込みます

命の日 「命」の日は南方大吉

十二宮 魚宮（四足）
何事にも精進します。布施の心を持ち先祖の供養をよくします。人の道を守り学問を修め吉祥運を授かっています

ビジネス運

・プライドが高く傷つけられるとストレスになるので、商売、自由業、その道の先生などが向いているでしょう。持ち前の好奇心により新しいことにも手堅くチャレンジします。

恋愛運

・男女共にあまり社交的ではないので恋愛には積極的ではありません。女性は若い頃は失恋も多いですが、再婚で運が開ける不思議な運命があります。結婚後は家庭的です。

適職

・教師、弁護士、検事、裁判官、司法書士、官僚、警察、自衛官、ジャーナリスト、作家、芸術家、学者、医師、コーディネーター、ファッションデザイナー、音楽家。

健康運

・運命的部位「ひざ」、注意を要する疾患「消化器系、アルコール依存、腎臓、神経系」。

妙星の有名人

芸能界

菅田将暉
高橋真麻
北川景子
長谷川理恵
松たか子
ホイットニー・ヒューストン
YUKI
錦戸　亮
尾崎　豊
坂上　忍
所ジョージ
ポール・ニューマン
ルイ・アームストロング
ロバート・デ・ニーロ

スポーツ界

北澤　豪
為末　大
中村礼子
畑山隆則

政界・財界

山本一太

文化・その他

上皇陛下昭仁
上皇后美智子
キング牧師
ヒッチコック
保坂和志

羊宮
魚宮
佑星
ゆうせい

佑星の年運レベル

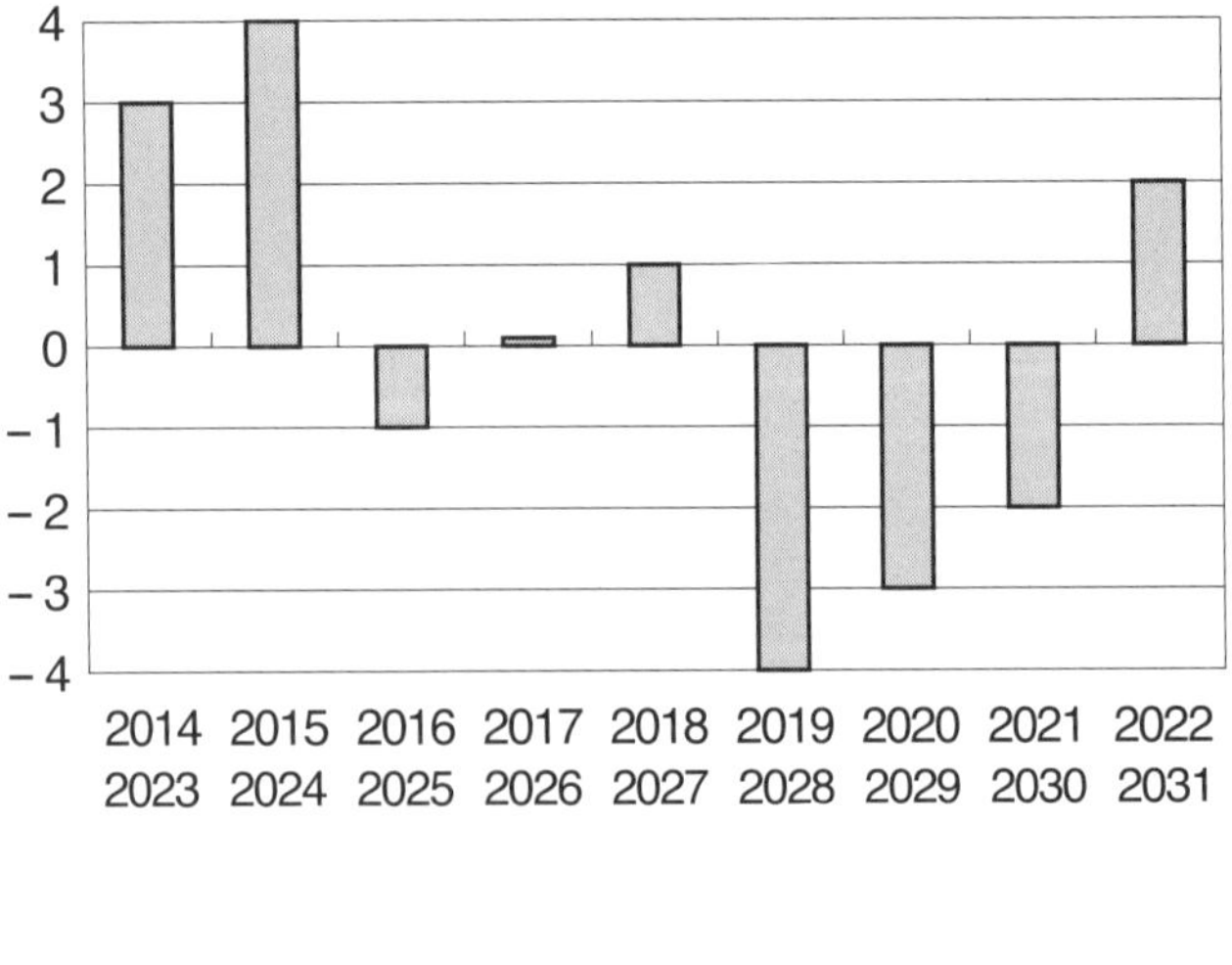
4
3
2
1
0
−1
−2
−3
−4
2014 2023
2015 2024
2016 2025
2017 2026
2018 2027
2019 2028
2020 2029
2021 2030
2022 2031

◆佑星の性格

- 多彩な才能を持った星で、いろいろな分野で活躍する人が多くいます。
- 人を引き付ける明るさは天性のものがあり、周りからの評価もよく頼られます。
- 最も細やかな神経を持っており、人を押しのけてまで主役になろうとはしません。
- 和星とならんで天性の演技の星と言われ、芸能人に多い星です。
- 親しみやすさは共通していますが、人の好き嫌いは激しい一面があります。
- 気が強く言いにくいことも遠慮なくズバズバ言うため、管理職に適しています。
- 男性は理想が高いが築く家庭は温かい雰囲気で、安住を得て活動の場が広がります。
- 女性は見かけよりまじめで潔癖すぎるところがあり、恋愛にも尻込みしがちです。

◆落とし穴を招く性格

- 重箱の隅をつつく言動に注意、ささいなことに気をとられ過ぎる傾向があります。
- 物事を大局的に見ることができず、大きな組織のトップで人を引っ張るのは苦手です。
- ナルシストで自己愛が強く出過ぎると、ワンマンな一面で人望を欠くことがあります。
- 親しくなる前はとっつきにくい印象ですが、一度話してみるとサバサバした性格です。
- 意外と淡白で情緒に乏しく、人を冷静に観察するため晩婚になりがちです。

（方位：西北西）

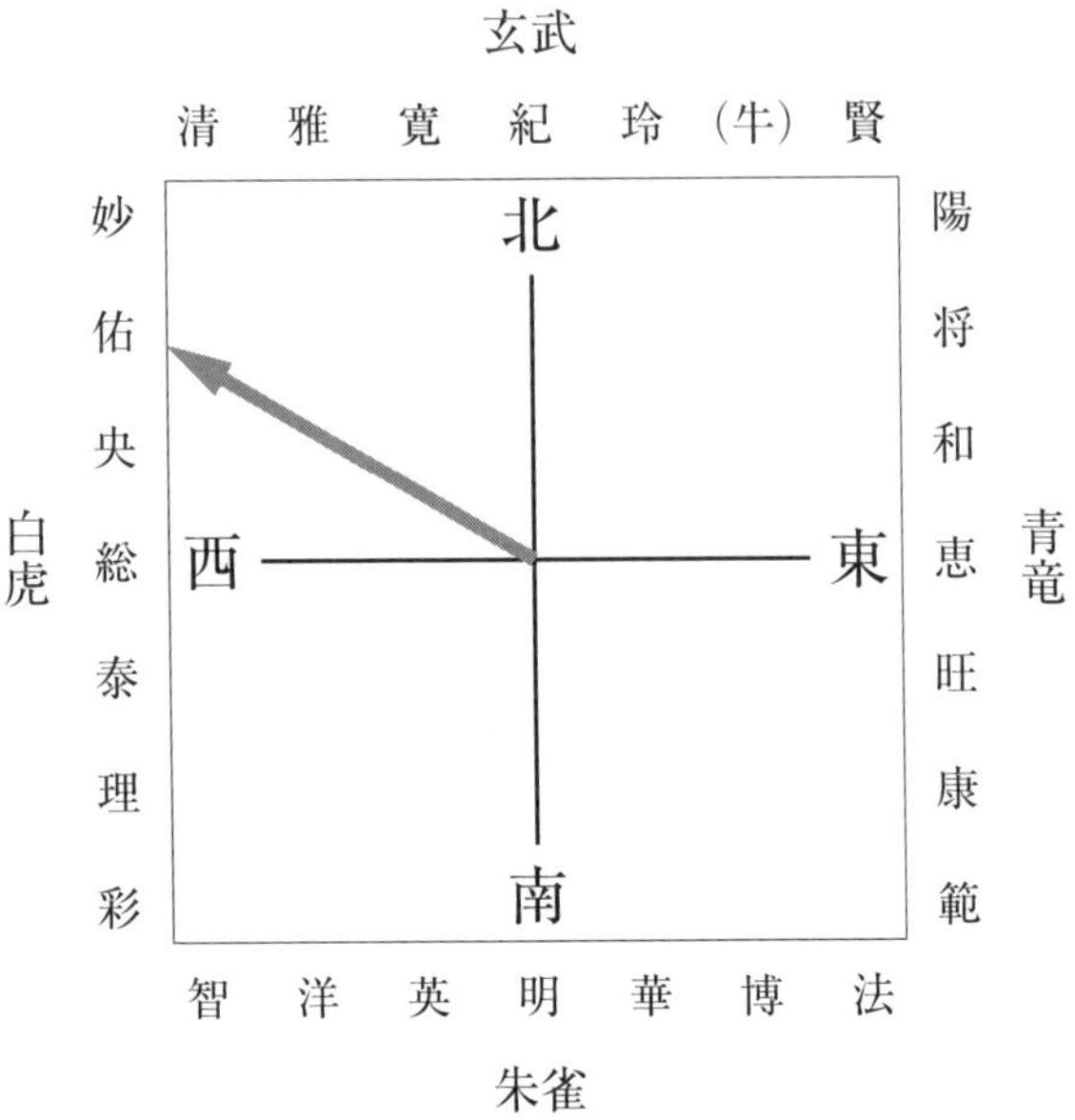

星座　たたらぼし、おひつじ座ベータ一星、三等星

方位　西北西の方位に守護神鎮座礼拝・祈りは吉運が働き、困った時にはその方位に祈りを

四神　白虎、西方を守護する神獣佑星は西北西に位置しその勝負エネルギーは西にあり邪気を祓い幸運を呼び込みます

命の日　「命」の日は西方大凶

十二宮　羊宮（四足）正義を尊び、福徳多く長寿とあります。忍耐強く自分の生き方に忠実です。自己の道を貫き、商才に優れます

ビジネス運

・才能が豊かで人前でリーダーシップを発揮し統率する能力を持っています。また優れた観察力を活かして運を開きます。目が行き届く小規模組織を牽引します。わがままは禁物。

恋愛運

・男性は思い遣りのあるロマンティストが表に出ると運が開けます。女性は理知的で淡白、クールな人が多いので清純な色気が前面に出てくると男性が放っておきません。

適職

・エンターテインメント、タレント、評論家、自営業、管理者、医者、看護師、薬剤師、銀行、会計士、サービス、ホテル、旅館、レストラン、旅行代理店、作家、編集者。

健康運

・運命的部位「すね」、注意を要する疾患「脳出血、打撲、虚弱体質、若い頃の病、ストレス」。

佑星の有名人

芸能界

岡江久美子
篠田麻里子
志村けん
ミッツ・マングローブ
宇多田ヒカル
石橋貴明
岡田准一
スティーヴィー・ワンダー
トシ
マーロン・ブランド
松田龍平
土屋太鳳

スポーツ界

井原正巳
堀内恒夫
三浦雄一郎

政界・財界

スティーブ・ジョブズ
中田　宏
ヒラリー・クリントン

文化・その他

秋篠宮文仁親王
山田太一
乙川優三郎
田崎真也

央星
おうせい
羊宮
魚宮
瓶宮
磨宮
弓宮
蠍宮
秤宮
女宮
獅子宮
蟹宮
夫妻宮
牛宮

央星の年運レベル

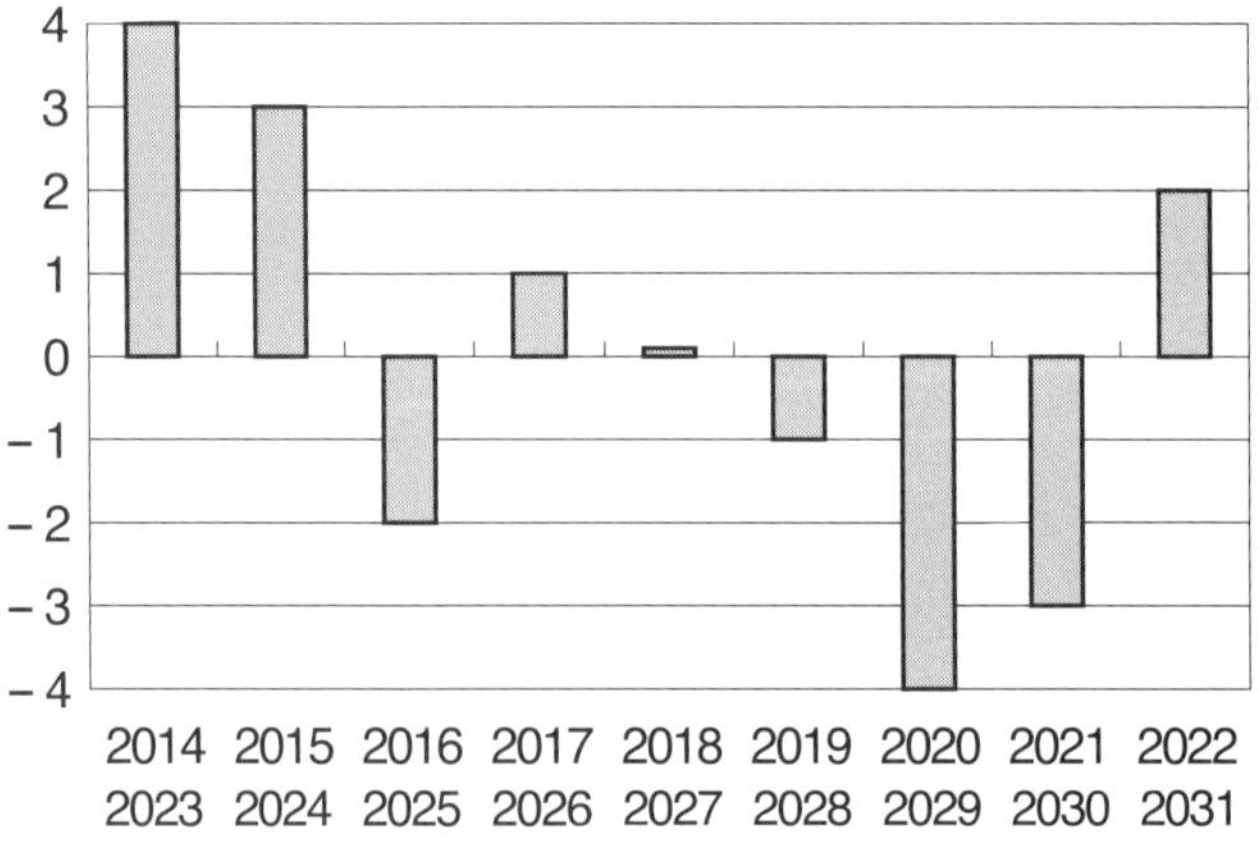
4
3
2
1
0
−1
−2
−3
−4
2014 2023
2015 2024
2016 2025
2017 2026
2018 2027
2019 2028
2020 2029
2021 2030
2022 2031

◆央星の性格

- 強い個性と自尊心で、自らの力を頼りに、一人で我が道を切り拓いていきます。
- 頭脳明晰で行動力も抜群です、そのうえ肝っ玉がすわっていて度胸もあります。
- 強いリーダーシップのもとに多くの人が集まります。
- 男女とも明るく、愛想がないわけではないけれど、明暗がはっきりと顔に出ます。
- 個性が強く、何事も思いどおりに進めたがります、失敗を恐れません。
- 機転がききユーモアのセンスも豊かで、個性的な世界を作りあげます。
- アクが強く出る人もいますが、ブラックユーモアと不思議な魅力を備えています。
- 女性は結婚後、主導権をもってやりくり上手になり、お酒やグルメを好みます。

◆落とし穴を招く性格

- 本流からはずれて独自の世界を作りがちで、力が足りない場合は手痛い失敗をします。
- 自分の意見を簡単には曲げず、人と争い相手を追い詰めて嫌われることがあります。
- ふてぶてしい、かわいげがないと思われ、敵を作りやすく損することもしばしばです。
- 一匹狼で用心深く簡単には人を信用しない一面があり、それで逆に信用を失っています。
- 男女共に美形好みで晩婚になりがち、失恋すると立ち直れないほどの痛手を受けます。

（方位：西微北）

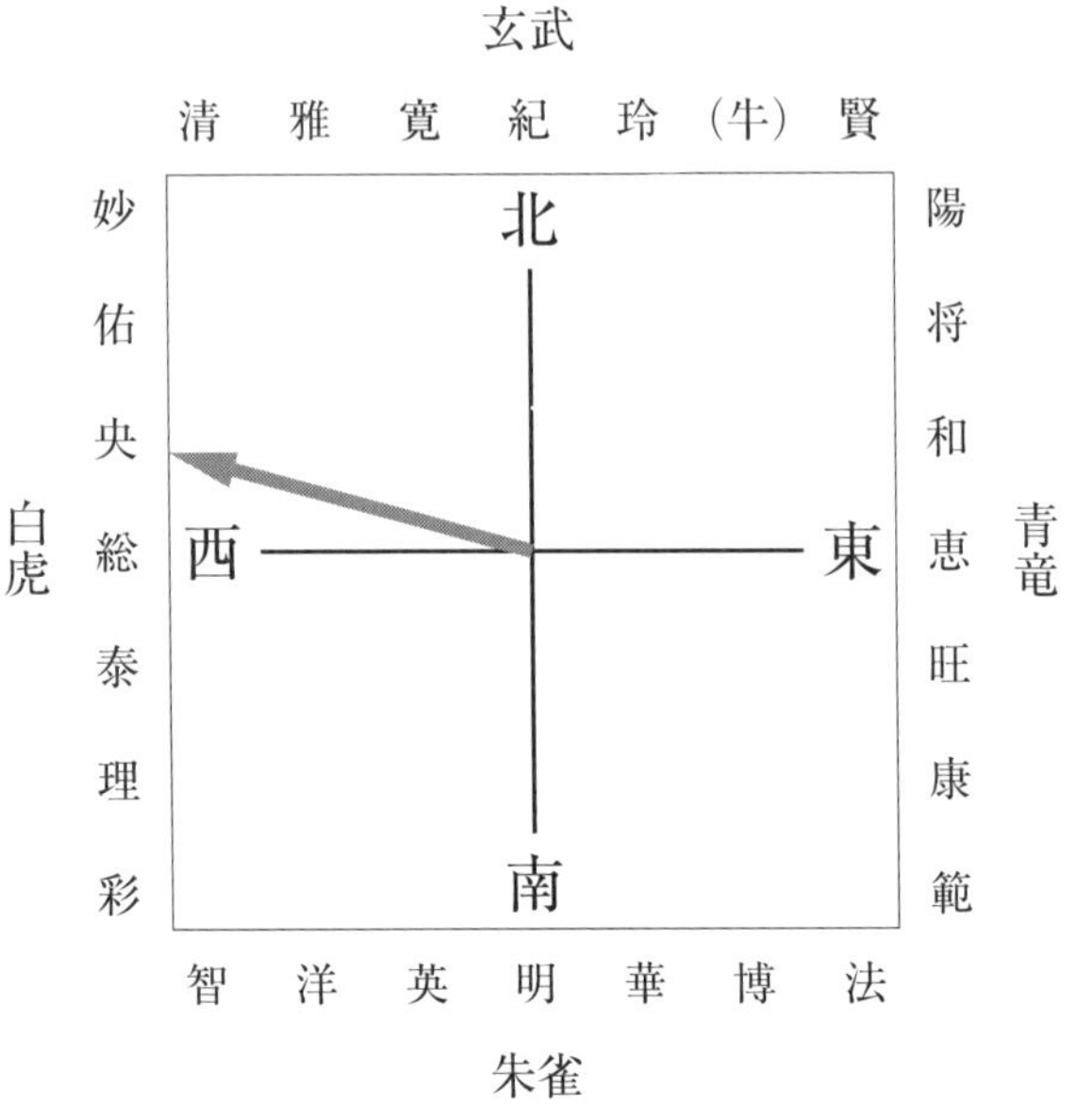

星座	えきぼし、おひつじ座三十五番星、四・六五等星
方位	西微北の方位に守護神鎮座礼拝・祈りは吉運が働き、困った時にはその方位に祈りを
四神	白虎、西方を守護する神獣央星は西微北に位置しその勝負エネルギーは西にあり邪気を祓い幸運を呼び込みます
命の日	「命」の日は西方大凶
十二宮	羊宮（四足）正義を尊び、福徳多く長寿とあります。忍耐強く自分の生き方に忠実です。自己の道を貫き、商才に優れます

ビジネス運

・反骨精神が旺盛で忍耐強く道を極めれば大成します。人を信用しない性格が鼻に付くと孤立し窮地に立たされます。人間関係をよくすれば困難を打ち破っていくパワーは絶大です。

恋愛運

・男性はワンマンで無愛想ですが女性には優しく頼りがいがあります。女性は淡白で色気が乏しいと見られがちですがしっかり者。結婚後はどちらも家庭を大事にします。

適職

・芸能、作家、タレント、事業家、警察、探偵、コンサルタント、薬品、技術、シェフ、ソムリエ、ジャーナリスト、レストラン・カフェ経営、自営業、独立事業、俳優。

健康運

・運命的部位「足」、注意を要する疾患「足腰の痛み・ケガ、打撲、胃腸、子宮、膵臓」。

央星の有名人

芸能界ス

伊達みきお
グレース・ケリー
神木隆之介
DAIGO
Kōki
能年玲奈
矢口真里
大泉　洋
高畑充希
加山雄三
久米　宏
長嶋一茂
名倉　潤
東山紀之
広瀬アリス
三宅裕司

スポーツ界

奥野史子
福士加代子
田中達也
把瑠都

政界・財界

小池百合子
石破　茂
ジョー・バイデン

文化・その他

青山七恵
小宮悦子
篠原勝之
中村文則
宮沢賢治

命星表

1942年～2032年

1942年（昭和17年）

12月	11月	10月	9月	8月	7月	6月	5月	4月	3月	2月	1月	
法	華	智	泰	妙	紀	賢	和	康	博	華	洋	1
範	博	洋	理	佑	寛	玲	将	旺	法	博	英	2
康	法	英	彩	央	雅	紀	陽	恵	範	法	明	3
旺	範	明	智	総	清	寛	賢	和	康	範	華	4
恵	康	華	洋	泰	妙	雅	玲	将	旺	康	博	5
和	旺	博	英	理	佑	清	紀	陽	恵	旺	法	6
将	恵	法	明	彩	央	妙	寛	賢	和	恵	範	7
賢	和	範	華	智	総	佑	雅	玲	将	和	康	8
玲	和	康	博	洋	泰	央	清	紀	陽	将	旺	9
紀	将	旺	法	英	理	総	妙	寛	賢	陽	恵	10
寛	陽	恵	範	明	彩	泰	佑	雅	玲	賢	和	11
雅	賢	和	康	華	智	理	央	清	紀	玲	将	12
清	玲	将	旺	博	洋	彩	総	妙	寛	紀	陽	13
妙	紀	陽	恵	法	英	彩	泰	佑	雅	寛	賢	14
佑	寛	賢	和	範	明	智	泰	央	清	雅	玲	15
央	雅	玲	将	康	華	洋	理	総	妙	清	紀	16
総	清	紀	陽	旺	博	英	彩	泰	妙	妙	紀	17
泰	妙	寛	賢	恵	法	明	智	理	佑	佑	寛	18
理	佑	雅	玲	和	範	華	洋	彩	央	央	雅	19
彩	央	清	紀	将	康	博	英	智	総	総	清	20
智	総	妙	寛	陽	旺	法	明	洋	泰	泰	妙	21
洋	泰	佑	雅	賢	恵	範	華	英	理	理	佑	22
英	理	央	清	玲	和	康	博	明	彩	彩	央	23
明	彩	総	妙	紀	将	旺	法	華	智	智	総	24
華	智	泰	佑	寛	陽	恵	範	博	洋	洋	泰	25
博	洋	理	央	雅	賢	和	康	法	英	英	理	26
法	英	彩	総	清	玲	将	旺	範	明	明	彩	27
範	明	智	泰	妙	紀	陽	恵	康	華	華	智	28
康	華	洋	理	佑	寛	賢	和	旺	博		洋	29
旺	博	英	彩	央	雅	玲	将	恵	法		英	30
恵		明		総	清		陽		範		明	31

1943年（昭和18年）

12月	11月	10月	9月	8月	7月	6月	5月	4月	3月	2月	1月	
寛	賢	和	康	華	智	理	佑	清	玲	玲	和	1
雅	玲	将	旺	博	洋	彩	央	妙	紀	紀	将	2
清	紀	陽	恵	法	英	彩	総	佑	寛	寛	陽	3
妙	寛	賢	和	範	明	智	泰	央	雅	雅	賢	4
佑	雅	玲	将	康	華	洋	理	央	清	雅	玲	5
央	清	紀	陽	旺	博	英	彩	総	妙	清	紀	6
総	妙	寛	賢	恵	法	明	智	泰	佑	妙	寛	7
泰	佑	雅	玲	和	範	華	洋	理	央	佑	雅	8
理	央	清	紀	将	康	博	英	彩	総	央	清	9
彩	総	妙	寛	陽	旺	法	明	智	泰	総	妙	10
智	泰	佑	雅	賢	恵	範	華	洋	理	泰	佑	11
洋	理	央	清	玲	和	康	博	英	彩	理	央	12
英	彩	総	妙	紀	将	旺	法	明	智	彩	総	13
明	智	泰	佑	寛	陽	恵	範	華	洋	智	泰	14
華	洋	理	央	雅	賢	和	康	博	英	洋	理	15
博	英	彩	総	清	玲	将	旺	法	明	英	彩	16
法	明	智	泰	妙	紀	陽	恵	範	華	明	智	17
範	華	洋	理	佑	寛	賢	和	康	博	華	洋	18
康	博	英	彩	央	雅	玲	将	旺	法	博	英	19
旺	法	明	智	総	清	紀	陽	恵	範	法	明	20
恵	範	華	洋	泰	妙	寛	賢	和	康	範	華	21
和	康	博	英	理	佑	雅	玲	将	旺	康	博	22
将	旺	法	明	彩	央	清	紀	陽	恵	旺	法	23
陽	恵	範	華	智	総	妙	寛	賢	和	恵	範	24
賢	和	康	博	洋	泰	佑	雅	玲	将	和	康	25
玲	将	旺	法	英	理	央	清	紀	陽	将	旺	26
紀	陽	恵	範	明	彩	総	妙	寛	賢	陽	恵	27
寛	賢	和	康	華	智	泰	佑	雅	玲	賢	和	28
雅	玲	和	旺	博	洋	理	央	清	紀		将	29
清	紀	将	恵	法	英	彩	総	妙	寛		陽	30
妙		陽		範	明		泰		雅		賢	31

1944年（昭和19年）

12月	11月	10月	9月	8月	7月	6月	5月	4月	3月	2月	1月	
彩	泰	佑	寛	陽	旺	範	博	明	彩	泰	佑	1
智	理	央	雅	賢	恵	康	法	華	智	理	央	2
洋	彩	総	清	玲	和	旺	範	博	洋	彩	総	3
英	智	泰	妙	紀	将	恵	康	法	英	智	泰	4
明	洋	理	佑	寛	陽	和	旺	範	明	洋	理	5
華	英	彩	央	雅	賢	将	恵	康	華	英	彩	6
博	明	智	総	清	玲	陽	和	旺	博	明	智	7
法	華	洋	泰	妙	紀	賢	将	恵	法	華	洋	8
範	博	英	理	佑	寛	玲	陽	和	範	博	英	9
康	法	明	彩	央	雅	紀	賢	将	康	法	明	10
旺	範	華	智	総	清	寛	玲	陽	旺	範	華	11
恵	康	博	洋	泰	妙	雅	紀	賢	恵	康	博	12
和	旺	法	英	理	佑	清	寛	玲	和	旺	法	13
将	恵	範	明	彩	央	妙	雅	紀	将	恵	範	14
賢	和	康	華	智	総	佑	清	寛	陽	和	康	15
玲	和	旺	博	洋	泰	央	妙	雅	賢	将	旺	16
紀	将	旺	範	英	理	総	佑	清	玲	陽	恵	17
寛	陽	恵	康	明	彩	泰	央	妙	紀	賢	和	18
雅	賢	和	旺	華	智	理	総	佑	寛	玲	将	19
清	玲	将	恵	博	洋	彩	泰	央	雅	紀	陽	20
妙	紀	陽	和	法	英	彩	理	総	清	寛	賢	21
佑	寛	賢	将	範	明	智	泰	泰	妙	雅	玲	22
央	雅	玲	陽	康	華	洋	理	泰	佑	清	紀	23
総	清	紀	賢	旺	博	英	彩	理	央	妙	寛	24
泰	妙	寛	玲	恵	法	明	智	彩	総	佑	雅	25
理	佑	雅	紀	和	範	華	洋	智	泰	央	雅	26
彩	央	清	寛	将	康	博	英	洋	理	総	清	27
智	総	妙	雅	陽	旺	法	明	英	彩	泰	妙	28
洋	泰	佑	清	賢	恵	範	華	明	智	理	佑	29
英	理	央	妙	玲	和	康	博	華	洋		央	30
明		総		紀	将		法		英		総	31

1945年（昭和20年）

12月	11月	10月	9月	8月	7月	6月	5月	4月	3月	2月	1月	
恵	康	博	洋	泰	妙	寛	賢	和	範	範	華	1
和	旺	法	英	理	佑	雅	玲	将	康	康	博	2
将	恵	範	明	彩	央	清	紀	陽	旺	旺	法	3
陽	和	康	華	智	総	妙	寛	賢	恵	恵	範	4
賢	和	旺	博	洋	泰	佑	雅	玲	和	和	康	5
玲	将	旺	範	英	理	央	清	紀	将	将	旺	6
紀	陽	恵	康	明	彩	総	妙	寛	陽	陽	恵	7
寛	賢	和	旺	華	智	泰	佑	雅	賢	賢	和	8
雅	玲	将	恵	博	洋	理	央	清	玲	玲	将	9
清	紀	陽	和	法	英	彩	総	妙	紀	紀	陽	10
妙	寛	賢	将	範	明	智	泰	佑	寛	寛	賢	11
佑	雅	玲	陽	康	華	洋	泰	央	雅	雅	玲	12
央	清	紀	賢	旺	博	英	理	総	清	雅	紀	13
総	妙	寛	玲	恵	法	明	彩	泰	妙	清	紀	14
泰	佑	雅	紀	和	範	華	智	理	佑	妙	寛	15
理	央	清	寛	将	康	博	洋	彩	央	佑	雅	16
彩	総	妙	雅	陽	旺	法	英	智	総	央	清	17
智	泰	佑	清	賢	恵	範	明	洋	泰	総	妙	18
洋	理	央	妙	玲	和	康	華	英	理	泰	佑	19
英	彩	総	佑	紀	将	旺	博	明	彩	理	央	20
明	智	泰	央	寛	陽	恵	法	華	智	彩	総	21
華	洋	理	総	雅	賢	和	範	博	洋	智	泰	22
博	英	彩	泰	清	玲	将	康	法	英	洋	理	23
法	明	智	理	妙	紀	陽	旺	範	明	英	彩	24
範	華	洋	彩	佑	寛	賢	恵	康	華	明	智	25
康	博	英	智	央	雅	玲	和	旺	博	華	洋	26
旺	法	明	洋	総	清	紀	将	恵	法	博	英	27
恵	範	華	英	泰	妙	寛	陽	和	範	法	明	28
和	康	博	明	理	佑	雅	賢	将	康		華	29
将	旺	法	華	彩	央	清	玲	陽	旺		博	30
陽		範		智	総		紀		恵		法	31

1946年（昭和21年）

	1月	2月	3月	4月	5月	6月	7月	8月	9月	10月	11月	12月
1	賢	雅	雅	佑	泰	智	明	康	将	玲	雅	佑
2	玲	雅	清	央	理	洋	華	旺	陽	紀	清	央
3	紀	清	妙	総	彩	英	博	恵	賢	寛	妙	総
4	寛	妙	妙	泰	智	明	法	和	玲	雅	佑	泰
5	雅	佑	佑	理	洋	華	範	将	紀	清	央	理
6	清	央	央	彩	英	博	康	陽	寛	妙	総	彩
7	妙	総	総	智	明	法	旺	賢	雅	佑	泰	智
8	佑	泰	泰	洋	華	範	恵	玲	清	央	理	洋
9	央	理	理	英	博	康	和	紀	妙	総	彩	英
10	総	彩	彩	明	法	旺	将	寛	佑	泰	智	明
11	泰	智	智	華	範	恵	陽	雅	央	理	洋	華
12	理	洋	洋	博	康	和	賢	清	総	彩	英	博
13	彩	英	英	法	旺	将	玲	妙	泰	智	明	法
14	智	明	明	範	恵	陽	紀	佑	理	洋	華	範
15	洋	華	華	康	和	賢	寛	央	彩	英	博	康
16	英	博	博	旺	将	玲	雅	総	智	明	法	旺
17	明	法	法	恵	陽	紀	清	泰	洋	華	範	恵
18	華	範	範	和	賢	寛	妙	理	英	博	康	和
19	博	康	康	将	玲	雅	佑	彩	明	法	旺	将
20	法	旺	旺	陽	紀	清	央	智	華	範	恵	陽
21	範	恵	恵	賢	寛	妙	総	洋	博	康	和	賢
22	康	和	和	玲	雅	佑	泰	英	法	旺	将	玲
23	旺	将	将	紀	清	央	理	明	範	恵	陽	紀
24	恵	陽	陽	寛	妙	総	彩	華	康	和	賢	寛
25	和	賢	賢	雅	佑	泰	智	博	旺	和	玲	雅
26	将	玲	玲	清	央	理	洋	法	恵	将	紀	清
27	陽	紀	紀	妙	総	彩	英	範	和	陽	寛	妙
28	賢	寛	寛	佑	泰	智	華	康	将	賢	雅	佑
29	玲		雅	央	理	洋	博	旺	陽	玲	清	央
30	紀		清	総	彩	英	法	恵	賢	紀	妙	総
31	寛		妙		彩		範	和		寛		泰

1947年（昭和22年）

	1月	2月	3月	4月	5月	6月	7月	8月	9月	10月	11月	12月
1	理	洋	洋	英	博	旺	和	玲	妙	総	智	英
2	彩	英	英	明	法	恵	将	紀	佑	泰	洋	明
3	智	明	明	華	範	和	陽	寛	央	理	英	華
4	洋	華	華	博	康	将	賢	雅	総	彩	明	博
5	英	博	博	法	旺	陽	玲	清	泰	智	華	法
6	明	法	法	範	恵	賢	紀	妙	理	洋	博	範
7	華	範	範	康	和	玲	寛	佑	彩	英	法	康
8	博	康	康	旺	将	紀	雅	央	智	明	範	旺
9	法	旺	旺	恵	陽	寛	清	総	洋	華	康	恵
10	範	恵	恵	和	賢	雅	妙	泰	英	博	旺	和
11	康	和	和	将	玲	清	佑	理	明	法	恵	将
12	旺	将	将	陽	紀	妙	央	彩	華	範	和	賢
13	恵	陽	陽	賢	寛	佑	総	智	博	康	和	玲
14	和	賢	賢	玲	雅	央	泰	洋	法	旺	将	紀
15	将	玲	玲	紀	清	総	理	英	範	恵	陽	寛
16	陽	紀	紀	寛	妙	泰	彩	華	康	和	賢	雅
17	賢	寛	寛	雅	佑	理	智	博	旺	将	玲	清
18	玲	雅	雅	清	央	彩	洋	法	恵	陽	紀	妙
19	紀	清	清	妙	総	彩	英	範	和	賢	寛	佑
20	寛	妙	妙	佑	泰	智	明	康	将	玲	雅	央
21	雅	妙	佑	央	理	洋	華	旺	陽	紀	清	総
22	雅	佑	央	総	彩	英	博	恵	賢	寛	妙	泰
23	清	央	妙	泰	智	明	法	和	玲	雅	佑	理
24	妙	総	佑	理	洋	華	範	将	紀	清	央	彩
25	佑	泰	央	彩	英	博	康	陽	寛	妙	総	智
26	央	理	総	智	明	法	旺	賢	雅	佑	泰	洋
27	総	彩	泰	洋	華	範	恵	玲	清	央	理	英
28	泰	智	理	英	博	康	和	紀	妙	総	彩	明
29	理		彩	明	法	旺	将	寛	佑	泰	智	華
30	彩		智	華	範	恵	陽	雅	央	理	洋	博
31	智		洋		康		賢	清		彩		法

1948年（昭和23年）

12月	11月	10月	9月	8月	7月	6月	5月	4月	3月	2月	1月	
賢	和	康	華	彩	総	妙	寛	賢	和	恵	範	1
玲	将	旺	博	智	泰	佑	雅	玲	将	和	康	2
紀	陽	旺	範	洋	理	央	清	紀	陽	将	旺	3
寛	賢	恵	康	英	彩	総	妙	寛	賢	陽	恵	4
雅	玲	和	旺	華	智	泰	佑	雅	玲	賢	和	5
清	紀	将	恵	博	洋	理	央	清	紀	玲	将	6
妙	寛	陽	和	法	洋	彩	総	妙	寛	紀	陽	7
佑	雅	賢	将	範	英	智	泰	佑	雅	寛	賢	8
央	清	玲	陽	康	明	洋	泰	央	清	雅	玲	9
総	妙	紀	賢	旺	華	英	理	総	妙	雅	紀	10
泰	佑	寛	玲	恵	博	明	彩	泰	妙	清	紀	11
理	央	雅	紀	和	法	華	智	理	佑	妙	寛	12
彩	総	清	寛	将	範	博	洋	彩	央	佑	雅	13
智	泰	妙	雅	陽	康	法	英	智	総	央	清	14
洋	理	佑	清	賢	旺	範	明	洋	泰	総	妙	15
英	彩	央	妙	玲	恵	康	華	英	理	泰	佑	16
明	智	総	佑	紀	和	旺	博	明	彩	理	央	17
華	洋	泰	央	寛	将	恵	法	華	智	彩	総	18
博	英	理	総	雅	陽	和	範	博	洋	智	泰	19
法	明	彩	泰	清	賢	将	康	法	英	洋	理	20
範	華	智	理	妙	玲	陽	旺	範	明	英	彩	21
康	博	洋	彩	佑	紀	賢	恵	康	華	明	智	22
旺	法	英	智	央	寛	玲	和	旺	博	華	洋	23
恵	範	明	洋	総	雅	紀	将	恵	法	博	英	24
和	康	華	英	泰	清	寛	陽	和	範	法	明	25
将	旺	博	明	理	妙	雅	賢	将	康	範	華	26
陽	恵	法	華	彩	佑	清	玲	陽	旺	康	博	27
賢	和	範	博	智	央	妙	紀	賢	恵	旺	法	28
玲	将	康	法	洋	総	佑	寛	玲	和	恵	範	29
紀	陽	旺	範	英	泰	央	雅	紀	将		康	30
寛		恵		明	理		清		陽		旺	31

1949年（昭和24年）

12月	11月	10月	9月	8月	7月	6月	5月	4月	3月	2月	1月	
央	清	紀	将	恵	法	明	智	泰	佑	佑	雅	1
総	妙	寛	陽	和	範	華	洋	理	央	央	清	2
泰	佑	雅	賢	将	康	博	英	彩	総	総	妙	3
理	央	清	玲	陽	旺	法	明	智	泰	泰	佑	4
彩	総	妙	紀	賢	恵	範	華	洋	理	理	央	5
智	泰	佑	寛	玲	和	康	博	英	彩	彩	総	6
洋	理	央	雅	紀	将	旺	法	明	智	智	泰	7
英	彩	総	清	寛	陽	恵	範	華	洋	洋	理	8
明	智	泰	妙	雅	賢	和	康	博	英	英	彩	9
華	洋	理	佑	清	玲	将	旺	法	明	明	智	10
博	英	彩	央	妙	紀	陽	恵	範	華	華	洋	11
法	明	智	総	佑	寛	賢	和	康	博	博	英	12
範	華	洋	泰	央	雅	玲	将	旺	法	法	明	13
康	博	英	理	総	清	紀	陽	恵	範	範	華	14
旺	法	明	彩	泰	妙	寛	賢	和	康	康	博	15
恵	範	華	智	理	佑	雅	玲	将	旺	旺	法	16
和	康	博	洋	彩	央	清	紀	陽	恵	恵	範	17
将	旺	法	英	智	総	妙	寛	賢	和	和	康	18
陽	恵	範	明	洋	泰	佑	雅	玲	将	将	旺	19
賢	和	康	華	英	理	央	清	紀	陽	陽	恵	20
玲	将	旺	博	明	彩	総	妙	寛	賢	賢	和	21
紀	陽	旺	範	華	智	泰	佑	雅	玲	玲	将	22
寛	賢	恵	康	博	洋	理	央	清	紀	紀	陽	23
雅	玲	和	旺	華	英	彩	総	妙	寛	寛	賢	24
清	紀	将	恵	博	明	智	泰	佑	雅	雅	玲	25
妙	寛	陽	和	法	華	洋	理	央	清	清	紀	26
佑	雅	賢	将	範	博	英	彩	総	妙	妙	寛	27
央	清	玲	陽	康	法	明	彩	泰	佑	妙	雅	28
総	妙	紀	賢	旺	範	華	智	理	央		雅	29
泰	佑	寛	玲	恵	康	博	洋	彩	央		清	30
理		雅		和	旺		英		総		妙	31

1950年（昭和25年）

12月	11月	10月	9月	8月	7月	6月	5月	4月	3月	2月	1月	
博	明	彩	央	雅	賢	将	旺	法	明	明	彩	1
法	華	智	総	清	玲	陽	恵	範	華	華	智	2
範	博	洋	泰	妙	紀	賢	和	康	博	博	洋	3
康	法	英	理	佑	寛	玲	将	旺	法	法	英	4
旺	範	明	彩	央	雅	紀	陽	恵	範	範	明	5
恵	康	華	智	総	清	寛	賢	和	康	康	華	6
和	旺	博	洋	泰	妙	雅	玲	将	旺	旺	博	7
将	恵	法	英	理	佑	清	紀	陽	恵	恵	法	8
賢	和	範	明	彩	央	妙	寛	賢	和	和	範	9
玲	和	康	華	智	総	佑	雅	玲	将	将	康	10
紀	将	旺	博	洋	泰	央	清	紀	陽	陽	旺	11
寛	陽	恵	範	英	理	総	妙	寛	賢	賢	恵	12
雅	賢	和	康	明	彩	泰	佑	雅	玲	玲	和	13
清	玲	将	旺	華	智	理	央	清	紀	紀	将	14
妙	紀	陽	恵	博	洋	彩	総	妙	寛	寛	陽	15
佑	寛	賢	和	法	英	彩	泰	佑	雅	雅	賢	16
央	雅	玲	将	範	明	智	泰	央	清	雅	玲	17
総	清	紀	陽	康	華	洋	理	総	妙	清	紀	18
泰	妙	寛	賢	旺	博	英	彩	泰	妙	妙	寛	19
理	佑	雅	玲	恵	法	明	智	理	佑	佑	雅	20
彩	央	清	紀	和	範	華	洋	彩	央	央	清	21
智	総	妙	寛	将	康	博	英	智	総	総	妙	22
洋	泰	佑	雅	陽	旺	法	明	洋	泰	泰	佑	23
英	理	央	清	賢	恵	範	華	英	理	理	央	24
明	彩	総	妙	玲	和	康	博	明	彩	彩	総	25
華	智	泰	佑	紀	将	旺	法	華	智	智	泰	26
博	洋	理	央	寛	陽	恵	範	博	洋	洋	理	27
法	英	彩	総	雅	賢	和	康	法	英	英	彩	28
範	明	智	泰	清	玲	将	旺	範	明		智	29
康	華	洋	理	妙	紀	陽	恵	康	華		洋	30
旺		英		佑	寛		和		博		英	31

1951年（昭和26年）

12月	11月	10月	9月	8月	7月	6月	5月	4月	3月	2月	1月	
紀	陽	旺	範	英	理	総	妙	寛	賢	陽	恵	1
寛	賢	恵	康	明	彩	泰	佑	雅	玲	賢	和	2
雅	玲	和	旺	華	智	理	央	清	紀	玲	将	3
清	紀	将	恵	博	洋	彩	総	妙	寛	紀	陽	4
妙	寛	陽	和	法	英	彩	泰	佑	雅	寛	賢	5
佑	雅	賢	将	範	明	智	泰	央	清	雅	玲	6
央	清	玲	陽	康	華	洋	理	総	妙	清	紀	7
総	妙	紀	賢	旺	博	英	彩	泰	妙	妙	紀	8
泰	佑	寛	玲	恵	法	明	智	理	佑	佑	寛	9
理	央	雅	紀	和	範	華	洋	彩	央	央	雅	10
彩	総	清	寛	将	康	博	英	智	総	総	清	11
智	泰	妙	雅	陽	旺	法	明	洋	泰	泰	妙	12
洋	理	佑	清	賢	恵	範	華	英	理	理	佑	13
英	彩	央	妙	玲	和	康	博	明	彩	彩	央	14
明	智	総	佑	紀	将	旺	法	華	智	智	総	15
華	洋	泰	央	寛	陽	恵	範	博	洋	洋	泰	16
博	英	理	総	雅	賢	和	康	法	英	英	理	17
法	明	彩	泰	清	玲	将	旺	範	明	明	彩	18
範	華	智	理	妙	紀	陽	恵	康	華	華	智	19
康	博	洋	彩	佑	寛	賢	和	旺	博	博	洋	20
旺	法	英	智	央	雅	玲	将	恵	法	法	英	21
恵	範	明	洋	総	清	紀	陽	和	範	範	明	22
和	康	華	英	泰	妙	寛	賢	将	康	康	華	23
将	旺	博	明	理	佑	雅	玲	陽	旺	旺	博	24
陽	恵	法	華	彩	央	清	紀	賢	恵	恵	法	25
賢	和	範	博	智	総	妙	寛	玲	和	和	範	26
玲	将	康	法	洋	泰	佑	雅	紀	将	将	康	27
紀	陽	旺	範	英	理	央	清	寛	陽	陽	旺	28
寛	賢	恵	康	明	彩	総	妙	雅	賢		恵	29
雅	玲	和	旺	華	智	泰	佑	清	玲		和	30
清		将		博	洋		央		紀		将	31

1952年（昭和27年）

12月	11月	10月	9月	8月	7月	6月	5月	4月	3月	2月	1月	
理	央	清	玲	和	康	範	華	洋	理	総	妙	1
彩	総	妙	紀	将	旺	康	博	英	彩	泰	佑	2
智	泰	佑	寛	陽	恵	旺	法	明	智	理	央	3
洋	理	央	雅	賢	和	恵	範	華	洋	彩	総	4
英	彩	総	清	玲	将	和	康	博	英	智	泰	5
明	智	泰	妙	紀	陽	将	旺	法	明	洋	理	6
華	洋	理	佑	寛	賢	陽	恵	範	華	英	彩	7
博	英	彩	央	雅	玲	賢	和	康	博	明	智	8
法	明	智	総	清	紀	玲	将	旺	法	華	洋	9
範	華	洋	泰	妙	寛	紀	陽	恵	範	博	英	10
康	博	英	理	佑	雅	寛	賢	和	康	法	明	11
旺	法	明	彩	央	清	雅	玲	将	旺	範	華	12
恵	範	華	智	総	妙	清	紀	陽	恵	康	博	13
和	康	博	洋	泰	佑	妙	寛	賢	和	旺	法	14
将	旺	法	英	理	央	佑	雅	玲	将	恵	範	15
陽	恵	範	明	彩	総	央	清	紀	陽	和	康	16
賢	和	康	華	智	泰	総	妙	寛	賢	将	旺	17
玲	将	旺	博	洋	理	泰	佑	雅	玲	陽	恵	18
紀	陽	旺	範	英	彩	理	央	清	紀	賢	和	19
寛	賢	恵	康	明	智	彩	総	妙	寛	玲	将	20
雅	玲	和	旺	華	洋	智	泰	佑	雅	紀	陽	21
清	紀	将	恵	博	洋	彩	理	央	清	寛	賢	22
妙	寛	陽	和	法	英	智	彩	総	妙	雅	玲	23
佑	雅	賢	将	範	明	洋	彩	泰	佑	清	紀	24
央	清	玲	陽	康	華	英	智	理	央	妙	寛	25
総	妙	紀	賢	旺	博	明	洋	彩	央	佑	雅	26
泰	佑	寛	玲	恵	法	華	英	智	総	央	雅	27
理	央	雅	紀	和	範	博	明	洋	泰	総	清	28
彩	総	清	寛	将	康	法	華	英	理	泰	妙	29
智	泰	妙	雅	陽	旺	範	博	明	彩		佑	30
洋		佑		賢	恵		法		智		央	31

1953年（昭和28年）

12月	11月	10月	9月	8月	7月	6月	5月	4月	3月	2月	1月	
康	法	明	彩	央	清	紀	将	恵	法	法	英	1
旺	範	華	智	総	妙	寛	陽	和	範	範	明	2
恵	康	博	洋	泰	佑	雅	賢	将	康	康	華	3
和	旺	法	英	理	央	清	玲	陽	旺	旺	博	4
将	恵	範	明	彩	総	妙	紀	賢	恵	恵	法	5
賢	和	康	華	智	泰	佑	寛	玲	和	和	範	6
玲	和	旺	博	洋	理	央	雅	紀	将	将	康	7
紀	将	旺	範	英	彩	総	清	寛	陽	陽	旺	8
寛	陽	恵	康	明	智	泰	妙	雅	賢	賢	恵	9
雅	賢	和	旺	華	洋	理	佑	清	玲	玲	和	10
清	玲	将	恵	博	洋	彩	央	妙	紀	紀	将	11
妙	紀	陽	和	法	英	智	総	佑	寛	寛	陽	12
佑	寛	賢	将	範	明	洋	泰	央	雅	雅	賢	13
央	雅	玲	陽	康	華	英	理	央	清	雅	玲	14
総	清	紀	賢	旺	博	明	彩	総	妙	清	紀	15
泰	妙	寛	玲	恵	法	華	智	泰	佑	妙	寛	16
理	佑	雅	紀	和	範	博	洋	理	央	佑	雅	17
彩	央	清	寛	将	康	法	英	彩	総	央	清	18
智	総	妙	雅	陽	旺	範	明	智	泰	総	妙	19
洋	泰	佑	清	賢	恵	康	華	洋	理	泰	佑	20
英	理	央	妙	玲	和	旺	博	英	彩	理	央	21
明	彩	総	佑	紀	将	恵	法	明	智	彩	総	22
華	智	泰	央	寛	陽	和	範	華	洋	智	泰	23
博	洋	理	総	雅	賢	将	康	博	英	洋	理	24
法	英	彩	泰	清	玲	陽	旺	法	明	英	彩	25
範	明	智	理	妙	紀	賢	恵	範	華	明	智	26
康	華	洋	彩	佑	寛	玲	和	康	博	華	洋	27
旺	博	英	智	央	雅	紀	将	旺	法	博	英	28
恵	法	明	洋	総	清	寛	陽	恵	範		明	29
和	範	華	英	泰	妙	雅	賢	和	康		華	30
将		博		理	佑		玲		旺		博	31

1954年（昭和29年）

12月	11月	10月	9月	8月	7月	6月	5月	4月	3月	2月	1月	
妙	紀	陽	和	法	英	彩	総	妙	紀	紀	陽	1
佑	寛	賢	将	範	明	智	泰	佑	寛	寛	賢	2
央	雅	玲	陽	康	華	洋	泰	央	雅	雅	玲	3
総	清	紀	賢	旺	博	英	理	総	清	雅	紀	4
泰	妙	寛	玲	恵	法	明	彩	泰	妙	清	紀	5
理	佑	雅	紀	和	範	華	智	理	佑	妙	寛	6
彩	央	清	寛	将	康	博	洋	彩	央	佑	雅	7
智	総	妙	雅	陽	旺	法	英	智	総	央	清	8
洋	泰	佑	清	賢	恵	範	明	洋	泰	総	妙	9
英	理	央	妙	玲	和	康	華	英	理	泰	佑	10
明	彩	総	佑	紀	将	旺	博	明	彩	理	央	11
華	智	泰	央	寛	陽	恵	法	華	智	彩	総	12
博	洋	理	総	雅	賢	和	範	博	洋	智	泰	13
法	英	彩	泰	清	玲	将	康	法	英	洋	理	14
範	明	智	理	妙	紀	陽	旺	範	明	英	彩	15
康	華	洋	彩	佑	寛	賢	恵	康	華	明	智	16
旺	博	英	智	央	雅	玲	和	旺	博	華	洋	17
恵	法	明	洋	総	清	紀	将	恵	法	博	英	18
和	範	華	英	泰	妙	寛	陽	和	範	法	明	19
将	康	博	明	理	佑	雅	賢	将	康	範	華	20
陽	旺	法	華	彩	央	清	玲	陽	旺	康	博	21
賢	恵	範	博	智	総	妙	紀	賢	恵	旺	法	22
玲	和	康	法	洋	泰	佑	寛	玲	和	恵	範	23
紀	将	旺	範	英	理	央	雅	紀	将	和	康	24
紀	賢	恵	康	明	彩	総	清	寛	陽	将	旺	25
寛	玲	和	旺	華	智	泰	妙	雅	賢	陽	恵	26
雅	紀	和	旺	博	洋	理	佑	清	玲	賢	和	27
清	寛	将	恵	範	英	彩	央	妙	紀	玲	将	28
妙	雅	陽	和	康	明	智	総	佑	寛		陽	29
佑	清	賢	将	旺	華	洋	泰	央	雅		賢	30
央		玲		恵	博		理		清		玲	31

1955年（昭和30年）

12月	11月	10月	9月	8月	7月	6月	5月	4月	3月	2月	1月	
洋	理	央	雅	賢	恵	範	華	明	彩	彩	総	1
英	彩	総	清	玲	和	康	博	華	智	智	泰	2
明	智	泰	妙	紀	将	旺	法	博	洋	洋	理	3
華	洋	理	佑	寛	陽	恵	範	法	英	英	彩	4
博	英	彩	央	雅	賢	和	康	範	明	明	智	5
法	明	智	総	清	玲	将	旺	康	華	華	洋	6
範	華	洋	泰	妙	紀	陽	恵	旺	博	博	英	7
康	博	英	理	佑	寛	賢	和	恵	法	法	明	8
旺	法	明	彩	央	雅	玲	将	和	範	範	華	9
恵	範	華	智	総	清	紀	陽	将	康	康	博	10
和	康	博	洋	泰	妙	寛	賢	陽	旺	旺	法	11
将	旺	法	英	理	佑	雅	玲	賢	恵	恵	範	12
陽	恵	範	明	彩	央	清	紀	玲	和	和	康	13
賢	和	康	華	智	総	妙	寛	紀	将	将	旺	14
玲	将	旺	博	洋	泰	佑	雅	寛	陽	陽	恵	15
紀	陽	旺	範	英	理	央	清	雅	賢	賢	和	16
寛	賢	恵	康	明	彩	総	妙	清	玲	玲	将	17
雅	玲	和	旺	華	智	泰	佑	妙	紀	紀	陽	18
清	紀	将	恵	博	洋	理	央	佑	寛	寛	賢	19
妙	寛	陽	和	法	英	彩	総	央	雅	雅	玲	20
佑	雅	賢	将	範	明	智	泰	総	清	清	紀	21
央	清	玲	陽	康	華	洋	泰	央	妙	妙	寛	22
総	妙	紀	賢	旺	博	英	理	総	佑	妙	雅	23
泰	佑	寛	玲	恵	法	明	彩	泰	央	佑	雅	24
理	央	雅	紀	和	範	華	智	理	総	央	清	25
彩	総	清	寛	将	康	博	洋	彩	泰	総	妙	26
智	泰	妙	雅	陽	旺	法	英	智	理	泰	佑	27
洋	理	佑	清	賢	恵	範	明	洋	彩	理	央	28
英	彩	央	妙	玲	和	康	華	英	智		総	29
明	智	総	佑	紀	将	旺	博	明	洋		泰	30
華		泰		寛	陽		法		英		理	31

1956年（昭和31年）

12月	11月	10月	9月	8月	7月	6月	5月	4月	3月	2月	1月	
将	恵	法	明	理	佑	清	玲	陽	旺	康	博	1
賢	和	範	華	彩	央	妙	紀	賢	恵	旺	法	2
玲	和	康	博	智	総	佑	寛	玲	和	恵	範	3
紀	将	旺	法	洋	泰	央	雅	紀	将	和	康	4
寛	陽	恵	範	英	理	総	清	寛	陽	将	旺	5
雅	賢	和	康	華	彩	泰	妙	雅	賢	陽	恵	6
清	玲	将	旺	博	智	理	佑	清	玲	賢	和	7
妙	紀	陽	恵	法	洋	彩	央	妙	紀	玲	将	8
佑	寛	賢	和	範	英	彩	総	佑	寛	紀	陽	9
央	雅	玲	将	康	明	智	泰	央	雅	寛	賢	10
総	清	紀	陽	旺	華	洋	理	央	清	雅	玲	11
泰	妙	寛	賢	恵	博	英	彩	総	妙	雅	紀	12
理	佑	雅	玲	和	法	明	智	泰	佑	清	紀	13
彩	央	清	紀	将	範	華	洋	理	央	妙	寛	14
智	総	妙	寛	陽	康	博	英	彩	総	佑	雅	15
洋	泰	佑	雅	賢	旺	法	明	智	泰	央	清	16
英	理	央	清	玲	恵	範	華	洋	理	総	妙	17
明	彩	総	妙	紀	和	康	博	英	彩	泰	佑	18
華	智	泰	佑	寛	将	旺	法	明	智	理	央	19
博	洋	理	央	雅	陽	恵	範	華	洋	彩	総	20
法	英	彩	総	清	賢	和	康	博	英	智	泰	21
範	明	智	泰	妙	玲	将	旺	法	明	洋	理	22
康	華	洋	理	佑	紀	陽	恵	範	華	英	彩	23
旺	博	英	彩	央	寛	賢	和	康	博	明	智	24
恵	法	明	智	総	雅	玲	将	旺	法	華	洋	25
和	範	華	洋	泰	清	紀	陽	恵	範	博	英	26
将	康	博	英	理	妙	寛	賢	和	康	法	明	27
陽	旺	法	明	彩	佑	雅	玲	将	旺	範	華	28
賢	恵	範	華	智	央	清	紀	陽	恵	康	博	29
玲	和	康	博	洋	総	妙	寛	賢	和		法	30
紀		旺		英	泰		雅		将		範	31

1957年（昭和32年）

12月	11月	10月	9月	8月	7月	6月	5月	4月	3月	2月	1月	
妙	雅	賢	賢	旺	華	英	理	総	妙	清	紀	1
佑	清	玲	玲	恵	博	明	彩	泰	妙	妙	寛	2
央	妙	紀	紀	和	法	華	智	理	佑	佑	雅	3
総	佑	寛	寛	将	範	博	洋	彩	央	央	清	4
泰	央	雅	雅	陽	康	法	英	智	総	総	妙	5
理	総	清	清	賢	旺	範	明	洋	泰	泰	佑	6
彩	泰	妙	妙	玲	恵	康	華	英	理	理	央	7
智	理	佑	佑	紀	和	旺	博	明	彩	彩	総	8
洋	彩	央	央	寛	将	恵	法	華	智	智	泰	9
英	智	総	総	雅	陽	和	範	博	洋	洋	理	10
明	洋	泰	泰	清	賢	将	康	法	英	英	彩	11
華	英	理	理	妙	玲	陽	旺	範	明	明	智	12
博	明	彩	彩	佑	紀	賢	恵	康	華	華	洋	13
法	華	智	智	央	寛	玲	和	旺	博	博	英	14
範	博	洋	洋	総	雅	紀	将	恵	法	法	明	15
康	法	英	英	泰	清	寛	陽	和	範	範	華	16
旺	範	明	明	理	妙	雅	賢	将	康	康	博	17
恵	康	華	華	彩	佑	清	玲	陽	旺	旺	法	18
和	旺	博	博	智	央	妙	紀	賢	恵	恵	範	19
将	恵	法	法	洋	総	佑	寛	玲	和	和	康	20
賢	和	範	範	英	泰	央	雅	紀	将	将	旺	21
玲	和	康	康	明	理	総	清	寛	陽	陽	恵	22
紀	将	旺	旺	華	彩	泰	妙	雅	賢	賢	和	23
寛	陽	恵	範	博	智	理	佑	清	玲	玲	将	24
雅	賢	和	康	範	洋	彩	央	妙	紀	紀	陽	25
清	玲	将	旺	康	英	智	総	佑	寛	寛	賢	26
妙	紀	陽	恵	旺	華	洋	泰	央	雅	雅	玲	27
佑	寛	賢	和	恵	博	洋	理	総	清	清	紀	28
央	雅	玲	将	和	法	英	彩	泰	妙		寛	29
総	清	紀	陽	将	範	明	智	泰	佑		雅	30
泰		寛		陽	康		洋		央		雅	31

1958年（昭和33年）

12月	11月	10月	9月	8月	7月	6月	5月	4月	3月	2月	1月	
華	洋	理	佑	紀	陽	恵	範	博	洋	洋	理	1
博	英	彩	央	寛	賢	和	康	法	英	英	彩	2
法	明	智	総	雅	玲	将	旺	範	明	明	智	3
範	華	洋	泰	清	紀	陽	恵	康	華	華	洋	4
康	博	英	理	妙	寛	賢	和	旺	博	博	英	5
旺	法	明	彩	佑	雅	玲	将	恵	法	法	明	6
恵	範	華	智	央	清	紀	陽	和	範	範	華	7
和	康	博	洋	総	妙	寛	賢	将	康	康	博	8
将	旺	法	英	泰	佑	雅	玲	陽	旺	旺	法	9
陽	恵	範	明	理	央	清	紀	賢	恵	恵	範	10
賢	和	康	華	彩	総	妙	寛	玲	和	和	康	11
玲	将	旺	博	智	泰	佑	雅	紀	将	将	旺	12
紀	陽	旺	範	洋	理	央	清	寛	陽	陽	恵	13
寛	賢	恵	康	英	彩	総	妙	雅	賢	賢	和	14
雅	玲	和	旺	華	智	泰	佑	清	玲	玲	将	15
清	紀	将	恵	博	洋	理	央	妙	紀	紀	陽	16
妙	寛	陽	和	法	洋	彩	総	佑	寛	寛	賢	17
佑	雅	賢	将	範	英	智	泰	央	雅	雅	玲	18
央	清	玲	陽	康	明	洋	泰	央	清	雅	紀	19
総	妙	紀	賢	旺	華	英	理	総	妙	清	紀	20
泰	佑	寛	玲	恵	博	明	彩	泰	佑	妙	寛	21
理	央	雅	紀	和	法	華	智	理	央	佑	雅	22
彩	総	清	寛	将	範	博	洋	彩	総	央	清	23
智	泰	妙	雅	陽	康	法	英	智	泰	総	妙	24
洋	理	佑	清	賢	旺	範	明	洋	理	泰	佑	25
英	彩	央	妙	玲	恵	康	華	英	彩	理	央	26
明	智	総	佑	紀	和	旺	博	明	智	彩	総	27
華	洋	泰	央	寛	将	恵	法	華	洋	智	泰	28
博	英	理	総	雅	陽	和	範	博	英		理	29
法	明	彩	泰	清	賢	将	康	法	明		彩	30
範		智		妙	玲		旺		華		智	31

1959年（昭和34年）

12月	11月	10月	9月	8月	7月	6月	5月	4月	3月	2月	1月	
玲	和	康	博	智	泰	佑	雅	紀	将	将	康	1
紀	将	旺	法	洋	理	央	清	寛	陽	陽	旺	2
寛	陽	恵	範	英	彩	総	妙	雅	賢	賢	恵	3
雅	賢	和	康	華	智	泰	佑	清	玲	玲	和	4
清	玲	将	旺	博	洋	理	央	妙	紀	紀	将	5
妙	紀	陽	恵	法	洋	彩	総	佑	寛	寛	陽	6
佑	寛	賢	和	範	英	智	泰	央	雅	雅	賢	7
央	雅	玲	将	康	明	洋	泰	央	清	雅	玲	8
総	清	紀	陽	旺	華	英	理	総	妙	清	紀	9
泰	妙	寛	賢	恵	博	明	彩	泰	佑	妙	寛	10
理	佑	雅	玲	和	法	華	智	理	央	佑	雅	11
彩	央	清	紀	将	範	博	洋	彩	総	央	清	12
智	総	妙	寛	陽	康	法	英	智	泰	総	妙	13
洋	泰	佑	雅	賢	旺	範	明	洋	理	泰	佑	14
英	理	央	清	玲	恵	康	華	英	彩	理	央	15
明	彩	総	妙	紀	和	旺	博	明	智	彩	総	16
華	智	泰	佑	寛	将	恵	法	華	洋	智	泰	17
博	洋	理	央	雅	陽	和	範	博	英	洋	理	18
法	英	彩	総	清	賢	将	康	法	明	英	彩	19
範	明	智	泰	妙	玲	陽	旺	範	華	明	智	20
康	華	洋	理	佑	紀	賢	恵	康	博	華	洋	21
旺	博	英	彩	央	寛	玲	和	旺	法	博	英	22
恵	法	明	智	総	雅	紀	将	恵	範	法	明	23
和	範	華	洋	泰	清	寛	陽	和	康	範	華	24
将	康	博	英	理	妙	雅	賢	将	旺	康	博	25
陽	旺	法	明	彩	佑	清	玲	陽	恵	旺	法	26
賢	恵	範	華	智	央	妙	紀	賢	和	恵	範	27
玲	和	康	博	洋	総	佑	寛	玲	将	和	康	28
紀	将	旺	法	英	泰	央	雅	紀	陽		旺	29
紀	賢	恵	範	明	理	総	清	寛	賢		恵	30
寛		和		華	彩		妙		玲		和	31

1961年（昭和36年）

12月	11月	10月	9月	8月	7月	6月	5月	4月	3月	2月	1月	
範	華	洋	理	妙	寛	賢	和	康	博	華	洋	1
康	博	英	彩	佑	雅	玲	将	旺	法	博	英	2
旺	法	明	智	央	清	紀	陽	恵	範	法	明	3
恵	範	華	洋	総	妙	寛	賢	和	康	範	華	4
和	康	博	英	泰	佑	雅	玲	将	旺	康	博	5
将	旺	法	明	理	央	清	紀	陽	恵	旺	法	6
陽	恵	範	華	彩	総	妙	寛	賢	和	恵	範	7
賢	和	康	博	智	泰	佑	雅	玲	将	和	康	8
玲	将	旺	法	洋	理	央	清	紀	陽	将	旺	9
紀	陽	旺	範	英	彩	総	妙	寛	賢	陽	恵	10
寛	賢	恵	康	華	智	泰	佑	雅	玲	賢	和	11
雅	玲	和	旺	博	洋	理	央	清	紀	玲	将	12
清	紀	将	恵	法	洋	彩	総	妙	寛	紀	陽	13
妙	寛	陽	和	範	英	智	泰	佑	雅	寛	賢	14
佑	雅	賢	将	康	明	洋	泰	央	清	雅	玲	15
央	清	玲	陽	旺	華	英	理	総	妙	清	紀	16
総	妙	紀	賢	恵	博	明	彩	泰	妙	妙	紀	17
泰	佑	寛	玲	和	法	華	智	理	佑	佑	寛	18
理	央	雅	紀	将	範	博	洋	彩	央	央	雅	19
彩	総	清	寛	陽	康	法	英	智	総	総	清	20
智	泰	妙	雅	賢	旺	範	明	洋	泰	泰	妙	21
洋	理	佑	清	玲	恵	康	華	英	理	理	佑	22
英	彩	央	妙	紀	和	旺	博	明	彩	彩	央	23
明	智	総	佑	寛	将	恵	法	華	智	智	総	24
華	洋	泰	央	雅	陽	和	範	博	洋	洋	泰	25
博	英	理	総	清	賢	将	康	法	英	英	理	26
法	明	彩	泰	妙	玲	陽	旺	範	明	明	彩	27
範	華	智	理	佑	紀	賢	恵	康	華	華	智	28
康	博	洋	彩	央	寛	玲	和	旺	博		洋	29
旺	法	英	智	総	雅	紀	将	恵	法		英	30
恵		明		泰	清		陽		範		明	31

1960年（昭和35年）

12月	11月	10月	9月	8月	7月	6月	5月	4月	3月	2月	1月	
総	佑	寛	賢	旺	康	法	英	智	総	央	雅	1
泰	央	雅	玲	恵	旺	範	明	洋	泰	総	清	2
理	総	清	紀	和	恵	康	華	英	理	泰	妙	3
彩	泰	妙	寛	将	和	旺	博	明	彩	理	佑	4
智	理	佑	雅	陽	将	恵	法	華	智	彩	央	5
洋	彩	央	清	賢	陽	和	範	博	洋	智	総	6
英	智	総	妙	玲	賢	将	康	法	英	洋	泰	7
明	洋	泰	佑	紀	玲	陽	旺	範	明	英	理	8
華	英	理	央	寛	紀	賢	恵	康	華	明	彩	9
博	明	彩	総	雅	寛	玲	和	旺	博	華	智	10
法	華	智	泰	清	雅	紀	将	恵	法	博	洋	11
範	博	洋	理	妙	清	寛	陽	和	範	法	英	12
康	法	英	彩	佑	妙	雅	賢	将	康	範	明	13
旺	範	明	智	央	佑	清	玲	陽	旺	康	華	14
恵	康	華	洋	総	央	妙	紀	賢	恵	旺	博	15
和	旺	博	英	泰	総	佑	寛	玲	和	恵	法	16
将	恵	法	明	理	泰	央	雅	紀	将	和	範	17
賢	和	範	華	彩	理	総	清	寛	陽	将	康	18
玲	和	康	博	智	彩	泰	妙	雅	賢	陽	旺	19
紀	将	旺	法	洋	智	理	佑	清	玲	賢	恵	20
寛	陽	恵	範	英	洋	彩	央	妙	紀	玲	和	21
雅	賢	和	康	華	英	智	総	佑	寛	紀	将	22
清	玲	将	旺	博	明	洋	泰	央	雅	寛	陽	23
妙	紀	陽	恵	法	洋	洋	理	総	清	雅	賢	24
佑	寛	賢	和	範	英	英	彩	泰	妙	清	玲	25
央	雅	玲	将	康	明	明	智	泰	佑	妙	紀	26
総	清	紀	陽	旺	華	華	洋	理	央	妙	寛	27
泰	妙	寛	賢	恵	博	博	英	彩	総	佑	雅	28
理	佑	雅	玲	和	法	法	明	智	泰	央	清	29
彩	央	清	紀	将	範	範	華	洋	理		妙	30
智		妙		陽	康		博		彩		佑	31

1962年（昭和37年）

12月	11月	10月	9月	8月	7月	6月	5月	4月	3月	2月	1月	
雅	玲	和	旺	博	洋	理	佑	清	玲	玲	和	1
清	紀	将	恵	法	洋	彩	央	妙	紀	紀	将	2
妙	寛	陽	和	範	英	智	総	佑	寛	寛	陽	3
佑	雅	賢	将	康	明	洋	泰	央	雅	雅	賢	4
央	清	玲	陽	旺	華	英	理	央	清	雅	玲	5
総	妙	紀	賢	恵	博	明	彩	総	妙	清	紀	6
泰	佑	寛	玲	和	法	華	智	泰	佑	妙	寛	7
理	央	雅	紀	将	範	博	洋	理	央	佑	雅	8
彩	総	清	寛	陽	康	法	英	彩	総	央	清	9
智	泰	妙	雅	賢	旺	範	明	智	泰	総	妙	10
洋	理	佑	清	玲	恵	康	華	洋	理	泰	佑	11
英	彩	央	妙	紀	和	旺	博	英	彩	理	央	12
明	智	総	佑	寛	将	恵	法	明	智	彩	総	13
華	洋	泰	央	雅	陽	和	範	華	洋	智	泰	14
博	英	理	総	清	賢	将	康	博	英	洋	理	15
法	明	彩	泰	妙	玲	陽	旺	法	明	英	彩	16
範	華	智	理	佑	紀	賢	恵	範	華	明	智	17
康	博	洋	彩	央	寛	玲	和	康	博	華	洋	18
旺	法	英	智	総	雅	紀	将	旺	法	博	英	19
恵	範	明	洋	泰	清	寛	陽	恵	範	法	明	20
和	康	華	英	理	妙	雅	賢	和	康	範	華	21
将	旺	博	明	彩	佑	清	玲	将	旺	康	博	22
陽	恵	法	華	智	央	妙	紀	陽	恵	旺	法	23
賢	和	範	博	洋	総	佑	寛	賢	和	恵	範	24
玲	将	康	法	英	泰	央	雅	玲	将	和	康	25
紀	陽	旺	範	明	理	総	清	紀	陽	将	旺	26
紀	賢	恵	康	華	彩	泰	妙	寛	賢	陽	恵	27
寛	玲	和	旺	博	智	理	佑	雅	玲	賢	和	28
雅	紀	将	旺	法	洋	彩	央	清	紀		将	29
清	寛	陽	恵	範	英	智	総	妙	寛		陽	30
妙		賢		康	華		泰		雅		賢	31

1963年（昭和38年）

12月	11月	10月	9月	8月	7月	6月	5月	4月	3月	2月	1月	
彩	泰	妙	寛	将	旺	法	華	英	理	理	佑	1
智	理	佑	雅	陽	恵	範	博	明	彩	彩	央	2
洋	彩	央	清	賢	和	康	法	華	智	智	総	3
英	智	総	妙	玲	将	旺	範	博	洋	洋	泰	4
明	洋	泰	佑	紀	陽	恵	康	法	英	英	理	5
華	英	理	央	寛	賢	和	旺	範	明	明	彩	6
博	明	彩	総	雅	玲	将	恵	康	華	華	智	7
法	華	智	泰	清	紀	陽	和	旺	博	博	洋	8
範	博	洋	理	妙	寛	賢	将	恵	法	法	英	9
康	法	英	彩	佑	雅	玲	陽	和	範	範	明	10
旺	範	明	智	央	清	紀	賢	将	康	康	華	11
恵	康	華	洋	総	妙	寛	玲	陽	旺	旺	博	12
和	旺	博	英	泰	佑	雅	紀	賢	恵	恵	法	13
将	恵	法	明	理	央	清	寛	玲	和	和	範	14
陽	和	範	華	彩	総	妙	雅	紀	将	将	康	15
賢	和	康	博	智	泰	佑	清	寛	陽	陽	旺	16
玲	将	旺	法	洋	理	央	妙	雅	賢	賢	恵	17
紀	陽	恵	範	英	彩	総	佑	清	玲	玲	和	18
寛	賢	和	康	華	智	泰	央	妙	紀	紀	将	19
雅	玲	将	旺	博	洋	理	総	佑	寛	寛	陽	20
清	紀	陽	恵	法	洋	彩	泰	央	雅	雅	賢	21
妙	寛	賢	和	範	英	智	理	総	清	清	玲	22
佑	雅	玲	将	康	明	洋	泰	泰	妙	妙	紀	23
央	清	紀	陽	旺	華	英	理	泰	佑	妙	寛	24
総	妙	寛	賢	恵	博	明	彩	理	央	佑	雅	25
泰	佑	雅	玲	和	法	華	智	彩	総	央	清	26
理	央	清	紀	将	範	博	洋	智	泰	総	妙	27
彩	総	妙	寛	陽	康	法	英	洋	理	泰	佑	28
智	泰	佑	雅	賢	旺	範	明	英	彩		央	29
洋	理	央	清	玲	恵	康	華	明	智		総	30
英		総		紀	和		博		洋		泰	31

1965年（昭和40年）

12月	11月	10月	9月	8月	7月	6月	5月	4月	3月	2月	1月	
央	清	玲	将	康	明	智	泰	央	雅	雅	玲	1
総	妙	紀	陽	旺	華	洋	理	央	清	雅	紀	2
泰	佑	寛	賢	恵	博	英	彩	総	妙	清	紀	3
理	央	雅	玲	和	法	明	智	泰	佑	妙	寛	4
彩	総	清	紀	将	範	華	洋	理	央	佑	雅	5
智	泰	妙	寛	陽	康	博	英	彩	総	央	清	6
洋	理	佑	雅	賢	旺	法	明	智	泰	総	妙	7
英	彩	央	清	玲	恵	範	華	洋	理	泰	佑	8
明	智	総	妙	紀	和	康	博	英	彩	理	央	9
華	洋	泰	佑	寛	将	旺	法	明	智	彩	総	10
博	英	理	央	雅	陽	恵	範	華	洋	智	泰	11
法	明	彩	総	清	賢	和	康	博	英	洋	理	12
範	華	智	泰	妙	玲	将	旺	法	明	英	彩	13
康	博	洋	理	佑	紀	陽	恵	範	華	明	智	14
旺	法	英	彩	央	寛	賢	和	康	博	華	洋	15
恵	範	明	智	総	雅	玲	将	旺	法	博	英	16
和	康	華	洋	泰	清	紀	陽	恵	範	法	明	17
将	旺	博	英	理	妙	寛	賢	和	康	範	華	18
陽	恵	法	明	彩	佑	雅	玲	将	旺	康	博	19
賢	和	範	華	智	央	清	紀	陽	恵	旺	法	20
玲	将	康	博	洋	総	妙	寛	賢	和	恵	範	21
紀	陽	旺	法	英	泰	佑	雅	玲	将	和	康	22
紀	賢	恵	範	明	理	央	清	紀	陽	将	旺	23
寛	玲	和	康	華	彩	総	妙	寛	賢	陽	恵	24
雅	紀	将	旺	博	智	泰	佑	雅	玲	賢	和	25
清	寛	陽	恵	法	洋	理	央	清	紀	玲	将	26
妙	雅	賢	和	範	英	彩	総	妙	寛	紀	陽	27
佑	清	玲	将	康	華	智	泰	佑	雅	寛	賢	28
央	妙	紀	陽	旺	博	洋	理	央	清		玲	29
総	佑	寛	賢	恵	法	英	彩	総	妙		紀	30
泰		雅		和	範		彩		佑		寛	31

1964年（昭和39年）

12月	11月	10月	9月	8月	7月	6月	5月	4月	3月	2月	1月	
和	康	博	洋	泰	妙	寛	賢	和	康	法	明	1
将	旺	法	英	理	佑	雅	玲	将	旺	範	華	2
陽	恵	範	明	彩	央	清	紀	陽	恵	康	博	3
賢	和	康	華	智	総	妙	寛	賢	和	旺	法	4
玲	将	旺	博	洋	泰	佑	雅	玲	将	恵	範	5
紀	陽	旺	範	英	理	央	清	紀	陽	和	康	6
寛	賢	恵	康	明	彩	総	妙	寛	賢	将	旺	7
雅	玲	和	旺	華	智	泰	佑	雅	玲	陽	恵	8
清	紀	将	恵	博	洋	理	央	清	紀	賢	和	9
妙	寛	陽	和	法	英	彩	総	妙	寛	玲	将	10
佑	雅	賢	将	範	明	智	泰	佑	雅	紀	陽	11
央	清	玲	陽	康	華	洋	泰	央	清	寛	賢	12
総	妙	紀	賢	旺	博	英	理	総	妙	雅	玲	13
泰	佑	寛	玲	恵	法	明	彩	泰	妙	清	紀	14
理	央	雅	紀	和	範	華	智	理	佑	妙	紀	15
彩	総	清	寛	将	康	博	洋	彩	央	佑	寛	16
智	泰	妙	雅	陽	旺	法	英	智	総	央	雅	17
洋	理	佑	清	賢	恵	範	明	洋	泰	総	清	18
英	彩	央	妙	玲	和	康	華	英	理	泰	妙	19
明	智	総	佑	紀	将	旺	博	明	彩	理	佑	20
華	洋	泰	央	寛	陽	恵	法	華	智	彩	央	21
博	英	理	総	雅	賢	和	範	博	洋	智	総	22
法	明	彩	泰	清	玲	将	康	法	英	洋	泰	23
範	華	智	理	妙	紀	陽	旺	範	明	英	理	24
康	博	洋	彩	佑	寛	賢	恵	康	華	明	彩	25
旺	法	英	智	央	雅	玲	和	旺	博	華	智	26
恵	範	明	洋	総	清	紀	将	恵	法	博	洋	27
和	康	華	英	泰	妙	寛	陽	和	範	法	英	28
将	旺	博	明	理	佑	雅	賢	将	康	範	明	29
陽	恵	法	華	彩	央	清	玲	陽	旺		華	30
賢		範		智	総		紀		恵		博	31

1967年（昭和42年）

12月	11月	10月	9月	8月	7月	6月	5月	4月	3月	2月	1月	
陽	恵	範	明	理	央	妙	紀	賢	和	恵	範	1
賢	和	康	華	彩	総	佑	寛	玲	将	和	康	2
玲	将	旺	博	智	泰	央	雅	紀	陽	将	旺	3
紀	陽	旺	範	洋	理	総	清	寛	賢	陽	恵	4
寛	賢	恵	康	英	彩	泰	妙	雅	玲	賢	和	5
雅	玲	和	旺	華	智	理	佑	清	紀	玲	将	6
清	紀	将	恵	博	洋	彩	央	妙	寛	紀	陽	7
妙	寛	陽	和	法	洋	彩	総	佑	雅	寛	賢	8
佑	雅	賢	将	範	英	智	泰	央	清	雅	玲	9
央	清	玲	陽	康	明	洋	理	央	妙	清	紀	10
総	妙	紀	賢	旺	華	英	彩	総	妙	妙	紀	11
泰	佑	寛	玲	恵	博	明	智	泰	佑	佑	寛	12
理	央	雅	紀	和	法	華	洋	理	央	央	雅	13
彩	総	清	寛	将	範	博	英	彩	総	総	清	14
智	泰	妙	雅	陽	康	法	明	智	泰	泰	妙	15
洋	理	佑	清	賢	旺	範	華	洋	理	理	佑	16
英	彩	央	妙	玲	恵	康	博	英	彩	彩	央	17
明	智	総	佑	紀	和	旺	法	明	智	智	総	18
華	洋	泰	央	寛	将	恵	範	華	洋	洋	泰	19
博	英	理	総	雅	陽	和	康	博	英	英	理	20
法	明	彩	泰	清	賢	将	旺	法	明	明	彩	21
範	華	智	理	妙	玲	陽	恵	範	華	華	智	22
康	博	洋	彩	佑	紀	賢	和	康	博	博	洋	23
旺	法	英	智	央	寛	玲	将	旺	法	法	英	24
恵	範	明	洋	総	雅	紀	陽	恵	範	範	明	25
和	康	華	英	泰	清	寛	賢	和	康	康	華	26
将	旺	博	明	理	妙	雅	玲	将	旺	旺	博	27
陽	恵	法	華	彩	佑	清	紀	陽	恵	恵	法	28
賢	和	範	博	智	央	妙	寛	賢	和		範	29
玲	将	康	法	洋	総	佑	雅	玲	将		康	30
紀		旺		英	泰		清		陽		旺	31

1966年（昭和41年）

12月	11月	10月	9月	8月	7月	6月	5月	4月	3月	2月	1月	
明	智	総	妙	玲	和	旺	博	博	英	洋	理	1
華	洋	泰	佑	紀	将	恵	法	法	明	英	彩	2
博	英	理	央	寛	陽	和	範	範	華	明	智	3
法	明	彩	総	雅	賢	将	康	康	博	華	洋	4
範	華	智	泰	清	玲	陽	旺	旺	法	博	英	5
康	博	洋	理	妙	紀	賢	恵	恵	範	法	明	6
旺	法	英	彩	佑	寛	玲	和	和	康	範	華	7
恵	範	明	智	央	雅	紀	将	将	旺	康	博	8
和	康	華	洋	総	清	寛	陽	陽	恵	旺	法	9
将	旺	博	英	泰	妙	雅	賢	賢	和	恵	範	10
陽	恵	法	明	理	佑	清	玲	玲	将	和	康	11
賢	和	範	華	彩	央	妙	紀	紀	陽	将	旺	12
玲	将	康	博	智	総	佑	寛	寛	賢	陽	恵	13
紀	陽	旺	法	洋	泰	央	雅	雅	玲	賢	和	14
寛	賢	恵	範	英	理	総	清	清	紀	玲	将	15
雅	玲	和	康	華	彩	泰	妙	妙	寛	紀	陽	16
清	紀	将	旺	博	智	理	佑	佑	雅	寛	賢	17
妙	寛	陽	恵	法	洋	彩	央	央	清	雅	玲	18
佑	雅	賢	和	範	英	彩	総	総	妙	清	紀	19
央	清	玲	将	康	明	智	泰	泰	佑	妙	寛	20
総	妙	紀	陽	旺	華	洋	理	央	央	佑	雅	21
泰	佑	寛	賢	恵	博	英	彩	総	央	央	雅	22
理	央	雅	玲	和	法	明	智	泰	総	総	清	23
彩	総	清	紀	将	範	華	洋	理	泰	泰	妙	24
智	泰	妙	寛	陽	康	博	英	彩	理	理	佑	25
洋	理	佑	雅	賢	旺	法	明	智	彩	彩	央	26
英	彩	央	清	玲	恵	範	華	洋	智	智	総	27
明	智	総	妙	紀	和	康	博	英	洋	洋	泰	28
華	洋	泰	佑	寛	将	旺	法	明	英		理	29
博	英	理	央	雅	陽	恵	範	華	明		彩	30
法		彩		清	賢		康		華		智	31

1968年（昭和43年）

12月	11月	10月	9月	8月	7月	6月	5月	4月	3月	2月	1月	
央	清	紀	将	和	法	華	智	理	央	妙	寛	1
総	妙	寛	陽	将	範	博	洋	彩	総	佑	雅	2
泰	佑	雅	賢	陽	康	法	英	智	泰	央	清	3
理	央	清	玲	賢	旺	範	明	洋	理	総	妙	4
彩	総	妙	紀	玲	恵	康	華	英	彩	泰	佑	5
智	泰	佑	寛	紀	和	旺	博	明	智	理	央	6
洋	理	央	雅	寛	将	恵	法	華	洋	彩	総	7
英	彩	総	清	雅	陽	和	範	博	英	智	泰	8
明	智	泰	妙	清	賢	将	康	法	明	洋	理	9
華	洋	理	佑	妙	玲	陽	旺	範	華	英	彩	10
博	英	彩	央	佑	紀	賢	恵	康	博	明	智	11
法	明	智	総	央	寛	玲	和	旺	法	華	洋	12
範	華	洋	泰	総	雅	紀	将	恵	範	博	英	13
康	博	英	理	泰	清	寛	陽	和	康	法	明	14
旺	法	明	彩	理	妙	雅	賢	将	旺	範	華	15
恵	範	華	智	彩	佑	清	玲	陽	恵	康	博	16
和	康	博	洋	智	央	妙	紀	賢	和	旺	法	17
将	旺	法	英	洋	総	佑	寛	玲	将	恵	範	18
陽	恵	範	明	英	泰	央	雅	紀	陽	和	康	19
賢	和	康	華	明	理	総	清	寛	賢	将	旺	20
玲	将	旺	博	華	彩	泰	妙	雅	玲	陽	恵	21
紀	陽	旺	範	博	智	理	佑	清	紀	賢	和	22
寛	賢	恵	康	法	洋	彩	央	妙	寛	玲	将	23
雅	玲	和	旺	華	英	智	総	佑	雅	紀	陽	24
清	紀	将	恵	博	華	洋	泰	央	清	寛	賢	25
妙	寛	陽	和	法	博	洋	理	総	妙	雅	玲	26
佑	雅	賢	将	範	法	英	彩	泰	佑	清	紀	27
央	清	玲	陽	康	範	明	智	泰	央	妙	寛	28
総	妙	紀	賢	旺	康	華	洋	理	央	佑	雅	29
泰	佑	寛	玲	恵	旺	博	英	彩	総		雅	30
理		雅		和	恵		明		泰		清	31

1969年（昭和44年）

12月	11月	10月	9月	8月	7月	6月	5月	4月	3月	2月	1月	
博	明	彩	総	清	玲	陽	旺	範	明	明	彩	1
法	華	智	泰	妙	紀	賢	恵	康	華	華	智	2
範	博	洋	理	佑	寛	玲	和	旺	博	博	洋	3
康	法	英	彩	央	雅	紀	将	恵	法	法	英	4
旺	範	明	智	総	清	寛	陽	和	範	範	明	5
恵	康	華	洋	泰	妙	雅	賢	将	康	康	華	6
和	旺	博	英	理	佑	清	玲	陽	旺	旺	博	7
将	恵	法	明	彩	央	妙	紀	賢	恵	恵	法	8
賢	和	範	華	智	総	佑	寛	玲	和	和	範	9
玲	和	康	博	洋	泰	央	雅	紀	将	将	康	10
紀	将	旺	法	英	理	総	清	寛	陽	陽	旺	11
寛	陽	恵	範	明	彩	泰	妙	雅	賢	賢	恵	12
雅	賢	和	康	華	智	理	佑	清	玲	玲	和	13
清	玲	将	旺	博	洋	彩	央	妙	紀	紀	将	14
妙	紀	陽	恵	法	英	彩	総	佑	寛	寛	陽	15
佑	寛	賢	和	範	明	智	泰	央	雅	雅	賢	16
央	雅	玲	将	康	華	洋	理	央	清	雅	玲	17
総	清	紀	陽	旺	博	英	彩	総	妙	清	紀	18
泰	妙	寛	賢	恵	法	明	智	泰	佑	妙	寛	19
理	佑	雅	玲	和	範	華	洋	理	央	佑	雅	20
彩	央	清	紀	将	康	博	英	彩	総	央	清	21
智	総	妙	寛	陽	旺	法	明	智	泰	総	妙	22
洋	泰	佑	雅	賢	恵	範	華	洋	理	泰	佑	23
英	理	央	清	玲	和	康	博	英	彩	理	央	24
明	彩	総	妙	紀	将	旺	法	明	智	彩	総	25
華	智	泰	佑	寛	陽	恵	範	華	洋	智	泰	26
博	洋	理	央	雅	賢	和	康	博	英	洋	理	27
法	英	彩	総	清	玲	将	旺	法	明	英	彩	28
範	明	智	泰	妙	紀	陽	恵	範	華		智	29
康	華	洋	理	佑	寛	賢	和	康	博		洋	30
旺		英		央	雅		将		法		英	31

1970年（昭和45年）

12月	11月	10月	9月	8月	7月	6月	5月	4月	3月	2月	1月	
紀	陽	恵	範	英	彩	泰	妙	寛	賢	陽	恵	1
寛	賢	和	康	華	智	理	佑	雅	玲	賢	和	2
雅	玲	将	旺	博	洋	彩	央	清	紀	玲	将	3
清	紀	陽	恵	法	洋	彩	総	妙	寛	紀	陽	4
妙	寛	賢	和	範	英	智	泰	佑	雅	寛	賢	5
佑	雅	玲	将	康	明	洋	理	央	清	雅	玲	6
央	清	紀	陽	旺	華	英	彩	総	妙	清	紀	7
総	妙	寛	賢	恵	博	明	智	泰	妙	妙	紀	8
泰	佑	雅	玲	和	法	華	洋	理	佑	佑	寛	9
理	央	清	紀	将	範	博	英	彩	央	央	雅	10
彩	総	妙	寛	陽	康	法	明	智	総	総	清	11
智	泰	佑	雅	賢	旺	範	華	洋	泰	泰	妙	12
洋	理	央	清	玲	恵	康	博	英	理	理	佑	13
英	彩	総	妙	紀	和	旺	法	明	彩	彩	央	14
明	智	泰	佑	寛	将	恵	範	華	智	智	総	15
華	洋	理	央	雅	陽	和	康	博	洋	洋	泰	16
博	英	彩	総	清	賢	将	旺	法	英	英	理	17
法	明	智	泰	妙	玲	陽	恵	範	明	明	彩	18
範	華	洋	理	佑	紀	賢	和	康	華	華	智	19
康	博	英	彩	央	寛	玲	将	旺	博	博	洋	20
旺	法	明	智	総	雅	紀	陽	恵	法	法	英	21
恵	範	華	洋	泰	清	寛	賢	和	範	範	明	22
和	康	博	英	理	妙	雅	玲	将	康	康	華	23
将	旺	法	明	彩	佑	清	紀	陽	旺	旺	博	24
陽	恵	範	華	智	央	妙	寛	賢	恵	恵	法	25
賢	和	康	博	洋	総	佑	雅	玲	和	和	範	26
玲	将	旺	法	英	泰	央	清	紀	将	将	康	27
紀	陽	恵	範	明	理	総	妙	寛	陽	陽	旺	28
寛	賢	和	康	華	彩	泰	佑	雅	賢		恵	29
雅	玲	和	旺	博	智	理	央	清	玲		和	30
清		将		法	洋		総		紀		将	31

1971年（昭和46年）

12月	11月	10月	9月	8月	7月	6月	5月	4月	3月	2月	1月	
泰	央	清	玲	和	範	範	明	智	泰	総	妙	1
理	総	妙	紀	将	康	康	華	洋	理	泰	佑	2
彩	泰	佑	寛	陽	旺	旺	博	英	彩	理	央	3
智	理	央	雅	賢	恵	恵	法	明	智	彩	総	4
洋	彩	総	清	玲	和	和	範	華	洋	智	泰	5
英	智	泰	妙	紀	将	将	康	博	英	洋	理	6
明	洋	理	佑	寛	陽	陽	旺	法	明	英	彩	7
華	英	彩	央	雅	賢	賢	恵	範	華	明	智	8
博	明	智	総	清	玲	玲	和	康	博	華	洋	9
法	華	洋	泰	妙	紀	紀	将	旺	法	博	英	10
範	博	英	理	佑	寛	寛	陽	恵	範	法	明	11
康	法	明	彩	央	雅	雅	賢	和	康	範	華	12
旺	範	華	智	総	清	清	玲	将	旺	康	博	13
恵	康	博	洋	泰	妙	妙	紀	陽	恵	旺	法	14
和	旺	法	英	理	佑	佑	寛	賢	和	恵	範	15
将	恵	範	明	彩	央	央	雅	玲	将	和	康	16
陽	和	康	華	智	総	総	清	紀	陽	将	旺	17
賢	和	旺	博	洋	泰	泰	妙	寛	賢	陽	恵	18
玲	将	旺	範	英	理	理	佑	雅	玲	賢	和	19
紀	陽	恵	康	明	彩	彩	央	清	紀	玲	将	20
寛	賢	和	旺	華	智	智	総	妙	寛	紀	陽	21
雅	玲	将	恵	博	洋	洋	泰	佑	雅	寛	賢	22
清	紀	陽	和	法	英	彩	理	央	清	雅	玲	23
妙	寛	賢	将	範	明	智	彩	総	妙	清	紀	24
佑	雅	玲	陽	康	華	洋	智	泰	佑	妙	寛	25
央	清	紀	賢	旺	博	英	洋	理	央	佑	雅	26
総	妙	寛	玲	恵	法	明	英	彩	央	央	雅	27
泰	佑	雅	紀	和	範	華	明	智	総	総	清	28
理	央	清	寛	将	康	博	華	洋	泰		妙	29
彩	総	妙	雅	陽	旺	法	博	英	理		佑	30
智		佑		賢	恵		法		彩		央	31

1972年（昭和47年）

	12月	11月	10月	9月	8月	7月	6月	5月	4月	3月	2月	1月
1	旺	範	明	智	央	清	紀	将	恵	法	博	洋
2	恵	康	華	洋	総	妙	寛	陽	和	範	法	英
3	和	旺	博	英	泰	佑	雅	賢	将	康	範	明
4	将	恵	法	明	理	央	清	玲	陽	旺	康	華
5	陽	和	範	華	彩	総	妙	紀	賢	恵	旺	博
6	賢	和	康	博	智	泰	佑	寛	玲	和	恵	法
7	玲	将	旺	法	洋	理	央	雅	紀	将	和	範
8	紀	陽	恵	範	英	彩	総	清	寛	陽	将	康
9	寛	賢	和	康	華	智	泰	妙	雅	賢	陽	旺
10	雅	玲	将	旺	博	洋	理	佑	清	玲	賢	恵
11	清	紀	陽	恵	法	洋	彩	央	妙	紀	玲	和
12	妙	寛	賢	和	範	英	智	総	佑	寛	紀	将
13	佑	雅	玲	将	康	明	洋	泰	央	雅	寛	陽
14	央	清	紀	陽	旺	華	英	理	央	清	雅	賢
15	総	妙	寛	賢	恵	博	明	彩	総	妙	雅	玲
16	泰	佑	雅	玲	和	法	華	智	泰	佑	清	紀
17	理	央	清	紀	将	範	博	洋	理	央	妙	寛
18	彩	総	妙	寛	陽	康	法	英	彩	総	佑	雅
19	智	泰	佑	雅	賢	旺	範	明	智	泰	央	清
20	洋	理	央	清	玲	恵	康	華	洋	理	総	妙
21	英	彩	総	妙	紀	和	旺	博	英	彩	泰	佑
22	明	智	泰	佑	寛	将	恵	法	明	智	理	央
23	華	洋	理	央	雅	陽	和	範	華	洋	彩	総
24	博	英	彩	総	清	賢	将	康	博	英	智	泰
25	法	明	智	泰	妙	玲	陽	旺	法	明	洋	理
26	範	華	洋	理	佑	紀	賢	恵	範	華	英	彩
27	康	博	英	彩	央	寛	玲	和	康	博	明	智
28	旺	法	明	智	総	雅	紀	将	旺	法	華	洋
29	恵	範	華	洋	泰	清	寛	陽	恵	範	博	英
30	和	康	博	英	理	妙	雅	賢	和	康		明
31	将		法		彩	佑		玲		旺		華

1973年（昭和48年）

	12月	11月	10月	9月	8月	7月	6月	5月	4月	3月	2月	1月
1	妙	寛	賢	和	法	英	彩	総	妙	寛	紀	陽
2	佑	雅	玲	将	範	明	智	泰	佑	雅	寛	賢
3	央	清	紀	陽	康	華	洋	泰	央	清	雅	玲
4	総	妙	寛	賢	旺	博	英	理	総	妙	清	紀
5	泰	佑	雅	玲	恵	法	明	彩	泰	妙	妙	紀
6	理	央	清	紀	和	範	華	智	理	佑	佑	寛
7	彩	総	妙	寛	将	康	博	洋	彩	央	央	雅
8	智	泰	佑	雅	陽	旺	法	英	智	総	総	清
9	洋	理	央	清	賢	恵	範	明	洋	泰	泰	妙
10	英	彩	総	妙	玲	和	康	華	英	理	理	佑
11	明	智	泰	佑	紀	将	旺	博	明	彩	彩	央
12	華	洋	理	央	寛	陽	恵	法	華	智	智	総
13	博	英	彩	総	雅	賢	和	範	博	洋	洋	泰
14	法	明	智	泰	清	玲	将	康	法	英	英	理
15	範	華	洋	理	妙	紀	陽	旺	範	明	明	彩
16	康	博	英	彩	佑	寛	賢	恵	康	華	華	智
17	旺	法	明	智	央	雅	玲	和	旺	博	博	洋
18	恵	範	華	洋	総	清	紀	将	恵	法	法	英
19	和	康	博	英	泰	妙	寛	陽	和	範	範	明
20	将	旺	法	明	理	佑	雅	賢	将	康	康	華
21	陽	恵	範	華	彩	央	清	玲	陽	旺	旺	博
22	賢	和	康	博	智	総	妙	紀	賢	恵	恵	法
23	玲	将	旺	法	洋	泰	佑	寛	玲	和	和	範
24	紀	陽	恵	範	英	理	央	雅	紀	将	将	康
25	紀	賢	和	康	明	彩	総	清	寛	陽	陽	旺
26	寛	玲	和	旺	華	智	泰	妙	雅	賢	賢	恵
27	雅	紀	将	恵	博	洋	理	佑	清	玲	玲	和
28	清	寛	陽	和	範	英	彩	央	妙	紀	紀	将
29	妙	雅	賢	将	康	明	智	総	佑	寛		陽
30	佑	清	玲	陽	旺	華	洋	泰	央	雅		賢
31	央		紀		恵	博		理		清		玲

1974年（昭和49年）

12月	11月	10月	9月	8月	7月	6月	5月	4月	3月	2月	1月	
洋	彩	央	雅	賢	恵	範	法	明	智	智	総	1
英	智	総	清	玲	和	康	範	華	洋	洋	泰	2
明	洋	泰	妙	紀	将	旺	康	博	英	英	理	3
華	英	理	佑	寛	陽	恵	旺	法	明	明	彩	4
博	明	彩	央	雅	賢	和	恵	範	華	華	智	5
法	華	智	総	清	玲	将	和	康	博	博	洋	6
範	博	洋	泰	妙	紀	陽	将	旺	法	法	英	7
康	法	英	理	佑	寛	賢	陽	恵	範	範	明	8
旺	範	明	彩	央	雅	玲	賢	和	康	康	華	9
恵	康	華	智	総	清	紀	玲	将	旺	旺	博	10
和	旺	博	洋	泰	妙	寛	紀	陽	恵	恵	法	11
将	恵	法	英	理	佑	雅	寛	賢	和	和	範	12
陽	和	範	明	彩	央	清	雅	玲	将	将	康	13
賢	和	康	華	智	総	妙	清	紀	陽	陽	旺	14
玲	将	旺	博	洋	泰	佑	妙	寛	賢	賢	恵	15
紀	陽	恵	範	英	理	央	佑	雅	玲	玲	和	16
寛	賢	和	康	明	彩	総	央	清	紀	紀	将	17
雅	玲	将	旺	華	智	泰	総	妙	寛	寛	陽	18
清	紀	陽	恵	博	洋	理	泰	佑	雅	雅	賢	19
妙	寛	賢	和	法	英	彩	理	央	清	清	玲	20
佑	雅	玲	将	範	明	智	彩	総	妙	妙	紀	21
央	清	紀	陽	康	華	洋	泰	泰	佑	妙	寛	22
総	妙	寛	賢	旺	博	英	理	理	央	佑	雅	23
泰	佑	雅	玲	恵	法	明	彩	彩	央	央	清	24
理	央	清	紀	和	範	華	智	智	総	総	妙	25
彩	総	妙	寛	将	康	博	洋	洋	泰	泰	佑	26
智	泰	佑	雅	陽	旺	法	英	英	理	理	央	27
洋	理	央	清	賢	恵	範	明	明	彩	彩	総	28
英	彩	総	妙	玲	和	康	華	華	智		泰	29
明	智	泰	佑	紀	将	旺	博	博	洋		理	30
華		理		寛	陽		法		英		彩	31

1975年（昭和50年）

12月	11月	10月	9月	8月	7月	6月	5月	4月	3月	2月	1月	
将	旺	博	英	泰	妙	雅	賢	将	旺	旺	博	1
陽	恵	法	明	理	佑	清	玲	陽	恵	恵	法	2
賢	和	範	華	彩	央	妙	紀	賢	和	和	範	3
玲	将	康	博	智	総	佑	寛	玲	将	将	康	4
紀	陽	旺	法	洋	泰	央	雅	紀	陽	陽	旺	5
寛	賢	恵	範	英	理	総	清	寛	賢	賢	恵	6
雅	玲	和	康	華	彩	泰	妙	雅	玲	玲	和	7
清	紀	将	旺	博	智	理	佑	清	紀	紀	将	8
妙	寛	陽	恵	法	洋	彩	央	妙	寛	寛	陽	9
佑	雅	賢	和	範	英	彩	総	佑	雅	雅	賢	10
央	清	玲	将	康	明	智	泰	央	清	雅	玲	11
総	妙	紀	陽	旺	華	洋	理	央	妙	清	紀	12
泰	佑	寛	賢	恵	博	英	彩	総	妙	妙	寛	13
理	央	雅	玲	和	法	明	智	泰	佑	佑	雅	14
彩	総	清	紀	将	範	華	洋	理	央	央	清	15
智	泰	妙	寛	陽	康	博	英	彩	総	総	妙	16
洋	理	佑	雅	賢	旺	法	明	智	泰	泰	佑	17
英	彩	央	清	玲	恵	範	華	洋	理	理	央	18
明	智	総	妙	紀	和	康	博	英	彩	彩	総	19
華	洋	泰	佑	寛	将	旺	法	明	智	智	泰	20
博	英	理	央	雅	陽	恵	範	華	洋	洋	理	21
法	明	彩	総	清	賢	和	康	博	英	英	彩	22
範	華	智	泰	妙	玲	将	旺	法	明	明	智	23
康	博	洋	理	佑	紀	陽	恵	範	華	華	洋	24
旺	法	英	彩	央	寛	賢	和	康	博	博	英	25
恵	範	明	智	総	雅	玲	将	旺	法	法	明	26
和	康	華	洋	泰	清	紀	陽	恵	範	範	華	27
将	旺	博	英	理	妙	寛	賢	和	康	康	博	28
陽	恵	法	明	彩	佑	雅	玲	将	旺		法	29
賢	和	範	華	智	央	清	紀	陽	恵		範	30
玲		康		洋	総		寛		和		康	31

1977年（昭和52年）

12月	11月	10月	9月	8月	7月	6月	5月	4月	3月	2月	1月	
華	洋	理	佑	寛	陽	和	康	博	英	英	理	1
博	英	彩	央	雅	賢	将	旺	法	明	明	彩	2
法	明	智	総	清	玲	陽	恵	範	華	華	智	3
範	華	洋	泰	妙	紀	賢	和	康	博	博	洋	4
康	博	英	理	佑	寛	玲	将	旺	法	法	英	5
旺	法	明	彩	央	雅	紀	陽	恵	範	範	明	6
恵	範	華	智	総	清	寛	賢	和	康	康	華	7
和	康	博	洋	泰	妙	雅	玲	将	旺	旺	博	8
将	旺	法	英	理	佑	清	紀	陽	恵	恵	法	9
陽	恵	範	明	彩	央	妙	寛	賢	和	和	範	10
賢	和	康	華	智	総	佑	雅	玲	将	将	康	11
玲	将	旺	博	洋	泰	央	清	紀	陽	陽	旺	12
紀	陽	旺	範	英	理	総	妙	寛	賢	賢	恵	13
寛	賢	恵	康	明	彩	泰	佑	雅	玲	玲	和	14
雅	玲	和	旺	華	智	理	央	清	紀	紀	将	15
清	紀	将	恵	博	洋	彩	総	妙	寛	寛	陽	16
妙	寛	陽	和	法	英	彩	泰	佑	雅	雅	賢	17
佑	雅	賢	将	範	明	智	泰	央	清	雅	玲	18
央	清	玲	陽	康	華	洋	理	総	妙	清	紀	19
総	妙	紀	賢	旺	博	英	彩	泰	妙	妙	寛	20
泰	佑	寛	玲	恵	法	明	智	理	佑	佑	雅	21
理	央	雅	紀	和	範	華	洋	彩	央	央	清	22
彩	総	清	寛	将	康	博	英	智	総	総	妙	23
智	泰	妙	雅	陽	旺	法	明	洋	泰	泰	佑	24
洋	理	佑	清	賢	恵	範	華	英	理	理	央	25
英	彩	央	妙	玲	和	康	博	明	彩	彩	総	26
明	智	総	佑	紀	将	旺	法	華	智	智	泰	27
華	洋	泰	央	寛	陽	恵	範	博	洋	洋	理	28
博	英	理	総	雅	賢	和	康	法	英		彩	29
法	明	彩	泰	清	玲	将	旺	範	明		智	30
範		智		妙	紀		恵		華		洋	31

1976年（昭和51年）

12月	11月	10月	9月	8月	7月	6月	5月	4月	3月	2月	1月	
妙	雅	賢	賢	旺	博	英	彩	総	妙	清	紀	1
佑	清	玲	玲	恵	法	明	智	泰	佑	妙	寛	2
央	妙	紀	紀	和	範	華	洋	理	央	佑	雅	3
総	佑	寛	寛	将	康	博	英	彩	総	央	清	4
泰	央	雅	雅	陽	旺	法	明	智	泰	総	妙	5
理	総	清	清	賢	恵	範	華	洋	理	泰	佑	6
彩	泰	妙	妙	玲	和	康	博	英	彩	理	央	7
智	理	佑	佑	紀	将	旺	法	明	智	彩	総	8
洋	彩	央	央	寛	陽	恵	範	華	洋	智	泰	9
英	智	総	総	雅	賢	和	康	博	英	洋	理	10
明	洋	泰	泰	清	玲	将	旺	法	明	英	彩	11
華	英	理	理	妙	紀	陽	恵	範	華	明	智	12
博	明	彩	彩	佑	寛	賢	和	康	博	華	洋	13
法	華	智	智	央	雅	玲	将	旺	法	博	英	14
範	博	洋	洋	総	清	紀	陽	恵	範	法	明	15
康	法	英	英	泰	妙	寛	賢	和	康	範	華	16
旺	範	明	明	理	佑	雅	玲	将	旺	康	博	17
恵	康	華	華	彩	央	清	紀	陽	恵	旺	法	18
和	旺	博	博	智	総	妙	寛	賢	和	恵	範	19
将	恵	法	法	洋	泰	佑	雅	玲	将	和	康	20
賢	和	範	範	英	理	央	清	紀	陽	将	旺	21
玲	和	康	康	明	彩	総	妙	寛	賢	陽	恵	22
紀	将	旺	旺	華	智	泰	佑	雅	玲	賢	和	23
寛	陽	恵	範	博	洋	理	央	清	紀	玲	将	24
雅	賢	和	康	範	英	彩	総	妙	寛	紀	陽	25
清	玲	将	旺	康	明	智	泰	佑	雅	寛	賢	26
妙	紀	陽	恵	旺	華	洋	理	央	清	雅	玲	27
佑	寛	賢	和	恵	博	英	彩	総	妙	清	紀	28
央	雅	玲	将	和	法	明	彩	泰	佑	妙	寛	29
総	清	紀	陽	将	範	華	智	理	央		雅	30
泰		寛		陽	康		洋		央		雅	31

1978年（昭和53年）

12月	11月	10月	9月	8月	7月	6月	5月	4月	3月	2月	1月	
玲	和	康	博	洋	泰	央	雅	紀	陽	将	康	1
紀	将	旺	法	英	理	総	清	寛	賢	陽	旺	2
寛	陽	恵	範	明	彩	泰	妙	雅	玲	賢	恵	3
雅	賢	和	康	華	智	理	佑	清	紀	玲	和	4
清	玲	将	旺	博	洋	彩	央	妙	寛	紀	将	5
妙	紀	陽	恵	法	英	彩	総	佑	雅	寛	陽	6
佑	寛	賢	和	範	明	智	泰	央	清	雅	賢	7
央	雅	玲	将	康	華	洋	理	央	妙	清	玲	8
総	清	紀	陽	旺	博	英	彩	総	妙	妙	紀	9
泰	妙	寛	賢	恵	法	明	智	泰	佑	佑	寛	10
理	佑	雅	玲	和	範	華	洋	理	央	央	雅	11
彩	央	清	紀	将	康	博	英	彩	総	総	清	12
智	総	妙	寛	陽	旺	法	明	智	泰	泰	妙	13
洋	泰	佑	雅	賢	恵	範	華	洋	理	理	佑	14
英	理	央	清	玲	和	康	博	英	彩	彩	央	15
明	彩	総	妙	紀	将	旺	法	明	智	智	総	16
華	智	泰	佑	寛	陽	恵	範	華	洋	洋	泰	17
博	洋	理	央	雅	賢	和	康	博	英	英	理	18
法	英	彩	総	清	玲	将	旺	法	明	明	彩	19
範	明	智	泰	妙	紀	陽	恵	範	華	華	智	20
康	華	洋	理	佑	寛	賢	和	康	博	博	洋	21
旺	博	英	彩	央	雅	玲	将	旺	法	法	英	22
恵	法	明	智	総	清	紀	陽	恵	範	範	明	23
和	範	華	洋	泰	妙	寛	賢	和	康	康	華	24
将	康	博	英	理	佑	雅	玲	将	旺	旺	博	25
陽	旺	法	明	彩	央	清	紀	陽	恵	恵	法	26
賢	恵	範	華	智	総	妙	寛	賢	和	和	範	27
玲	和	康	博	洋	泰	佑	雅	玲	将	将	康	28
紀	将	旺	法	英	理	央	清	紀	陽		旺	29
紀	陽	恵	範	明	彩	総	妙	寛	賢		恵	30
寛		和		華	智		佑		玲		和	31

1979年（昭和54年）

12月	11月	10月	9月	8月	7月	6月	5月	4月	3月	2月	1月	
央	妙	寛	陽	旺	康	博	英	彩	央	央	雅	1
総	佑	雅	賢	恵	旺	法	明	智	総	総	清	2
泰	央	清	玲	和	恵	範	華	洋	泰	泰	妙	3
理	総	妙	紀	将	和	康	博	英	理	理	佑	4
彩	泰	佑	寛	陽	将	旺	法	明	彩	彩	央	5
智	理	央	雅	賢	陽	恵	範	華	智	智	総	6
洋	彩	総	清	玲	賢	和	康	博	洋	洋	泰	7
英	智	泰	妙	紀	玲	将	旺	法	英	英	理	8
明	洋	理	佑	寛	紀	陽	恵	範	明	明	彩	9
華	英	彩	央	雅	寛	賢	和	康	華	華	智	10
博	明	智	総	清	雅	玲	将	旺	博	博	洋	11
法	華	洋	泰	妙	清	紀	陽	恵	法	法	英	12
範	博	英	理	佑	妙	寛	賢	和	範	範	明	13
康	法	明	彩	央	佑	雅	玲	将	康	康	華	14
旺	範	華	智	総	央	清	紀	陽	旺	旺	博	15
恵	康	博	洋	泰	総	妙	寛	賢	恵	恵	法	16
和	旺	法	英	理	泰	佑	雅	玲	和	和	範	17
将	恵	範	明	彩	理	央	清	紀	将	将	康	18
賢	和	康	華	智	彩	総	妙	寛	陽	陽	旺	19
玲	和	旺	博	洋	智	泰	佑	雅	賢	賢	恵	20
紀	将	旺	範	英	洋	理	央	清	玲	玲	和	21
寛	陽	恵	康	明	英	彩	総	妙	紀	紀	将	22
雅	賢	和	旺	華	明	智	泰	佑	寛	寛	陽	23
清	玲	将	恵	博	洋	洋	理	央	雅	雅	賢	24
妙	紀	陽	和	法	英	英	彩	総	清	清	玲	25
佑	寛	賢	将	範	明	明	彩	泰	妙	妙	紀	26
央	雅	玲	陽	康	華	華	智	理	佑	妙	寛	27
総	清	紀	賢	旺	博	博	洋	彩	央	佑	雅	28
泰	妙	寛	玲	恵	法	法	英	智	総		清	29
理	佑	雅	紀	和	範	範	明	洋	泰		妙	30
彩		清		将	康		華		理		佑	31

1980年（昭和55年）

12月	11月	10月	9月	8月	7月	6月	5月	4月	3月	2月	1月	
範	博	英	理	佑	寛	玲	和	康	博	明	智	1
康	法	明	彩	央	雅	紀	将	旺	法	華	洋	2
旺	範	華	智	総	清	寛	陽	恵	範	博	英	3
恵	康	博	洋	泰	妙	雅	賢	和	康	法	明	4
和	旺	法	英	理	佑	清	玲	将	旺	範	華	5
将	恵	範	明	彩	央	妙	紀	陽	恵	康	博	6
賢	和	康	華	智	総	佑	寛	賢	和	旺	法	7
玲	和	旺	博	洋	泰	央	雅	玲	将	恵	範	8
紀	将	旺	範	英	理	総	清	紀	陽	和	康	9
寛	陽	恵	康	明	彩	泰	妙	寛	賢	将	旺	10
雅	賢	和	旺	華	智	理	佑	雅	玲	陽	恵	11
清	玲	将	恵	博	洋	彩	央	清	紀	賢	和	12
妙	紀	陽	和	法	英	彩	総	妙	寛	玲	将	13
佑	寛	賢	将	範	明	智	泰	佑	雅	紀	陽	14
央	雅	玲	陽	康	華	洋	理	央	清	寛	賢	15
総	清	紀	賢	旺	博	英	彩	総	妙	雅	玲	16
泰	妙	寛	玲	恵	法	明	智	泰	妙	清	紀	17
理	佑	雅	紀	和	範	華	洋	理	佑	妙	紀	18
彩	央	清	寛	将	康	博	英	彩	央	佑	寛	19
智	総	妙	雅	陽	旺	法	明	智	総	央	雅	20
洋	泰	佑	清	賢	恵	範	華	洋	泰	総	清	21
英	理	央	妙	玲	和	康	博	英	理	泰	妙	22
明	彩	総	佑	紀	将	旺	法	明	彩	理	佑	23
華	智	泰	央	寛	陽	恵	範	華	智	彩	央	24
博	洋	理	総	雅	賢	和	康	博	洋	智	総	25
法	英	彩	泰	清	玲	将	旺	法	英	洋	泰	26
範	明	智	理	妙	紀	陽	恵	範	明	英	理	27
康	華	洋	彩	佑	寛	賢	和	康	華	明	彩	28
旺	博	英	智	央	雅	玲	将	旺	博	華	智	29
恵	法	明	洋	総	清	紀	陽	恵	法		洋	30
和		華		泰	妙		賢		範		英	31

1981年（昭和56年）

12月	11月	10月	9月	8月	7月	6月	5月	4月	3月	2月	1月	
清	玲	将	恵	博	洋	理	佑	清	玲	玲	将	1
妙	紀	陽	和	法	洋	彩	央	妙	紀	紀	陽	2
佑	寛	賢	将	範	英	智	総	佑	寛	寛	賢	3
央	雅	玲	陽	康	明	洋	泰	央	雅	雅	玲	4
総	清	紀	賢	旺	華	英	理	央	清	雅	紀	5
泰	妙	寛	玲	恵	博	明	彩	総	妙	清	紀	6
理	佑	雅	紀	和	法	華	智	泰	佑	妙	寛	7
彩	央	清	寛	将	範	博	洋	理	央	佑	雅	8
智	総	妙	雅	陽	康	法	英	彩	総	央	清	9
洋	泰	佑	清	賢	旺	範	明	智	泰	総	妙	10
英	理	央	妙	玲	恵	康	華	洋	理	泰	佑	11
明	彩	総	佑	紀	和	旺	博	英	彩	理	央	12
華	智	泰	央	寛	将	恵	法	明	智	彩	総	13
博	洋	理	総	雅	陽	和	範	華	洋	智	泰	14
法	英	彩	泰	清	賢	将	康	博	英	洋	理	15
範	明	智	理	妙	玲	陽	旺	法	明	英	彩	16
康	華	洋	彩	佑	紀	賢	恵	範	華	明	智	17
旺	博	英	智	央	寛	玲	和	康	博	華	洋	18
恵	法	明	洋	総	雅	紀	将	旺	法	博	英	19
和	範	華	英	泰	清	寛	陽	恵	範	法	明	20
将	康	博	明	理	妙	雅	賢	和	康	範	華	21
陽	旺	法	華	彩	佑	清	玲	将	旺	康	博	22
賢	恵	範	博	智	央	妙	紀	陽	恵	旺	法	23
玲	和	康	法	洋	総	佑	寛	賢	和	恵	範	24
紀	将	旺	範	英	泰	央	雅	玲	将	和	康	25
紀	賢	恵	康	明	理	総	清	紀	陽	将	旺	26
寛	玲	和	旺	華	彩	泰	妙	寛	賢	陽	恵	27
雅	紀	和	旺	博	智	理	佑	雅	玲	賢	和	28
清	寛	将	恵	範	洋	彩	央	清	紀		将	29
妙	雅	陽	和	康	英	智	総	妙	寛		陽	30
佑		賢		旺	華		泰		雅		賢	31

1982年（昭和57年）

12月	11月	10月	9月	8月	7月	6月	5月	4月	3月	2月	1月	
彩	泰	佑	寛	将	旺	法	華	英	理	理	央	1
智	理	央	雅	陽	恵	範	博	明	彩	彩	総	2
洋	彩	総	清	賢	和	康	法	華	智	智	泰	3
英	智	泰	妙	玲	将	旺	範	博	洋	洋	理	4
明	洋	理	佑	紀	陽	恵	康	法	英	英	彩	5
華	英	彩	央	寛	賢	和	旺	範	明	明	智	6
博	明	智	総	雅	玲	将	恵	康	華	華	洋	7
法	華	洋	泰	清	紀	陽	和	旺	博	博	英	8
範	博	英	理	妙	寛	賢	将	恵	法	法	明	9
康	法	明	彩	佑	雅	玲	陽	和	範	範	華	10
旺	範	華	智	央	清	紀	賢	将	康	康	博	11
恵	康	博	洋	総	妙	寛	玲	陽	旺	旺	法	12
和	旺	法	英	泰	佑	雅	紀	賢	恵	恵	範	13
将	恵	範	明	理	央	清	寛	玲	和	和	康	14
賢	和	康	華	彩	総	妙	雅	紀	将	将	旺	15
玲	和	旺	博	智	泰	佑	清	寛	陽	陽	恵	16
紀	将	旺	範	洋	理	央	妙	雅	賢	賢	和	17
寛	陽	恵	康	英	彩	総	佑	清	玲	玲	将	18
雅	賢	和	旺	華	智	泰	央	妙	紀	紀	陽	19
清	玲	将	恵	博	洋	理	総	佑	寛	寛	賢	20
妙	紀	陽	和	法	洋	彩	泰	央	雅	雅	玲	21
佑	寛	賢	将	範	英	智	理	総	清	清	紀	22
央	雅	玲	陽	康	明	洋	泰	泰	妙	妙	寛	23
総	清	紀	賢	旺	華	英	理	泰	佑	妙	雅	24
泰	妙	寛	玲	恵	博	明	彩	理	央	佑	雅	25
理	佑	雅	紀	和	法	華	智	彩	総	央	清	26
彩	央	清	寛	将	範	博	洋	智	泰	総	妙	27
智	総	妙	雅	陽	康	法	英	洋	理	泰	佑	28
洋	泰	佑	清	賢	旺	範	明	英	彩		央	29
英	理	央	妙	玲	恵	康	華	明	智		総	30
明		総		紀	和		博		洋		泰	31

1983年（昭和58年）

12月	11月	10月	9月	8月	7月	6月	5月	4月	3月	2月	1月	
恵	康	華	智	総	清	紀	陽	恵	範	範	華	1
和	旺	博	洋	泰	妙	寛	賢	和	康	康	博	2
将	恵	法	英	理	佑	雅	玲	将	旺	旺	法	3
賢	和	範	明	彩	央	清	紀	陽	恵	恵	範	4
玲	和	康	華	智	総	妙	寛	賢	和	和	康	5
紀	将	旺	博	洋	泰	佑	雅	玲	将	将	旺	6
寛	陽	恵	範	英	理	央	清	紀	陽	陽	恵	7
雅	賢	和	康	明	彩	総	妙	寛	賢	賢	和	8
清	玲	将	旺	華	智	泰	佑	雅	玲	玲	将	9
妙	紀	陽	恵	博	洋	理	央	清	紀	紀	陽	10
佑	寛	賢	和	法	英	彩	総	妙	寛	寛	賢	11
央	雅	玲	将	範	明	智	泰	佑	雅	雅	玲	12
総	清	紀	陽	康	華	洋	泰	央	清	雅	紀	13
泰	妙	寛	賢	旺	博	英	理	総	妙	清	紀	14
理	佑	雅	玲	恵	法	明	彩	泰	妙	妙	寛	15
彩	央	清	紀	和	範	華	智	理	佑	佑	雅	16
智	総	妙	寛	将	康	博	洋	彩	央	央	清	17
洋	泰	佑	雅	陽	旺	法	英	智	総	総	妙	18
英	理	央	清	賢	恵	範	明	洋	泰	泰	佑	19
明	彩	総	妙	玲	和	康	華	英	理	理	央	20
華	智	泰	佑	紀	将	旺	博	明	彩	彩	総	21
博	洋	理	央	寛	陽	恵	法	華	智	智	泰	22
法	英	彩	総	雅	賢	和	範	博	洋	洋	理	23
範	明	智	泰	清	玲	将	康	法	英	英	彩	24
康	華	洋	理	妙	紀	陽	旺	範	明	明	智	25
旺	博	英	彩	佑	寛	賢	恵	康	華	華	洋	26
恵	法	明	智	央	雅	玲	和	旺	博	博	英	27
和	範	華	洋	総	清	紀	将	恵	法	法	明	28
将	康	博	英	泰	妙	寛	陽	和	範		華	29
陽	旺	法	明	理	佑	雅	賢	将	康		博	30
賢		範		彩	央		玲		旺		法	31

1984年（昭和59年）

12月	11月	10月	9月	8月	7月	6月	5月	4月	3月	2月	1月	
清	清	玲	将	康	明	智	泰	央	清	雅	玲	1
妙	妙	紀	陽	旺	華	洋	理	総	妙	雅	紀	2
佑	佑	寛	賢	恵	博	英	彩	泰	妙	清	紀	3
央	央	雅	玲	和	法	明	智	理	佑	妙	寛	4
総	総	清	紀	将	範	華	洋	彩	央	佑	雅	5
泰	泰	妙	寛	陽	康	博	英	智	総	央	清	6
理	理	佑	雅	賢	旺	法	明	洋	泰	総	妙	7
彩	彩	央	清	玲	恵	範	華	英	理	泰	佑	8
智	智	総	妙	紀	和	康	博	明	彩	理	央	9
洋	洋	泰	佑	寛	将	旺	法	華	智	彩	総	10
英	英	理	央	雅	陽	恵	範	博	洋	智	泰	11
明	明	彩	総	清	賢	和	康	法	英	洋	理	12
華	華	智	泰	妙	玲	将	旺	範	明	英	彩	13
博	博	洋	理	佑	紀	陽	恵	康	華	明	智	14
法	法	英	彩	央	寛	賢	和	旺	博	華	洋	15
範	範	明	智	総	雅	玲	将	恵	法	博	英	16
康	康	華	洋	泰	清	紀	陽	和	範	法	明	17
旺	旺	博	英	理	妙	寛	賢	将	康	範	華	18
恵	恵	法	明	彩	佑	雅	玲	陽	旺	康	博	19
和	和	範	華	智	央	清	紀	賢	恵	旺	法	20
将	将	康	博	洋	総	妙	寛	玲	和	恵	範	21
賢	陽	旺	法	英	泰	佑	雅	紀	将	和	康	22
玲	和	恵	範	明	理	央	清	寛	陽	将	旺	23
紀	将	和	康	華	彩	総	妙	雅	賢	陽	恵	24
寛	陽	将	旺	博	智	泰	佑	清	玲	賢	和	25
雅	賢	陽	恵	法	洋	理	央	妙	紀	玲	将	26
清	玲	賢	和	範	英	彩	総	佑	寛	紀	陽	27
妙	紀	玲	将	康	華	智	泰	央	雅	寛	賢	28
佑	寛	紀	陽	旺	博	洋	理	総	清	雅	玲	29
央	雅	寛	賢	恵	法	英	彩	泰	妙		紀	30
総		雅		和	範		彩		佑		寛	31

1985年（昭和60年）

12月	11月	10月	9月	8月	7月	6月	5月	4月	3月	2月	1月	
明	智	総	妙	玲	将	旺	法	華	智	智	泰	1
華	洋	泰	佑	紀	陽	恵	範	博	洋	洋	理	2
博	英	理	央	寛	賢	和	康	法	英	英	彩	3
法	明	彩	総	雅	玲	将	旺	範	明	明	智	4
範	華	智	泰	清	紀	陽	恵	康	華	華	洋	5
康	博	洋	理	妙	寛	賢	和	旺	博	博	英	6
旺	法	英	彩	佑	雅	玲	将	恵	法	法	明	7
恵	範	明	智	央	清	紀	陽	和	範	範	華	8
和	康	華	洋	総	妙	寛	賢	将	康	康	博	9
将	旺	博	英	泰	佑	雅	玲	陽	旺	旺	法	10
陽	恵	法	明	理	央	清	紀	賢	恵	恵	範	11
賢	和	範	華	彩	総	妙	寛	玲	和	和	康	12
玲	将	康	博	智	泰	佑	雅	紀	将	将	旺	13
紀	陽	旺	法	洋	理	央	清	寛	陽	陽	恵	14
寛	賢	恵	範	英	彩	総	妙	雅	賢	賢	和	15
雅	玲	和	康	華	智	泰	佑	清	玲	玲	将	16
清	紀	将	旺	博	洋	理	央	妙	紀	紀	陽	17
妙	寛	陽	恵	法	洋	彩	総	佑	寛	寛	賢	18
佑	雅	賢	和	範	英	智	泰	央	雅	雅	玲	19
央	清	玲	将	康	明	洋	泰	央	清	雅	紀	20
総	妙	紀	陽	旺	華	英	理	総	妙	清	紀	21
泰	佑	寛	賢	恵	博	明	彩	泰	佑	妙	寛	22
理	央	雅	玲	和	法	華	智	理	央	佑	雅	23
彩	総	清	紀	将	範	博	洋	彩	総	央	清	24
智	泰	妙	寛	陽	康	法	英	智	泰	総	妙	25
洋	理	佑	雅	賢	旺	範	明	洋	理	泰	佑	26
英	彩	央	清	玲	恵	康	華	英	彩	理	央	27
明	智	総	妙	紀	和	旺	博	明	智	彩	総	28
華	洋	泰	佑	寛	将	恵	法	華	洋		泰	29
博	英	理	央	雅	陽	和	範	博	英		理	30
法		彩		清	賢		康		明		彩	31

1986年（昭和61年）

12月	11月	10月	9月	8月	7月	6月	5月	4月	3月	2月	1月	
陽	恵	範	明	彩	総	妙	寛	玲	和	和	範	1
賢	和	康	華	智	泰	佑	雅	紀	将	将	康	2
玲	将	旺	博	洋	理	央	清	寛	陽	陽	旺	3
紀	陽	旺	範	英	彩	総	妙	雅	賢	賢	恵	4
寛	賢	恵	康	明	智	泰	佑	清	玲	玲	和	5
雅	玲	和	旺	華	洋	理	央	妙	紀	紀	将	6
清	紀	将	恵	博	洋	彩	総	佑	寛	寛	陽	7
妙	寛	陽	和	法	英	智	泰	央	雅	雅	賢	8
佑	雅	賢	将	範	明	洋	泰	央	清	雅	玲	9
央	清	玲	陽	康	華	英	理	総	妙	清	紀	10
総	妙	紀	賢	旺	博	明	彩	泰	佑	妙	寛	11
泰	佑	寛	玲	恵	法	華	智	理	央	佑	雅	12
理	央	雅	紀	和	範	博	洋	彩	総	央	清	13
彩	総	清	寛	将	康	法	英	智	泰	総	妙	14
智	泰	妙	雅	陽	旺	範	明	洋	理	泰	佑	15
洋	理	佑	清	賢	恵	康	華	英	彩	理	央	16
英	彩	央	妙	玲	和	旺	博	明	智	彩	総	17
明	智	総	佑	紀	将	恵	法	華	洋	智	泰	18
華	洋	泰	央	寛	陽	和	範	博	英	洋	理	19
博	英	理	総	雅	賢	将	康	法	明	英	彩	20
法	明	彩	泰	清	玲	陽	旺	範	華	明	智	21
範	華	智	理	妙	紀	賢	恵	康	博	華	洋	22
康	博	洋	彩	佑	寛	玲	和	旺	法	博	英	23
旺	法	英	智	央	雅	紀	将	恵	範	法	明	24
恵	範	明	洋	総	清	寛	陽	和	康	範	華	25
和	康	華	英	泰	妙	雅	賢	将	旺	康	博	26
将	旺	博	明	理	佑	清	玲	陽	恵	旺	法	27
陽	恵	法	華	彩	央	妙	紀	賢	和	恵	範	28
賢	和	範	博	智	総	佑	寛	玲	将		康	29
玲	将	康	法	洋	泰	央	雅	紀	陽		旺	30
紀		旺		英	理		清		賢		恵	31

1987年（昭和62年）

12月	11月	10月	9月	8月	7月	6月	5月	4月	3月	2月	1月	
佑	雅	玲	将	範	法	明	智	理	佑	佑	寛	1
央	清	紀	陽	康	範	華	洋	彩	央	央	雅	2
総	妙	寛	賢	旺	康	博	英	智	総	総	清	3
泰	佑	雅	玲	恵	旺	法	明	洋	泰	泰	妙	4
理	央	清	紀	和	恵	範	華	英	理	理	佑	5
彩	総	妙	寛	将	和	康	博	明	彩	彩	央	6
智	泰	佑	雅	陽	将	旺	法	華	智	智	総	7
洋	理	央	清	賢	陽	恵	範	博	洋	洋	泰	8
英	彩	総	妙	玲	賢	和	康	法	英	英	理	9
明	智	泰	佑	紀	玲	将	旺	範	明	明	彩	10
華	洋	理	央	寛	紀	陽	恵	康	華	華	智	11
博	英	彩	総	雅	寛	賢	和	旺	博	博	洋	12
法	明	智	泰	清	雅	玲	将	恵	法	法	英	13
範	華	洋	理	妙	清	紀	陽	和	範	範	明	14
康	博	英	彩	佑	妙	寛	賢	将	康	康	華	15
旺	法	明	智	央	佑	雅	玲	陽	旺	旺	博	16
恵	範	華	洋	総	央	清	紀	賢	恵	恵	法	17
和	康	博	英	泰	総	妙	寛	玲	和	和	範	18
将	旺	法	明	理	泰	佑	雅	紀	将	将	康	19
陽	恵	範	華	彩	理	央	清	寛	陽	陽	旺	20
賢	和	康	博	智	彩	総	妙	雅	賢	賢	恵	21
玲	将	旺	法	洋	智	泰	佑	清	玲	玲	和	22
紀	陽	旺	範	英	洋	理	央	妙	紀	紀	将	23
寛	賢	恵	康	華	英	彩	総	佑	寛	寛	陽	24
雅	玲	和	旺	博	明	智	泰	央	雅	雅	賢	25
清	紀	将	恵	法	洋	洋	理	総	清	清	玲	26
妙	寛	陽	和	範	英	英	彩	泰	妙	妙	紀	27
佑	雅	賢	将	康	明	明	彩	泰	佑	妙	寛	28
央	清	玲	陽	旺	華	華	智	理	央		雅	29
総	妙	紀	賢	恵	博	博	洋	彩	総		清	30
泰		寛		和	法		英		泰		妙	31

1988年（昭和63年）

12月	11月	10月	9月	8月	7月	6月	5月	4月	3月	2月	1月	
法	明	智	泰	清	紀	陽	恵	範	明	英	理	1
範	華	洋	理	妙	寛	賢	和	康	華	明	彩	2
康	博	英	彩	佑	雅	玲	将	旺	博	華	智	3
旺	法	明	智	央	清	紀	陽	恵	法	博	洋	4
恵	範	華	洋	総	妙	寛	賢	和	範	法	英	5
和	康	博	英	泰	佑	雅	玲	将	康	範	明	6
将	旺	法	明	理	央	清	紀	陽	旺	康	華	7
陽	恵	範	華	彩	総	妙	寛	賢	恵	旺	博	8
賢	和	康	博	智	泰	佑	雅	玲	和	恵	法	9
玲	将	旺	法	洋	理	央	清	紀	将	和	範	10
紀	陽	旺	範	英	彩	総	妙	寛	陽	将	康	11
寛	賢	恵	康	華	智	泰	佑	雅	賢	陽	旺	12
雅	玲	和	旺	博	洋	理	央	清	玲	賢	恵	13
清	紀	将	恵	法	洋	彩	総	妙	紀	玲	和	14
妙	寛	陽	和	範	英	智	泰	佑	寛	紀	将	15
佑	雅	賢	将	康	明	洋	泰	央	雅	寛	陽	16
央	清	玲	陽	旺	華	英	理	総	清	雅	賢	17
総	妙	紀	賢	恵	博	明	彩	泰	妙	雅	玲	18
泰	佑	寛	玲	和	法	華	智	理	佑	清	紀	19
埋	央	雅	紀	将	範	博	洋	彩	央	妙	寛	20
彩	総	清	寛	陽	康	法	英	智	総	佑	雅	21
智	泰	妙	雅	賢	旺	範	明	洋	泰	央	清	22
洋	理	佑	清	玲	恵	康	華	英	理	総	妙	23
英	彩	央	妙	紀	和	旺	博	明	彩	泰	佑	24
明	智	総	佑	寛	将	恵	法	華	智	理	央	25
華	洋	泰	央	雅	陽	和	範	博	洋	彩	総	26
博	英	理	総	清	賢	将	康	法	英	智	泰	27
法	明	彩	泰	妙	玲	陽	旺	範	明	洋	理	28
範	華	智	理	佑	紀	賢	恵	康	華	英	彩	29
康	博	洋	彩	央	寛	玲	和	旺	博		智	30
旺		英		総	雅		将		法		洋	31

1989年（平成元年）

12月	11月	10月	9月	8月	7月	6月	5月	4月	3月	2月	1月	
寛	陽	恵	康	明	彩	泰	妙	寛	賢	陽	恵	1
雅	賢	和	旺	華	智	理	佑	雅	玲	賢	和	2
清	玲	将	恵	博	洋	彩	央	清	紀	玲	将	3
妙	紀	陽	和	法	英	彩	総	妙	寛	紀	陽	4
佑	寛	賢	将	範	明	智	泰	佑	雅	寛	賢	5
央	雅	玲	陽	康	華	洋	理	央	清	雅	玲	6
総	清	紀	賢	旺	博	英	彩	総	妙	清	紀	7
泰	妙	寛	玲	恵	法	明	智	泰	妙	妙	紀	8
理	佑	雅	紀	和	範	華	洋	理	佑	佑	寛	9
彩	央	清	寛	将	康	博	英	彩	央	央	雅	10
智	総	妙	雅	陽	旺	法	明	智	総	総	清	11
洋	泰	佑	清	賢	恵	範	華	洋	泰	泰	妙	12
英	理	央	妙	玲	和	康	博	英	理	理	佑	13
明	彩	総	佑	紀	将	旺	法	明	彩	彩	央	14
華	智	泰	央	寛	陽	恵	範	華	智	智	総	15
博	洋	理	総	雅	賢	和	康	博	洋	洋	泰	16
法	英	彩	泰	清	玲	将	旺	法	英	英	理	17
範	明	智	理	妙	紀	陽	恵	範	明	明	彩	18
康	華	洋	彩	佑	寛	賢	和	康	華	華	智	19
旺	博	英	智	央	雅	玲	将	旺	博	博	洋	20
恵	範	明	洋	総	清	紀	陽	恵	法	法	英	21
和	康	華	英	泰	妙	寛	賢	和	範	範	明	22
将	旺	博	明	理	佑	雅	玲	将	康	康	華	23
陽	恵	法	華	彩	央	清	紀	陽	旺	旺	博	24
賢	和	範	博	智	総	妙	寛	賢	恵	恵	法	25
玲	将	康	法	洋	泰	佑	雅	玲	和	和	範	26
紀	陽	旺	範	英	理	央	清	紀	将	将	康	27
紀	賢	恵	康	明	彩	総	妙	寛	陽	陽	旺	28
寛	玲	和	旺	華	智	泰	佑	雅	賢		恵	29
雅	紀	和	旺	博	洋	理	央	清	玲		和	30
清		将		範	英		総		紀		将	31

1990年（平成2年）

	1月	2月	3月	4月	5月	6月	7月	8月	9月	10月	11月	12月
1	妙	総	泰	智	明	範	範	和	紀	清	央	理
2	佑	泰	理	洋	華	康	康	将	寛	妙	総	彩
3	央	理	彩	英	博	旺	旺	陽	雅	佑	泰	智
4	総	彩	智	明	法	恵	恵	賢	清	央	理	洋
5	泰	智	洋	華	範	和	和	玲	妙	総	彩	英
6	理	洋	英	博	康	将	将	紀	佑	泰	智	明
7	彩	英	明	法	旺	陽	陽	寛	央	理	洋	華
8	智	明	華	範	恵	賢	賢	雅	総	彩	英	博
9	洋	華	博	康	和	玲	玲	清	泰	智	明	法
10	英	博	法	旺	将	紀	紀	妙	理	洋	華	範
11	明	法	範	恵	陽	寛	寛	佑	彩	英	博	康
12	華	範	康	和	賢	雅	雅	央	智	明	法	旺
13	博	康	旺	将	玲	清	清	総	洋	華	範	恵
14	法	旺	恵	陽	紀	妙	妙	泰	英	博	康	和
15	範	恵	和	賢	寛	佑	佑	理	明	法	旺	将
16	康	和	将	玲	雅	央	央	彩	華	範	恵	陽
17	旺	将	陽	紀	清	総	総	智	博	康	和	賢
18	恵	陽	賢	寛	妙	泰	泰	洋	法	旺	将	玲
19	和	賢	玲	雅	佑	理	理	英	範	旺	陽	紀
20	将	玲	紀	清	央	彩	彩	華	康	恵	賢	寛
21	陽	紀	寛	妙	総	彩	智	博	旺	和	玲	雅
22	賢	寛	雅	佑	泰	智	洋	法	恵	将	紀	清
23	玲	雅	清	央	理	洋	英	範	和	陽	寛	妙
24	紀	清	妙	総	彩	英	明	康	将	賢	雅	佑
25	寛	妙	佑	泰	智	洋	華	旺	陽	玲	清	央
26	雅	佑	央	理	洋	英	博	恵	賢	紀	妙	総
27	雅	央	央	彩	英	明	法	和	玲	寛	佑	泰
28	清	総	総	智	明	華	範	将	紀	雅	央	理
29	妙		泰	洋	華	博	康	陽	寛	清	総	彩
30	佑		理	英	博	法	旺	賢	雅	妙	泰	智
31	央		彩		法		恵	玲		佑		洋

1991年（平成3年）

	1月	2月	3月	4月	5月	6月	7月	8月	9月	10月	11月	12月
1	英	博	博	旺	和	玲	雅	佑	彩	明	法	旺
2	明	法	法	恵	将	紀	清	央	智	華	範	恵
3	華	範	範	和	陽	寛	妙	総	洋	博	康	和
4	博	康	康	将	賢	雅	佑	泰	英	法	旺	将
5	法	旺	旺	陽	玲	清	央	理	明	範	恵	陽
6	範	恵	恵	賢	紀	妙	総	彩	華	康	和	賢
7	康	和	和	玲	寛	佑	泰	智	博	旺	将	玲
8	旺	将	将	紀	雅	央	理	洋	範	旺	陽	紀
9	恵	陽	陽	寛	清	総	彩	英	康	恵	賢	寛
10	和	賢	賢	雅	妙	泰	智	華	旺	和	玲	雅
11	将	玲	玲	清	佑	理	洋	博	恵	将	紀	清
12	陽	紀	紀	妙	央	彩	洋	法	和	陽	寛	妙
13	賢	寛	寛	佑	総	智	英	範	将	賢	雅	佑
14	玲	雅	雅	央	泰	洋	明	康	陽	玲	清	央
15	紀	雅	清	央	理	英	華	旺	賢	紀	妙	総
16	紀	清	妙	総	彩	明	博	恵	玲	寛	佑	泰
17	寛	妙	佑	泰	智	華	法	和	紀	雅	央	理
18	雅	佑	央	理	洋	博	範	将	寛	清	総	彩
19	清	央	総	彩	英	法	康	陽	雅	妙	泰	智
20	妙	総	泰	智	明	範	旺	賢	清	佑	理	洋
21	佑	泰	理	洋	華	康	恵	玲	妙	央	彩	英
22	央	理	彩	英	博	旺	和	紀	佑	総	智	明
23	総	彩	智	明	法	恵	将	寛	央	泰	洋	華
24	泰	智	洋	華	範	和	陽	雅	総	理	英	博
25	理	洋	英	博	康	将	賢	清	泰	彩	明	法
26	彩	英	明	法	旺	陽	玲	妙	理	智	華	範
27	智	明	華	範	恵	賢	紀	佑	彩	洋	博	康
28	洋	華	博	康	和	玲	寛	央	智	英	法	旺
29	英		法	旺	将	紀	雅	総	洋	明	範	恵
30	明		範	恵	陽	寛	清	泰	英	華	康	和
31	華		康		賢		妙	理		博		将

1993年（平成5年）

12月	11月	10月	9月	8月	7月	6月	5月	4月	3月	2月	1月	
洋	彩	央	雅	賢	恵	康	華	華	洋	智	泰	1
英	智	総	清	玲	和	旺	博	博	英	洋	理	2
明	洋	泰	妙	紀	将	恵	法	法	明	英	彩	3
華	英	理	佑	寛	陽	和	範	範	華	明	智	4
博	明	彩	央	雅	賢	将	康	康	博	華	洋	5
法	華	智	総	清	玲	陽	旺	旺	法	博	英	6
範	博	洋	泰	妙	紀	賢	恵	恵	範	法	明	7
康	法	英	理	佑	寛	玲	和	和	康	範	華	8
旺	範	明	彩	央	雅	紀	将	将	旺	康	博	9
恵	康	華	智	総	清	寛	陽	陽	恵	旺	法	10
和	旺	博	洋	泰	妙	雅	賢	賢	和	恵	範	11
将	恵	法	英	理	佑	清	玲	玲	将	和	康	12
賢	和	範	明	彩	央	妙	紀	紀	陽	将	旺	13
玲	和	康	華	智	総	佑	寛	寛	賢	陽	恵	14
紀	将	旺	博	洋	泰	央	雅	雅	玲	賢	和	15
寛	陽	恵	範	英	理	総	清	清	紀	玲	将	16
雅	賢	和	康	明	彩	泰	妙	妙	寛	紀	陽	17
清	玲	将	旺	華	智	理	佑	佑	雅	寛	賢	18
妙	紀	陽	恵	博	洋	彩	央	央	清	雅	玲	19
佑	寛	賢	和	法	英	彩	総	総	妙	清	紀	20
央	雅	玲	将	範	明	智	泰	泰	佑	妙	寛	21
総	清	紀	陽	康	華	洋	理	央	央	佑	雅	22
泰	妙	寛	賢	旺	博	英	彩	総	央	央	雅	23
理	佑	雅	玲	恵	法	明	智	泰	総	総	清	24
彩	央	清	紀	和	範	華	洋	理	泰	泰	妙	25
智	総	妙	寛	将	康	博	英	彩	理	理	佑	26
洋	泰	佑	雅	陽	旺	法	明	智	彩	彩	央	27
英	理	央	清	賢	恵	範	華	洋	智	智	総	28
明	彩	総	妙	玲	和	康	博	英	洋		泰	29
華	智	泰	佑	紀	将	旺	法	明	英		理	30
博		理		寛	陽		範		明		彩	31

1992年（平成4年）

12月	11月	10月	9月	8月	7月	6月	5月	4月	3月	2月	1月	
佑	寛	賢	和	法	英	彩	総	佑	寛	紀	陽	1
央	雅	玲	将	範	明	智	泰	央	雅	寛	賢	2
総	清	紀	陽	康	華	洋	泰	央	清	雅	玲	3
泰	妙	寛	賢	旺	博	英	理	総	妙	雅	紀	4
理	佑	雅	玲	恵	法	明	彩	泰	佑	清	紀	5
彩	央	清	紀	和	範	華	智	理	央	妙	寛	6
智	総	妙	寛	将	康	博	洋	彩	総	佑	雅	7
洋	泰	佑	雅	陽	旺	法	英	智	泰	央	清	8
英	理	央	清	賢	恵	範	明	洋	理	総	妙	9
明	彩	総	妙	玲	和	康	華	英	彩	泰	佑	10
華	智	泰	佑	紀	将	旺	博	明	智	理	央	11
博	洋	理	央	寛	陽	恵	法	華	洋	彩	総	12
法	英	彩	総	雅	賢	和	範	博	英	智	泰	13
範	明	智	泰	清	玲	将	康	法	明	洋	理	14
康	華	洋	理	妙	紀	陽	旺	範	華	英	彩	15
旺	博	英	彩	佑	寛	賢	恵	康	博	明	智	16
恵	法	明	智	央	雅	玲	和	旺	法	華	洋	17
和	範	華	洋	総	清	紀	将	恵	範	博	英	18
将	康	博	英	泰	妙	寛	陽	和	康	法	明	19
陽	旺	法	明	理	佑	雅	賢	将	旺	範	華	20
賢	恵	範	華	彩	央	清	玲	陽	恵	康	博	21
玲	和	康	博	智	総	妙	紀	賢	和	旺	法	22
紀	将	旺	法	洋	泰	佑	寛	玲	将	恵	範	23
紀	賢	恵	範	英	理	央	雅	紀	陽	和	康	24
寛	玲	和	康	明	彩	総	清	寛	賢	将	旺	25
雅	紀	和	旺	華	智	泰	妙	雅	玲	陽	恵	26
清	寛	将	恵	博	洋	理	佑	清	紀	賢	和	27
妙	雅	陽	和	範	英	彩	央	妙	寛	玲	将	28
佑	清	賢	将	康	明	智	総	佑	雅	紀	陽	29
央	妙	玲	陽	旺	華	洋	泰	央	清		賢	30
総		紀		恵	博		理		妙		玲	31

1994年（平成6年）

12月	11月	10月	9月	8月	7月	6月	5月	4月	3月	2月	1月	
将	旺	博	英	泰	佑	雅	玲	陽	恵	旺	法	1
陽	恵	法	明	理	央	清	紀	賢	和	恵	範	2
賢	和	範	華	彩	総	妙	寛	玲	将	和	康	3
玲	将	康	博	智	泰	佑	雅	紀	陽	将	旺	4
紀	陽	旺	法	洋	理	央	清	寛	賢	陽	恵	5
寛	賢	恵	範	英	彩	総	妙	雅	玲	賢	和	6
雅	玲	和	康	華	智	泰	佑	清	紀	玲	将	7
清	紀	将	旺	博	洋	理	央	妙	寛	紀	陽	8
妙	寛	陽	恵	法	洋	彩	総	佑	雅	寛	賢	9
佑	雅	賢	和	範	英	智	泰	央	清	雅	玲	10
央	清	玲	将	康	明	洋	泰	央	妙	清	紀	11
総	妙	紀	陽	旺	華	英	理	総	妙	妙	紀	12
泰	佑	寛	賢	恵	博	明	彩	泰	佑	佑	寛	13
理	央	雅	玲	和	法	華	智	理	央	央	雅	14
彩	総	清	紀	将	範	博	洋	彩	総	総	清	15
智	泰	妙	寛	陽	康	法	英	智	泰	泰	妙	16
洋	理	佑	雅	賢	旺	範	明	洋	理	理	佑	17
英	彩	央	清	玲	恵	康	華	英	彩	彩	央	18
明	智	総	妙	紀	和	旺	博	明	智	智	総	19
華	洋	泰	佑	寛	将	恵	法	華	洋	洋	泰	20
博	英	理	央	雅	陽	和	範	博	英	英	理	21
法	明	彩	総	清	賢	将	康	法	明	明	彩	22
範	華	智	泰	妙	玲	陽	旺	範	華	華	智	23
康	博	洋	理	佑	紀	賢	恵	康	博	博	洋	24
旺	法	英	彩	央	寛	玲	和	旺	法	法	英	25
恵	範	明	智	総	雅	紀	将	恵	範	範	明	26
和	康	華	洋	泰	清	寛	陽	和	康	康	華	27
将	旺	博	英	理	妙	雅	賢	将	旺	旺	博	28
陽	恵	法	明	彩	佑	清	玲	陽	恵		法	29
賢	和	範	華	智	央	妙	紀	賢	和		範	30
玲		康		洋	総		寛		将		康	31

1995年（平成7年）

12月	11月	10月	9月	8月	7月	6月	5月	4月	3月	2月	1月	
清	寛	陽	陽	康	華	英	理	総	妙	清	紀	1
妙	雅	賢	賢	旺	博	明	彩	泰	佑	妙	寛	2
佑	清	玲	玲	恵	法	華	智	理	央	佑	雅	3
央	妙	紀	紀	和	範	博	洋	彩	総	央	清	4
総	佑	寛	寛	将	康	法	英	智	泰	総	妙	5
泰	央	雅	雅	陽	旺	範	明	洋	理	泰	佑	6
理	総	清	清	賢	恵	康	華	英	彩	理	央	7
彩	泰	妙	妙	玲	和	旺	博	明	智	彩	総	8
智	理	佑	佑	紀	将	恵	法	華	洋	智	泰	9
洋	彩	央	央	寛	陽	和	範	博	英	洋	理	10
英	智	総	総	雅	賢	将	康	法	明	英	彩	11
明	洋	泰	泰	清	玲	陽	旺	範	華	明	智	12
華	英	理	理	妙	紀	賢	恵	康	博	華	洋	13
博	明	彩	彩	佑	寛	玲	和	旺	法	博	英	14
法	華	智	智	央	雅	紀	将	恵	範	法	明	15
範	博	洋	洋	総	清	寛	陽	和	康	範	華	16
康	法	英	英	泰	妙	雅	賢	将	旺	康	博	17
旺	範	明	明	理	佑	清	玲	陽	恵	旺	法	18
恵	康	華	華	彩	央	妙	紀	賢	和	恵	範	19
和	旺	博	博	智	総	佑	寛	玲	将	和	康	20
将	恵	法	法	洋	泰	央	雅	紀	陽	将	旺	21
賢	和	範	範	英	理	総	清	寛	賢	陽	恵	22
玲	和	康	康	明	彩	泰	妙	雅	玲	賢	和	23
紀	将	旺	旺	華	智	理	佑	清	紀	玲	将	24
寛	陽	恵	範	博	洋	彩	央	妙	寛	紀	陽	25
雅	賢	和	康	範	英	智	総	佑	雅	寛	賢	26
清	玲	将	旺	康	明	洋	泰	央	清	雅	玲	27
妙	紀	陽	恵	旺	華	洋	理	総	妙	清	紀	28
佑	寛	賢	和	恵	博	英	彩	泰	佑		寛	29
央	雅	玲	将	和	法	明	智	泰	央		雅	30
総		紀		将	範		洋		央		雅	31

1997年（平成9年）

12月	11月	10月	9月	8月	7月	6月	5月	4月	3月	2月	1月	
玲	将	旺	法	洋	理	央	清	紀	将	将	康	1
紀	陽	旺	範	英	彩	総	妙	寛	陽	陽	旺	2
寛	賢	恵	康	華	智	泰	佑	雅	賢	賢	恵	3
雅	玲	和	旺	博	洋	理	央	清	玲	玲	和	4
清	紀	将	恵	法	洋	彩	総	妙	紀	紀	将	5
妙	寛	陽	和	範	英	智	泰	佑	寛	寛	陽	6
佑	雅	賢	将	康	明	洋	泰	央	雅	雅	賢	7
央	清	玲	陽	旺	華	英	理	総	清	雅	玲	8
総	妙	紀	賢	恵	博	明	彩	泰	妙	清	紀	9
泰	佑	寛	玲	和	法	華	智	理	佑	妙	寛	10
理	央	雅	紀	将	範	博	洋	彩	央	佑	雅	11
彩	総	清	寛	陽	康	法	英	智	総	央	清	12
智	泰	妙	雅	賢	旺	範	明	洋	泰	総	妙	13
洋	理	佑	清	玲	恵	康	華	英	理	泰	佑	14
英	彩	央	妙	紀	和	旺	博	明	彩	理	央	15
明	智	総	佑	寛	将	恵	法	華	智	彩	総	16
華	洋	泰	央	雅	陽	和	範	博	洋	智	泰	17
博	英	理	総	清	賢	将	康	法	英	洋	理	18
法	明	彩	泰	妙	玲	陽	旺	範	明	英	彩	19
範	華	智	理	佑	紀	賢	恵	康	華	明	智	20
康	博	洋	彩	央	寛	玲	和	旺	博	華	洋	21
旺	法	英	智	総	雅	紀	将	恵	法	博	英	22
恵	範	明	洋	泰	清	寛	陽	和	範	法	明	23
和	康	華	英	理	妙	雅	賢	将	康	範	華	24
将	旺	博	明	彩	佑	清	玲	陽	旺	康	博	25
陽	恵	法	華	智	央	妙	紀	賢	恵	旺	法	26
賢	和	範	博	洋	総	佑	寛	玲	和	恵	範	27
玲	将	康	法	英	泰	央	雅	紀	将	和	康	28
紀	陽	旺	範	明	理	総	清	寛	陽		旺	29
紀	賢	恵	康	華	彩	泰	妙	雅	賢		恵	30
寛		和		博	智		佑		玲		和	31

1996年（平成8年）

12月	11月	10月	9月	8月	7月	6月	5月	4月	3月	2月	1月	
華	英	理	央	寛	賢	将	康	法	英	洋	泰	1
博	明	彩	総	雅	玲	陽	旺	範	明	英	理	2
法	華	智	泰	清	紀	賢	恵	康	華	明	彩	3
範	博	洋	理	妙	寛	玲	和	旺	博	華	智	4
康	法	英	彩	佑	雅	紀	将	恵	法	博	洋	5
旺	範	明	智	央	清	寛	陽	和	範	法	英	6
恵	康	華	洋	総	妙	雅	賢	将	康	範	明	7
和	旺	博	英	泰	佑	清	玲	陽	旺	康	華	8
将	恵	法	明	理	央	妙	紀	賢	恵	旺	博	9
陽	和	範	華	彩	総	佑	寛	玲	和	恵	法	10
賢	和	康	博	智	泰	央	雅	紀	将	和	範	11
玲	将	旺	法	洋	理	総	清	寛	陽	将	康	12
紀	陽	恵	範	英	彩	泰	妙	雅	賢	陽	旺	13
寛	賢	和	康	華	智	理	佑	清	玲	賢	恵	14
雅	玲	将	旺	博	洋	彩	央	妙	紀	玲	和	15
清	紀	陽	恵	法	洋	彩	総	佑	寛	紀	将	16
妙	寛	賢	和	範	英	智	泰	央	雅	寛	陽	17
佑	雅	玲	将	康	明	洋	理	央	清	雅	賢	18
央	清	紀	陽	旺	華	英	彩	総	妙	雅	玲	19
総	妙	寛	賢	恵	博	明	智	泰	佑	清	紀	20
泰	佑	雅	玲	和	法	華	洋	理	央	妙	寛	21
理	央	清	紀	将	範	博	英	彩	総	佑	雅	22
彩	総	妙	寛	陽	康	法	明	智	泰	央	清	23
智	泰	佑	雅	賢	旺	範	華	洋	理	総	妙	24
洋	理	央	清	玲	恵	康	博	英	彩	泰	佑	25
英	彩	総	妙	紀	和	旺	法	明	智	理	央	26
明	智	泰	佑	寛	将	恵	範	華	洋	彩	総	27
華	洋	理	央	雅	陽	和	康	博	英	智	泰	28
博	英	彩	総	清	賢	将	旺	法	明	洋	理	29
法	明	智	泰	妙	玲	陽	恵	範	華		彩	30
範		洋		佑	紀		和		博		智	31

1998年（平成10年）

	1月	2月	3月	4月	5月	6月	7月	8月	9月	10月	11月	12月
1	雅	央	央	彩	英	博	法	恵	賢	寛	佑	総
2	清	総	総	智	明	法	範	和	玲	雅	央	泰
3	妙	泰	泰	洋	華	範	康	将	紀	清	総	理
4	佑	理	理	英	博	康	旺	陽	寛	妙	泰	彩
5	央	彩	彩	明	法	旺	恵	賢	雅	佑	理	智
6	総	智	智	華	範	恵	和	玲	清	央	彩	洋
7	泰	洋	洋	博	康	和	将	紀	妙	総	智	英
8	理	英	英	法	旺	将	陽	寛	佑	泰	洋	明
9	彩	明	明	範	恵	陽	賢	雅	央	理	英	華
10	智	華	華	康	和	賢	玲	清	総	彩	明	博
11	洋	博	博	旺	将	玲	紀	妙	泰	智	華	法
12	英	法	法	恵	陽	紀	寛	佑	理	洋	博	範
13	明	範	範	和	賢	寛	雅	央	彩	英	法	康
14	華	康	康	将	玲	雅	清	総	智	明	範	旺
15	博	旺	旺	陽	紀	清	妙	泰	洋	華	康	恵
16	法	恵	恵	賢	寛	妙	佑	理	英	博	旺	和
17	範	和	和	玲	雅	佑	央	彩	明	法	恵	将
18	康	将	将	紀	清	央	総	智	華	範	和	陽
19	旺	陽	陽	寛	妙	総	泰	洋	博	康	和	賢
20	恵	賢	賢	雅	佑	泰	理	英	法	旺	将	玲
21	和	玲	玲	清	央	理	彩	明	範	恵	陽	紀
22	将	紀	紀	妙	総	彩	智	華	康	和	賢	寛
23	陽	寛	寛	佑	泰	智	洋	博	旺	将	玲	雅
24	賢	雅	雅	央	理	彩	英	法	恵	陽	紀	清
25	玲	清	清	総	彩	智	明	範	和	賢	寛	妙
26	紀	妙	妙	泰	彩	洋	華	康	将	玲	雅	佑
27	寛	妙	佑	理	智	英	博	旺	陽	紀	清	央
28	雅	佑	央	彩	洋	明	法	恵	賢	寛	妙	総
29	清		総	智	英	華	範	和	玲	雅	佑	泰
30	妙		泰	洋	明	博	康	将	紀	清	央	理
31	佑		理		華		旺	陽		妙		彩

1999年（平成11年）

	1月	2月	3月	4月	5月	6月	7月	8月	9月	10月	11月	12月
1	智	明	華	範	恵	賢	紀	妙	理	洋	博	範
2	洋	華	博	康	和	玲	寛	佑	彩	英	法	康
3	英	博	法	旺	将	紀	雅	央	智	明	範	旺
4	明	法	範	恵	陽	寛	清	総	洋	華	康	恵
5	華	範	康	和	賢	雅	妙	泰	英	博	旺	和
6	博	康	旺	将	玲	清	佑	理	明	法	恵	将
7	法	旺	恵	陽	紀	妙	央	彩	華	範	和	陽
8	範	恵	和	賢	寛	佑	総	智	博	康	和	賢
9	康	和	将	玲	雅	央	泰	洋	法	旺	将	玲
10	旺	将	陽	紀	清	総	理	英	範	恵	陽	紀
11	恵	陽	賢	寛	妙	泰	彩	華	康	和	賢	寛
12	和	賢	玲	雅	佑	理	智	博	旺	将	玲	雅
13	将	玲	紀	清	央	彩	洋	法	恵	陽	紀	清
14	陽	紀	寛	妙	総	彩	英	範	和	賢	寛	妙
15	賢	寛	雅	佑	泰	智	明	康	将	玲	雅	佑
16	玲	雅	清	央	理	洋	華	旺	陽	紀	清	央
17	紀	清	妙	総	彩	英	博	恵	賢	寛	妙	総
18	紀	妙	妙	泰	智	明	法	和	玲	雅	佑	泰
19	寛	佑	佑	理	洋	華	範	将	紀	清	央	理
20	雅	央	央	彩	英	博	康	陽	寛	妙	総	彩
21	清	総	総	智	明	法	旺	賢	雅	佑	泰	智
22	妙	泰	泰	洋	華	範	恵	玲	清	央	理	洋
23	佑	理	理	英	博	康	和	紀	妙	総	彩	英
24	央	彩	彩	明	法	旺	将	寛	佑	泰	智	明
25	総	智	智	華	範	恵	陽	雅	央	理	洋	華
26	泰	洋	洋	博	康	和	賢	清	総	彩	英	博
27	理	英	英	法	旺	将	玲	妙	泰	智	明	法
28	彩	明	明	範	恵	陽	紀	佑	理	洋	華	範
29	智		華	康	和	賢	寛	央	彩	英	博	康
30	洋		博	旺	将	玲	雅	総	智	明	法	旺
31	英		法		陽		清	泰		華		恵

2000年（平成12年）

12月	11月	10月	9月	8月	7月	6月	5月	4月	3月	2月	1月	
清	紀	将	恵	博	洋	理	佑	清	紀	賢	和	1
妙	寛	陽	和	法	洋	彩	央	妙	寛	玲	将	2
佑	雅	賢	将	範	英	智	総	佑	雅	紀	陽	3
央	清	玲	陽	康	明	洋	泰	央	清	寛	賢	4
総	妙	紀	賢	旺	華	英	理	央	妙	雅	玲	5
泰	佑	寛	玲	恵	博	明	彩	総	妙	清	紀	6
理	央	雅	紀	和	法	華	智	泰	佑	妙	紀	7
彩	総	清	寛	将	範	博	洋	理	央	佑	寛	8
智	泰	妙	雅	陽	康	法	英	彩	総	央	雅	9
洋	理	佑	清	賢	旺	範	明	智	泰	総	清	10
英	彩	央	妙	玲	恵	康	華	洋	理	泰	妙	11
明	智	総	佑	紀	和	旺	博	英	彩	理	佑	12
華	洋	泰	央	寛	将	恵	法	明	智	彩	央	13
博	英	理	総	雅	陽	和	範	華	洋	智	総	14
法	明	彩	泰	清	賢	将	康	博	英	洋	泰	15
範	華	智	理	妙	玲	陽	旺	法	明	英	理	16
康	博	洋	彩	佑	紀	賢	恵	範	華	明	彩	17
旺	法	英	智	央	寛	玲	和	康	博	華	智	18
恵	範	明	洋	総	雅	紀	将	旺	法	博	洋	19
和	康	華	英	泰	清	寛	陽	恵	範	法	英	20
将	旺	博	明	理	妙	雅	賢	和	康	範	明	21
陽	恵	法	華	彩	佑	清	玲	将	旺	康	華	22
賢	和	範	博	智	央	妙	紀	陽	恵	旺	博	23
玲	将	康	法	洋	総	佑	寛	賢	和	恵	法	24
紀	陽	旺	範	英	泰	央	雅	玲	将	和	範	25
紀	賢	恵	康	明	理	総	清	紀	陽	将	康	26
寛	玲	和	旺	華	彩	泰	妙	寛	賢	陽	旺	27
雅	紀	将	旺	博	智	理	佑	雅	玲	賢	恵	28
清	寛	陽	恵	範	洋	彩	央	清	紀	玲	和	29
妙	雅	賢	和	康	英	智	総	妙	寛		将	30
佑		玲		旺	華		泰		雅		陽	31

2001年（平成13年）

12月	11月	10月	9月	8月	7月	6月	5月	4月	3月	2月	1月	
智	泰	佑	寛	将	旺	法	華	英	彩	彩	央	1
洋	理	央	雅	陽	恵	範	博	明	智	智	総	2
英	彩	総	清	賢	和	康	法	華	洋	洋	泰	3
明	智	泰	妙	玲	将	旺	範	博	英	英	理	4
華	洋	理	佑	紀	陽	恵	康	法	明	明	彩	5
博	英	彩	央	寛	賢	和	旺	範	華	華	智	6
法	明	智	総	雅	玲	将	恵	康	博	博	洋	7
範	華	洋	泰	清	紀	陽	和	旺	法	法	英	8
康	博	英	理	妙	寛	賢	将	恵	範	範	明	9
旺	法	明	彩	佑	雅	玲	陽	和	康	康	華	10
恵	範	華	智	央	清	紀	賢	将	旺	旺	博	11
和	康	博	洋	総	妙	寛	玲	陽	恵	恵	法	12
将	旺	法	英	泰	佑	雅	紀	賢	和	和	範	13
陽	恵	範	明	理	央	清	寛	玲	将	将	康	14
賢	和	康	華	彩	総	妙	雅	紀	陽	陽	旺	15
玲	将	旺	博	智	泰	佑	清	寛	賢	賢	恵	16
紀	陽	旺	範	洋	理	央	妙	雅	玲	玲	和	17
寛	賢	恵	康	英	彩	総	佑	清	紀	紀	将	18
雅	玲	和	旺	華	智	泰	央	妙	寛	寛	陽	19
清	紀	将	恵	博	洋	理	総	佑	雅	雅	賢	20
妙	寛	陽	和	法	洋	彩	泰	央	清	清	玲	21
佑	雅	賢	将	範	英	智	理	総	妙	妙	紀	22
央	清	玲	陽	康	明	洋	泰	泰	佑	妙	寛	23
総	妙	紀	賢	旺	華	英	理	泰	央	佑	雅	24
泰	佑	寛	玲	恵	博	明	彩	理	央	央	清	25
理	央	雅	紀	和	法	華	智	彩	総	総	妙	26
彩	総	清	寛	将	範	博	洋	智	泰	泰	佑	27
智	泰	妙	雅	陽	康	法	英	洋	理	理	央	28
洋	理	佑	清	賢	旺	範	明	英	彩		総	29
英	彩	央	妙	玲	恵	康	華	明	智		泰	30
明		総		紀	和		博		洋		理	31

2002年（平成14年）

12月	11月	10月	9月	8月	7月	6月	5月	4月	3月	2月	1月	
恵	康	華	智	総	清	寛	陽	和	康	康	華	1
和	旺	博	洋	泰	妙	雅	賢	将	旺	旺	博	2
将	恵	法	英	理	佑	清	玲	陽	恵	恵	法	3
賢	和	範	明	彩	央	妙	紀	賢	和	和	範	4
玲	和	康	華	智	総	佑	寛	玲	将	将	康	5
紀	将	旺	博	洋	泰	央	雅	紀	陽	陽	旺	6
寛	陽	恵	範	英	理	総	清	寛	賢	賢	恵	7
雅	賢	和	康	明	彩	泰	妙	雅	玲	玲	和	8
清	玲	将	旺	華	智	理	佑	清	紀	紀	将	9
妙	紀	陽	恵	博	洋	彩	央	妙	寛	寛	陽	10
佑	寛	賢	和	法	英	彩	総	佑	雅	雅	賢	11
央	雅	玲	将	範	明	智	泰	央	清	雅	玲	12
総	清	紀	陽	康	華	洋	理	央	妙	清	紀	13
泰	妙	寛	賢	旺	博	英	彩	総	妙	妙	寛	14
理	佑	雅	玲	恵	法	明	智	泰	佑	佑	雅	15
彩	央	清	紀	和	範	華	洋	理	央	央	清	16
智	総	妙	寛	将	康	博	英	彩	総	総	妙	17
洋	泰	佑	雅	陽	旺	法	明	智	泰	泰	佑	18
英	理	央	清	賢	恵	範	華	洋	理	理	央	19
明	彩	総	妙	玲	和	康	博	英	彩	彩	総	20
華	智	泰	佑	紀	将	旺	法	明	智	智	泰	21
博	洋	理	央	寛	陽	恵	範	華	洋	洋	理	22
法	英	彩	総	雅	賢	和	康	博	英	英	彩	23
範	明	智	泰	清	玲	将	旺	法	明	明	智	24
康	華	洋	理	妙	紀	陽	恵	範	華	華	洋	25
旺	博	英	彩	佑	寛	賢	和	康	博	博	英	26
恵	法	明	智	央	雅	玲	将	旺	法	法	明	27
和	範	華	洋	総	清	紀	陽	恵	範	範	華	28
将	康	博	英	泰	妙	寛	賢	和	康		博	29
陽	旺	法	明	理	佑	雅	玲	将	旺		法	30
賢		範		彩	央		紀		恵		範	31

2003年（平成15年）

12月	11月	10月	9月	8月	7月	6月	5月	4月	3月	2月	1月	
佑	雅	賢	和	範	英	智	泰	央	清	雅	玲	1
央	清	玲	将	康	明	洋	理	央	妙	清	紀	2
総	妙	紀	陽	旺	華	英	彩	総	妙	妙	紀	3
泰	佑	寛	賢	恵	博	明	智	泰	佑	佑	寛	4
理	央	雅	玲	和	法	華	洋	理	央	央	雅	5
彩	総	清	紀	将	範	博	英	彩	総	総	清	6
智	泰	妙	寛	陽	康	法	明	智	泰	泰	妙	7
洋	理	佑	雅	賢	旺	範	華	洋	理	理	佑	8
英	彩	央	清	玲	恵	康	博	英	彩	彩	央	9
明	智	総	妙	紀	和	旺	法	明	智	智	総	10
華	洋	泰	佑	寛	将	恵	範	華	洋	洋	泰	11
博	英	理	央	雅	陽	和	康	博	英	英	理	12
法	明	彩	総	清	賢	将	旺	法	明	明	彩	13
範	華	智	泰	妙	玲	陽	恵	範	華	華	智	14
康	博	洋	理	佑	紀	賢	和	康	博	博	洋	15
旺	法	英	彩	央	寛	玲	将	旺	法	法	英	16
恵	範	明	智	総	雅	紀	陽	恵	範	範	明	17
和	康	華	洋	泰	清	寛	賢	和	康	康	華	18
将	旺	博	英	理	妙	雅	玲	将	旺	旺	博	19
陽	恵	法	明	彩	佑	清	紀	陽	恵	恵	法	20
賢	和	範	華	智	央	妙	寛	賢	和	和	範	21
玲	将	康	博	洋	総	佑	雅	玲	将	将	康	22
紀	陽	旺	法	英	泰	央	清	紀	陽	陽	旺	23
寛	賢	恵	範	明	理	総	妙	寛	賢	賢	恵	24
雅	玲	和	康	華	彩	泰	佑	雅	玲	玲	和	25
清	紀	将	旺	博	智	理	央	清	紀	紀	将	26
妙	寛	陽	恵	法	洋	彩	総	妙	寛	寛	陽	27
佑	雅	賢	和	範	英	智	泰	佑	雅	雅	賢	28
央	清	玲	将	康	華	洋	理	央	清		玲	29
総	妙	紀	陽	旺	博	洋	彩	総	妙		紀	30
泰		寛		恵	法		彩		佑		寛	31

2004年（平成16年）

12月	11月	10月	9月	8月	7月	6月	5月	4月	3月	2月	1月	
明	智	泰	妙	紀	将	恵	範	華	明	洋	理	1
華	洋	理	佑	寛	陽	和	康	博	華	英	彩	2
博	英	彩	央	雅	賢	将	旺	法	博	明	智	3
法	明	智	総	清	玲	陽	恵	範	法	華	洋	4
範	華	洋	泰	妙	紀	賢	和	康	範	博	英	5
康	博	英	理	佑	寛	玲	将	旺	康	法	明	6
旺	法	明	彩	央	雅	紀	陽	恵	旺	範	華	7
恵	範	華	智	総	清	寛	賢	和	恵	康	博	8
和	康	博	洋	泰	妙	雅	玲	将	和	旺	法	9
将	旺	法	英	理	佑	清	紀	陽	将	恵	範	10
陽	恵	範	明	彩	央	妙	寛	賢	陽	和	康	11
賢	和	康	華	智	総	佑	雅	玲	賢	将	旺	12
玲	将	旺	博	洋	泰	央	清	紀	玲	陽	恵	13
紀	陽	旺	範	英	理	総	妙	寛	紀	賢	和	14
寛	賢	恵	康	明	彩	泰	佑	雅	寛	玲	将	15
雅	玲	和	旺	華	智	理	央	清	雅	紀	陽	16
清	紀	将	恵	博	洋	彩	総	妙	清	寛	賢	17
妙	寛	陽	和	法	英	彩	泰	佑	妙	雅	玲	18
佑	雅	賢	将	範	明	智	泰	央	佑	清	紀	19
央	清	玲	陽	康	華	洋	理	総	央	妙	寛	20
総	妙	紀	賢	旺	博	英	彩	泰	妙	佑	雅	21
泰	佑	寛	玲	恵	法	明	智	理	佑	央	雅	22
理	央	雅	紀	和	範	華	洋	彩	央	総	清	23
彩	総	清	寛	将	康	博	英	智	総	泰	妙	24
智	泰	妙	雅	陽	旺	法	明	洋	泰	理	佑	25
洋	理	佑	清	賢	恵	範	華	英	理	彩	央	26
英	彩	央	妙	玲	和	康	博	明	彩	智	総	27
明	智	総	佑	紀	将	旺	法	華	智	洋	泰	28
華	洋	泰	央	寛	陽	恵	範	博	洋	英	理	29
博	英	理	総	雅	賢	和	康	法	英		彩	30
法		彩		清	玲		旺		明		智	31

2005年（平成17年）

12月	11月	10月	9月	8月	7月	6月	5月	4月	3月	2月	1月	
陽	和	範	華	智	総	佑	寛	玲	和	和	範	1
賢	和	康	博	洋	泰	央	雅	紀	将	将	康	2
玲	将	旺	法	英	理	総	清	寛	陽	陽	旺	3
紀	陽	恵	範	明	彩	泰	妙	雅	賢	賢	恵	4
寛	賢	和	康	華	智	理	佑	清	玲	玲	和	5
雅	玲	将	旺	博	洋	彩	央	妙	紀	紀	将	6
清	紀	陽	恵	法	英	彩	総	佑	寛	寛	陽	7
妙	寛	賢	和	範	明	智	泰	央	雅	雅	賢	8
佑	雅	玲	将	康	華	洋	理	央	清	雅	玲	9
央	清	紀	陽	旺	博	英	彩	総	妙	清	紀	10
総	妙	寛	賢	恵	法	明	智	泰	佑	妙	寛	11
泰	佑	雅	玲	和	範	華	洋	理	央	佑	雅	12
理	央	清	紀	将	康	博	英	彩	総	央	清	13
彩	総	妙	寛	陽	旺	法	明	智	泰	総	妙	14
智	泰	佑	雅	賢	恵	範	華	洋	理	泰	佑	15
洋	理	央	清	玲	和	康	博	英	彩	理	央	16
英	彩	総	妙	紀	将	旺	法	明	智	彩	総	17
明	智	泰	佑	寛	陽	恵	範	華	洋	智	泰	18
華	洋	理	央	雅	賢	和	康	博	英	洋	理	19
博	英	彩	総	清	玲	将	旺	法	明	英	彩	20
法	明	智	泰	妙	紀	陽	恵	範	華	明	智	21
範	華	洋	理	佑	寛	賢	和	康	博	華	洋	22
康	博	英	彩	央	雅	玲	将	旺	法	博	英	23
旺	法	明	智	総	清	紀	陽	恵	範	法	明	24
恵	範	華	洋	泰	妙	寛	賢	和	康	範	華	25
和	康	博	英	理	佑	雅	玲	将	旺	康	博	26
将	旺	法	明	彩	央	清	紀	陽	恵	旺	法	27
陽	恵	範	華	智	総	妙	寛	賢	和	恵	範	28
賢	和	康	博	洋	泰	佑	雅	玲	将		康	29
玲	将	旺	法	英	理	央	清	紀	陽		旺	30
紀		恵		明	彩		妙		賢		恵	31

2006年（平成18年）

12月	11月	10月	9月	8月	7月	6月	5月	4月	3月	2月	1月	
佑	清	紀	将	和	法	華	智	理	佑	佑	寛	1
央	妙	寛	陽	将	範	博	洋	彩	央	央	雅	2
総	佑	雅	賢	陽	康	法	英	智	総	総	清	3
泰	央	清	玲	賢	旺	範	明	洋	泰	泰	妙	4
理	総	妙	紀	玲	恵	康	華	英	理	理	佑	5
彩	泰	佑	寛	紀	和	旺	博	明	彩	彩	央	6
智	理	央	雅	寛	将	恵	法	華	智	智	総	7
洋	彩	総	清	雅	陽	和	範	博	洋	洋	泰	8
英	智	泰	妙	清	賢	将	康	法	英	英	理	9
明	洋	理	佑	妙	玲	陽	旺	範	明	明	彩	10
華	英	彩	央	佑	紀	賢	恵	康	華	華	智	11
博	明	智	総	央	寛	玲	和	旺	博	博	洋	12
法	華	洋	泰	総	雅	紀	将	恵	法	法	英	13
範	博	英	理	泰	清	寛	陽	和	範	範	明	14
康	法	明	彩	理	妙	雅	賢	将	康	康	華	15
旺	範	華	智	彩	佑	清	玲	陽	旺	旺	博	16
恵	康	博	洋	智	央	妙	紀	賢	恵	恵	法	17
和	旺	法	英	洋	総	佑	寛	玲	和	和	範	18
将	恵	範	明	英	泰	央	雅	紀	将	将	康	19
賢	和	康	華	明	理	総	清	寛	陽	陽	旺	20
玲	和	旺	博	華	彩	泰	妙	雅	賢	賢	恵	21
紀	将	旺	範	博	智	理	佑	清	玲	玲	和	22
寛	陽	恵	康	法	洋	彩	央	妙	紀	紀	将	23
雅	賢	和	旺	華	英	智	総	佑	寛	寛	陽	24
清	玲	将	恵	博	華	洋	泰	央	雅	雅	賢	25
妙	紀	陽	和	法	博	洋	理	総	清	清	玲	26
佑	寛	賢	将	範	法	英	彩	泰	妙	妙	紀	27
央	雅	玲	陽	康	範	明	智	泰	佑	妙	寛	28
総	清	紀	賢	旺	康	華	洋	理	央		雅	29
泰	妙	寛	玲	恵	旺	博	英	彩	総		清	30
理		雅		和	恵		明		泰		妙	31

2007年（平成19年）

12月	11月	10月	9月	8月	7月	6月	5月	4月	3月	2月	1月	
博	明	智	総	清	玲	将	旺	法	英	英	彩	1
法	華	洋	泰	妙	紀	陽	恵	範	明	明	智	2
範	博	英	理	佑	寛	賢	和	康	華	華	洋	3
康	法	明	彩	央	雅	玲	将	旺	博	博	英	4
旺	範	華	智	総	清	紀	陽	恵	法	法	明	5
恵	康	博	洋	泰	妙	寛	賢	和	範	範	華	6
和	旺	法	英	理	佑	雅	玲	将	康	康	博	7
将	恵	範	明	彩	央	清	紀	陽	旺	旺	法	8
陽	和	康	華	智	総	妙	寛	賢	恵	恵	範	9
賢	和	旺	博	洋	泰	佑	雅	玲	和	和	康	10
玲	将	旺	範	英	理	央	清	紀	将	将	旺	11
紀	陽	恵	康	明	彩	総	妙	寛	陽	陽	恵	12
寛	賢	和	旺	華	智	泰	佑	雅	賢	賢	和	13
雅	玲	将	恵	博	洋	理	央	清	玲	玲	将	14
清	紀	陽	和	法	英	彩	総	妙	紀	紀	陽	15
妙	寛	賢	将	範	明	智	泰	佑	寛	寛	賢	16
佑	雅	玲	陽	康	華	洋	泰	央	雅	雅	玲	17
央	清	紀	賢	旺	博	英	理	総	清	雅	紀	18
総	妙	寛	玲	恵	法	明	彩	泰	妙	清	紀	19
泰	佑	雅	紀	和	範	華	智	理	佑	妙	寛	20
理	央	清	寛	将	康	博	洋	彩	央	佑	雅	21
彩	総	妙	雅	陽	旺	法	英	智	総	央	清	22
智	泰	佑	清	賢	恵	範	明	洋	泰	総	妙	23
洋	理	央	妙	玲	和	康	華	英	理	泰	佑	24
英	彩	総	佑	紀	将	旺	博	明	彩	理	央	25
明	智	泰	央	寛	陽	恵	法	華	智	彩	総	26
華	洋	理	総	雅	賢	和	範	博	洋	智	泰	27
博	英	彩	泰	清	玲	将	康	法	英	洋	理	28
法	明	智	理	妙	紀	陽	旺	範	明		彩	29
範	華	洋	彩	佑	寛	賢	恵	康	華		智	30
康		英		央	雅		和		博		洋	31

2008年（平成20年）

12月	11月	10月	9月	8月	7月	6月	5月	4月	3月	2月	1月	
寛	賢	和	康	華	彩	泰	妙	寛	賢	陽	旺	1
雅	玲	将	旺	博	智	理	佑	雅	玲	賢	恵	2
清	紀	陽	恵	法	洋	彩	央	清	紀	玲	和	3
妙	寛	賢	和	範	英	彩	総	妙	寛	紀	将	4
佑	雅	玲	将	康	明	智	泰	佑	雅	寛	陽	5
央	清	紀	陽	旺	華	洋	理	央	清	雅	賢	6
総	妙	寛	賢	恵	博	英	彩	総	妙	雅	玲	7
泰	佑	雅	玲	和	法	明	智	泰	妙	清	紀	8
理	央	清	紀	将	範	華	洋	理	佑	妙	寛	9
彩	総	妙	寛	陽	康	博	英	彩	央	佑	雅	10
智	泰	佑	雅	賢	旺	法	明	智	総	央	清	11
洋	理	央	清	玲	恵	範	華	洋	泰	総	妙	12
英	彩	総	妙	紀	和	康	博	英	理	泰	佑	13
明	智	泰	佑	寛	将	旺	法	明	彩	理	央	14
華	洋	理	央	雅	陽	恵	範	華	智	彩	総	15
博	英	彩	総	清	賢	和	康	博	洋	智	泰	16
法	明	智	泰	妙	玲	将	旺	法	英	洋	理	17
範	華	洋	理	佑	紀	陽	恵	範	明	英	彩	18
康	博	英	彩	央	寛	賢	和	康	華	明	智	19
旺	法	明	智	総	雅	玲	将	旺	博	華	洋	20
恵	範	華	洋	泰	清	紀	陽	恵	法	博	英	21
和	康	博	英	理	妙	寛	賢	和	範	法	明	22
将	旺	法	明	彩	佑	雅	玲	将	康	範	華	23
陽	恵	範	華	智	央	清	紀	陽	旺	康	博	24
賢	和	康	博	洋	総	妙	寛	賢	恵	旺	法	25
玲	将	旺	法	英	泰	佑	雅	玲	和	恵	範	26
紀	陽	恵	範	明	理	央	清	紀	将	和	康	27
寛	賢	和	康	華	彩	総	妙	寛	陽	将	旺	28
雅	玲	和	旺	博	智	泰	佑	雅	賢	陽	恵	29
清	紀	将	恵	法	洋	理	央	清	玲		和	30
妙		陽		範	英		総		紀		将	31

2009年（平成21年）

12月	11月	10月	9月	8月	7月	6月	5月	4月	3月	2月	1月	
理	総	清	紀	和	範	範	明	智	泰	泰	佑	1
彩	泰	妙	寛	将	康	康	華	洋	理	理	央	2
智	理	佑	雅	陽	旺	旺	博	英	彩	彩	総	3
洋	彩	央	清	賢	恵	恵	法	明	智	智	泰	4
英	智	総	妙	玲	和	和	範	華	洋	洋	理	5
明	洋	泰	佑	紀	将	将	康	博	英	英	彩	6
華	英	理	央	寛	陽	陽	旺	法	明	明	智	7
博	明	彩	総	雅	賢	賢	恵	範	華	華	洋	8
法	華	智	泰	清	玲	玲	和	康	博	博	英	9
範	博	洋	理	妙	紀	紀	将	旺	法	法	明	10
康	法	英	彩	佑	寛	寛	陽	恵	範	範	華	11
旺	範	明	智	央	雅	雅	賢	和	康	康	博	12
恵	康	華	洋	総	清	清	玲	将	旺	旺	法	13
和	旺	博	英	泰	妙	妙	紀	陽	恵	恵	範	14
将	恵	法	明	理	佑	佑	寛	賢	和	和	康	15
賢	和	範	華	彩	央	央	雅	玲	将	将	旺	16
玲	和	康	博	智	総	総	清	紀	陽	陽	恵	17
紀	将	旺	法	洋	泰	泰	妙	寛	賢	賢	和	18
寛	陽	恵	範	英	理	理	佑	雅	玲	玲	将	19
雅	賢	和	康	華	彩	彩	央	清	紀	紀	陽	20
清	玲	将	旺	博	智	智	総	妙	寛	寛	賢	21
妙	紀	陽	恵	法	洋	洋	泰	佑	雅	雅	玲	22
佑	寛	賢	和	範	英	彩	理	央	清	清	紀	23
央	雅	玲	将	康	明	智	彩	総	妙	妙	寛	24
総	清	紀	陽	旺	華	洋	智	泰	佑	妙	雅	25
泰	妙	寛	賢	恵	博	英	洋	理	央	佑	雅	26
理	佑	雅	玲	和	法	明	英	彩	央	央	清	27
彩	央	清	紀	将	範	華	明	智	総	総	妙	28
智	総	妙	寛	陽	康	博	華	洋	泰		佑	29
洋	泰	佑	雅	賢	旺	法	博	英	理		央	30
英		央		玲	恵		法		彩		総	31

2010年（平成22年）

12月	11月	10月	9月	8月	7月	6月	5月	4月	3月	2月	1月	
旺	法	明	彩	佑	雅	玲	将	旺	法	法	明	1
恵	範	華	智	央	清	紀	陽	恵	範	範	華	2
和	康	博	洋	総	妙	寛	賢	和	康	康	博	3
将	旺	法	英	泰	佑	雅	玲	将	旺	旺	法	4
陽	恵	範	明	理	央	清	紀	陽	恵	恵	範	5
賢	和	康	華	彩	総	妙	寛	賢	和	和	康	6
玲	将	旺	博	智	泰	佑	雅	玲	将	将	旺	7
紀	陽	旺	範	洋	理	央	清	紀	陽	陽	恵	8
寛	賢	恵	康	英	彩	総	妙	寛	賢	賢	和	9
雅	玲	和	旺	華	智	泰	佑	雅	玲	玲	将	10
清	紀	将	恵	博	洋	理	央	清	紀	紀	陽	11
妙	寛	陽	和	法	洋	彩	総	妙	寛	寛	賢	12
佑	雅	賢	将	範	英	智	泰	佑	雅	雅	玲	13
央	清	玲	陽	康	明	洋	泰	央	清	雅	紀	14
総	妙	紀	賢	旺	華	英	理	総	妙	清	紀	15
泰	佑	寛	玲	恵	博	明	彩	泰	妙	妙	寛	16
理	央	雅	紀	和	法	華	智	理	佑	佑	雅	17
彩	総	清	寛	将	範	博	洋	彩	央	央	清	18
智	泰	妙	雅	陽	康	法	英	智	総	総	妙	19
洋	理	佑	清	賢	旺	範	明	洋	泰	泰	佑	20
英	彩	央	妙	玲	恵	康	華	英	理	理	央	21
明	智	総	佑	紀	和	旺	博	明	彩	彩	総	22
華	洋	泰	央	寛	将	恵	法	華	智	智	泰	23
博	英	理	総	雅	陽	和	範	博	洋	洋	理	24
法	明	彩	泰	清	賢	将	康	法	英	英	彩	25
範	華	智	理	妙	玲	陽	旺	範	明	明	智	26
康	博	洋	彩	佑	紀	賢	恵	康	華	華	洋	27
旺	法	英	智	央	寛	玲	和	旺	博	博	英	28
恵	範	明	洋	総	雅	紀	将	恵	法		明	29
和	康	華	英	泰	清	寛	陽	和	範		華	30
将		博		理	妙		賢		康		博	31

2011年（平成23年）

12月	11月	10月	9月	8月	7月	6月	5月	4月	3月	2月	1月	
妙	紀	陽	恵	博	洋	彩	総	妙	寛	寛	陽	1
佑	寛	賢	和	法	英	彩	泰	佑	雅	雅	賢	2
央	雅	玲	将	範	明	智	泰	央	清	雅	玲	3
総	清	紀	陽	康	華	洋	理	総	妙	清	紀	4
泰	妙	寛	賢	旺	博	英	彩	泰	妙	妙	寛	5
理	佑	雅	玲	恵	法	明	智	理	佑	佑	雅	6
彩	央	清	紀	和	範	華	洋	彩	央	央	清	7
智	総	妙	寛	将	康	博	英	智	総	総	妙	8
洋	泰	佑	雅	陽	旺	法	明	洋	泰	泰	佑	9
英	理	央	清	賢	恵	範	華	英	理	理	央	10
明	彩	総	妙	玲	和	康	博	明	彩	彩	総	11
華	智	泰	佑	紀	将	旺	法	華	智	智	泰	12
博	洋	理	央	寛	陽	恵	範	博	洋	洋	理	13
法	英	彩	総	雅	賢	和	康	法	英	英	彩	14
範	明	智	泰	清	玲	将	旺	範	明	明	智	15
康	華	洋	理	妙	紀	陽	恵	康	華	華	洋	16
旺	博	英	彩	佑	寛	賢	和	旺	博	博	英	17
恵	法	明	智	央	雅	玲	将	恵	法	法	明	18
和	範	華	洋	総	清	紀	陽	和	範	範	華	19
将	康	博	英	泰	妙	寛	賢	将	康	康	博	20
陽	旺	法	明	理	佑	雅	玲	陽	旺	旺	法	21
賢	恵	範	華	彩	央	清	紀	賢	恵	恵	範	22
玲	和	康	博	智	総	妙	寛	玲	和	和	康	23
紀	将	旺	法	洋	泰	佑	雅	紀	将	将	旺	24
紀	賢	恵	範	英	理	央	清	寛	陽	陽	恵	25
寛	玲	和	康	明	彩	総	妙	雅	賢	賢	和	26
雅	紀	和	旺	華	智	泰	佑	清	玲	玲	将	27
清	寛	将	恵	博	洋	理	央	妙	紀	紀	陽	28
妙	雅	陽	和	範	英	彩	総	佑	寛		賢	29
佑	清	賢	将	康	明	智	泰	央	雅		玲	30
央		玲		旺	華		理		清		紀	31

2013年（平成25年）

12月	11月	10月	9月	8月	7月	6月	5月	4月	3月	2月	1月	
将	旺	法	英	理	佑	清	紀	陽	恵	旺	法	1
陽	恵	範	明	彩	央	妙	寛	賢	和	恵	範	2
賢	和	康	華	智	総	佑	雅	玲	将	和	康	3
玲	将	旺	博	洋	泰	央	清	紀	陽	将	旺	4
紀	陽	旺	範	英	理	総	妙	寛	賢	陽	恵	5
寛	賢	恵	康	明	彩	泰	佑	雅	玲	賢	和	6
雅	玲	和	旺	華	智	理	央	清	紀	玲	将	7
清	紀	将	恵	博	洋	彩	総	妙	寛	紀	陽	8
妙	寛	陽	和	法	英	彩	泰	佑	雅	寛	賢	9
佑	雅	賢	将	範	明	智	泰	央	清	雅	玲	10
央	清	玲	陽	康	華	洋	理	総	妙	清	紀	11
総	妙	紀	賢	旺	博	英	彩	泰	妙	妙	紀	12
泰	佑	寛	玲	恵	法	明	智	理	佑	佑	寛	13
理	央	雅	紀	和	範	華	洋	彩	央	央	雅	14
彩	総	清	寛	将	康	博	英	智	総	総	清	15
智	泰	妙	雅	陽	旺	法	明	洋	泰	泰	妙	16
洋	理	佑	清	賢	恵	範	華	英	理	理	佑	17
英	彩	央	妙	玲	和	康	博	明	彩	彩	央	18
明	智	総	佑	紀	将	旺	法	華	智	智	総	19
華	洋	泰	央	寛	陽	恵	範	博	洋	洋	泰	20
博	英	理	総	雅	賢	和	康	法	英	英	理	21
法	明	彩	泰	清	玲	将	旺	範	明	明	彩	22
範	華	智	理	妙	紀	陽	恵	康	華	華	智	23
康	博	洋	彩	佑	寛	賢	和	旺	博	博	洋	24
旺	法	英	智	央	雅	玲	将	恵	法	法	英	25
恵	範	明	洋	総	清	紀	陽	和	範	範	明	26
和	康	華	英	泰	妙	寛	賢	将	康	康	華	27
将	旺	博	明	理	佑	雅	玲	陽	旺	旺	博	28
陽	恵	法	華	彩	央	清	紀	賢	恵		法	29
賢	和	範	博	智	総	妙	寛	玲	和		範	30
玲		康		洋	泰		雅		将		康	31

2012年（平成24年）

12月	11月	10月	9月	8月	7月	6月	5月	4月	3月	2月	1月	
洋	彩	央	雅	賢	恵	康	博	博	洋	智	総	1
英	智	総	清	玲	和	旺	法	法	英	洋	泰	2
明	洋	泰	妙	紀	将	恵	範	範	明	英	理	3
華	英	理	佑	寛	陽	和	康	康	華	明	彩	4
博	明	彩	央	雅	賢	将	旺	旺	博	華	智	5
法	華	智	総	清	玲	陽	恵	恵	法	博	洋	6
範	博	洋	泰	妙	紀	賢	和	和	範	法	英	7
康	法	英	理	佑	寛	玲	将	将	康	範	明	8
旺	範	明	彩	央	雅	紀	陽	陽	旺	康	華	9
恵	康	華	智	総	清	寛	賢	賢	恵	旺	博	10
和	旺	博	洋	泰	妙	雅	玲	玲	和	恵	法	11
将	恵	法	英	理	佑	清	紀	紀	将	和	範	12
賢	和	範	明	彩	央	妙	寛	寛	陽	将	康	13
玲	和	康	華	智	総	佑	雅	雅	賢	陽	旺	14
紀	将	旺	博	洋	泰	央	清	清	玲	賢	恵	15
寛	陽	恵	範	英	理	総	妙	妙	紀	玲	和	16
雅	賢	和	康	明	彩	泰	佑	佑	寛	紀	将	17
清	玲	将	旺	華	智	理	央	央	雅	寛	陽	18
妙	紀	陽	恵	博	洋	彩	総	総	清	雅	賢	19
佑	寛	賢	和	法	英	彩	泰	泰	妙	清	玲	20
央	雅	玲	将	範	明	智	泰	央	佑	妙	紀	21
総	清	紀	陽	康	華	洋	理	総	央	妙	寛	22
泰	妙	寛	賢	旺	博	英	彩	泰	総	佑	雅	23
理	佑	雅	玲	恵	法	明	智	理	泰	央	清	24
彩	央	清	紀	和	範	華	洋	彩	理	総	妙	25
智	総	妙	寛	将	康	博	英	智	彩	泰	佑	26
洋	泰	佑	雅	陽	旺	法	明	洋	智	理	央	27
英	理	央	清	賢	恵	範	華	英	洋	彩	総	28
明	彩	総	妙	玲	和	康	博	明	英	智	泰	29
華	智	泰	佑	紀	将	旺	法	華	明		理	30
博		理		寛	陽		範		華		彩	31

2014年（平成26年）

12月	11月	10月	9月	8月	7月	6月	5月	4月	3月	2月	1月	
妙	寛	紀	賢	旺	博	英	彩	総	妙	清	紀	1
佑	雅	寛	玲	恵	法	明	智	泰	佑	妙	寛	2
央	清	雅	紀	和	範	華	洋	理	央	佑	雅	3
総	妙	清	寛	将	康	博	英	彩	総	央	清	4
泰	佑	妙	雅	陽	旺	法	明	智	泰	総	妙	5
理	央	佑	清	賢	恵	範	華	洋	理	泰	佑	6
彩	総	央	妙	玲	和	康	博	英	彩	理	央	7
智	泰	総	佑	紀	将	旺	法	明	智	彩	総	8
洋	理	泰	央	寛	陽	恵	範	華	洋	智	泰	9
英	彩	理	総	雅	賢	和	康	博	英	洋	理	10
明	智	彩	泰	清	玲	将	旺	法	明	英	彩	11
華	洋	智	理	妙	紀	陽	恵	範	華	明	智	12
博	英	洋	彩	佑	寛	賢	和	康	博	華	洋	13
法	明	英	智	央	雅	玲	将	旺	法	博	英	14
範	華	明	洋	総	清	紀	陽	恵	範	法	明	15
康	博	華	英	泰	妙	寛	賢	和	康	範	華	16
旺	法	博	明	理	佑	雅	玲	将	旺	康	博	17
恵	範	法	華	彩	央	清	紀	陽	恵	旺	法	18
和	康	範	博	智	総	妙	寛	賢	和	恵	範	19
将	旺	康	法	洋	泰	佑	雅	玲	将	和	康	20
陽	恵	旺	範	英	理	央	清	紀	陽	将	旺	21
賢	和	恵	康	明	彩	総	妙	寛	賢	陽	恵	22
玲	将	和	旺	華	智	泰	佑	雅	玲	賢	和	23
紀	陽	旺	旺	博	洋	理	央	清	紀	玲	将	24
寛	賢	恵	恵	範	英	彩	総	妙	寛	紀	陽	25
雅	玲	和	和	康	明	智	泰	佑	雅	寛	賢	26
清	紀	将	将	旺	華	洋	理	央	清	雅	玲	27
妙	寛	陽	陽	恵	博	英	彩	総	妙	清	紀	28
佑	雅	賢	賢	和	法	明	彩	泰	佑		寛	29
央	清	玲	玲	将	範	華	智	理	央		雅	30
総		紀		陽	康		洋		央		雅	31

2015年（平成27年）

12月	11月	10月	9月	8月	7月	6月	5月	4月	3月	2月	1月	
明	洋	理	央	寛	賢	和	範	博	洋	洋	泰	1
華	英	彩	総	雅	玲	将	康	法	英	英	理	2
博	明	智	泰	清	紀	陽	旺	範	明	明	彩	3
法	華	洋	理	妙	寛	賢	恵	康	華	華	智	4
範	博	英	彩	佑	雅	玲	和	旺	博	博	洋	5
康	法	明	智	央	清	紀	将	恵	法	法	英	6
旺	範	華	洋	総	妙	寛	陽	和	範	範	明	7
恵	康	博	英	泰	佑	雅	賢	将	康	康	華	8
和	旺	法	明	理	央	清	玲	陽	旺	旺	博	9
将	恵	範	華	彩	総	妙	紀	賢	恵	恵	法	10
賢	和	康	博	智	泰	佑	寛	玲	和	和	範	11
玲	和	旺	法	洋	理	央	雅	紀	将	将	康	12
紀	将	旺	範	英	彩	総	清	寛	陽	陽	旺	13
寛	陽	恵	康	華	智	泰	妙	雅	賢	賢	恵	14
雅	賢	和	旺	博	洋	理	佑	清	玲	玲	和	15
清	玲	将	恵	法	洋	彩	央	妙	紀	紀	将	16
妙	紀	陽	和	範	英	智	総	佑	寛	寛	陽	17
佑	寛	賢	将	康	明	洋	泰	央	雅	雅	賢	18
央	雅	玲	陽	旺	華	英	理	央	清	雅	玲	19
総	清	紀	賢	恵	博	明	彩	総	妙	清	紀	20
泰	妙	寛	玲	和	法	華	智	泰	佑	妙	寛	21
理	佑	雅	紀	将	範	博	洋	理	央	佑	雅	22
彩	央	清	寛	陽	康	法	英	彩	総	央	清	23
智	総	妙	雅	賢	旺	範	明	智	泰	総	妙	24
洋	泰	佑	清	玲	恵	康	華	洋	理	泰	佑	25
英	理	央	妙	紀	和	旺	博	英	彩	理	央	26
明	彩	総	佑	寛	将	恵	法	明	智	彩	総	27
華	智	泰	央	雅	陽	和	範	華	洋	智	泰	28
博	洋	理	総	清	賢	将	康	博	英		理	29
法	英	彩	泰	妙	玲	陽	旺	法	明		彩	30
範		智		佑	紀		恵		華		智	31

2016年（平成28年）

12月	11月	10月	9月	8月	7月	6月	5月	4月	3月	2月	1月	
紀	将	旺	範	英	理	央	清	紀	陽	和	康	1
寛	陽	恵	康	明	彩	総	妙	寛	賢	将	旺	2
雅	賢	和	旺	華	智	泰	佑	雅	玲	陽	恵	3
清	玲	将	恵	博	洋	理	央	清	紀	賢	和	4
妙	紀	陽	和	法	英	彩	総	妙	寛	玲	将	5
佑	寛	賢	将	範	明	智	泰	佑	雅	紀	陽	6
央	雅	玲	陽	康	華	洋	泰	央	清	寛	賢	7
総	清	紀	賢	旺	博	英	理	総	妙	雅	玲	8
泰	妙	寛	玲	恵	法	明	彩	泰	妙	清	紀	9
理	佑	雅	紀	和	範	華	智	理	佑	妙	紀	10
彩	央	清	寛	将	康	博	洋	彩	央	佑	寛	11
智	総	妙	雅	陽	旺	法	英	智	総	央	雅	12
洋	泰	佑	清	賢	恵	範	明	洋	泰	総	清	13
英	理	央	妙	玲	和	康	華	英	理	泰	妙	14
明	彩	総	佑	紀	将	旺	博	明	彩	理	佑	15
華	智	泰	央	寛	陽	恵	法	華	智	彩	央	16
博	洋	理	総	雅	賢	和	範	博	洋	智	総	17
法	英	彩	泰	清	玲	将	康	法	英	洋	泰	18
範	明	智	理	妙	紀	陽	旺	範	明	英	理	19
康	華	洋	彩	佑	寛	賢	恵	康	華	明	彩	20
旺	博	英	智	央	雅	玲	和	旺	博	華	智	21
恵	法	明	洋	総	清	紀	将	恵	法	博	洋	22
和	範	華	英	泰	妙	寛	陽	和	範	法	英	23
将	康	博	明	理	佑	雅	賢	将	康	範	明	24
陽	旺	法	華	彩	央	清	玲	陽	旺	康	華	25
賢	恵	範	博	智	総	妙	紀	賢	恵	旺	博	26
玲	和	康	法	洋	泰	佑	寛	玲	和	恵	法	27
紀	将	旺	範	英	理	央	雅	紀	将	和	範	28
紀	賢	恵	康	明	彩	総	清	寛	陽	将	康	29
寛	玲	和	旺	華	智	泰	妙	雅	賢		旺	30
雅		和		博	洋		佑		玲		恵	31

2017年（平成29年）

12月	11月	10月	9月	8月	7月	6月	5月	4月	3月	2月	1月	
泰	佑	雅	賢	恵	法	博	英	彩	総	央	清	1
理	央	清	玲	和	範	法	明	智	泰	総	妙	2
彩	総	妙	紀	将	康	範	華	洋	理	泰	佑	3
智	泰	佑	寛	陽	旺	康	博	英	彩	理	央	4
洋	理	央	雅	賢	恵	旺	法	明	智	彩	総	5
英	彩	総	清	玲	和	恵	範	華	洋	智	泰	6
明	智	泰	妙	紀	将	和	康	博	英	洋	理	7
華	洋	理	佑	寛	陽	将	旺	法	明	英	彩	8
博	英	彩	央	雅	賢	陽	恵	範	華	明	智	9
法	明	智	総	清	玲	賢	和	康	博	華	洋	10
範	華	洋	泰	妙	紀	玲	将	旺	法	博	英	11
康	博	英	理	佑	寛	紀	陽	恵	範	法	明	12
旺	法	明	彩	央	雅	寛	賢	和	康	範	華	13
恵	範	華	智	総	清	雅	玲	将	旺	康	博	14
和	康	博	洋	泰	妙	清	紀	陽	恵	旺	法	15
将	旺	法	英	理	佑	妙	寛	賢	和	恵	範	16
陽	恵	範	明	彩	央	佑	雅	玲	将	和	康	17
賢	和	康	華	智	総	央	清	紀	陽	将	旺	18
玲	将	旺	博	洋	泰	総	妙	寛	賢	陽	恵	19
紀	陽	旺	範	英	理	泰	佑	雅	玲	賢	和	20
寛	賢	恵	康	明	彩	理	央	清	紀	玲	将	21
雅	玲	和	旺	華	智	彩	総	妙	寛	紀	陽	22
清	紀	将	恵	博	洋	智	泰	佑	雅	寛	賢	23
妙	寛	陽	和	法	英	彩	理	央	清	雅	玲	24
佑	雅	賢	将	範	明	智	彩	総	妙	清	紀	25
央	清	玲	陽	康	華	洋	彩	泰	佑	妙	寛	26
総	妙	紀	賢	旺	博	英	智	理	央	佑	雅	27
泰	佑	寛	玲	恵	法	明	洋	彩	央	央	雅	28
理	央	雅	紀	和	範	華	英	智	総		清	29
彩	総	清	寛	将	康	博	明	洋	泰		妙	30
智		妙		陽	旺		華		理		佑	31

2018年（平成30年）

12月	11月	10月	9月	8月	7月	6月	5月	4月	3月	2月	1月	
範	博	洋	理	妙	紀	賢	恵	康	華	華	洋	1
康	法	英	彩	佑	寛	玲	和	旺	博	博	英	2
旺	範	明	智	央	雅	紀	将	恵	法	法	明	3
恵	康	華	洋	総	清	寛	陽	和	範	範	華	4
和	旺	博	英	泰	妙	雅	賢	将	康	康	博	5
将	恵	法	明	理	佑	清	玲	陽	旺	旺	法	6
賢	和	範	華	彩	央	妙	紀	賢	恵	恵	範	7
玲	和	康	博	智	総	佑	寛	玲	和	和	康	8
紀	将	旺	法	洋	泰	央	雅	紀	将	将	旺	9
寛	陽	恵	範	英	理	総	清	寛	陽	陽	恵	10
雅	賢	和	康	華	彩	泰	妙	雅	賢	賢	和	11
清	玲	将	旺	博	智	理	佑	清	玲	玲	将	12
妙	紀	陽	恵	法	洋	彩	央	妙	紀	紀	陽	13
佑	寛	賢	和	範	英	彩	総	佑	寛	寛	賢	14
央	雅	玲	将	康	明	智	泰	央	雅	雅	玲	15
総	清	紀	陽	旺	華	洋	理	央	清	雅	紀	16
泰	妙	寛	賢	恵	博	英	彩	総	妙	清	紀	17
理	佑	雅	玲	和	法	明	智	泰	佑	妙	寛	18
彩	央	清	紀	将	範	華	洋	理	央	佑	雅	19
智	総	妙	寛	陽	康	博	英	彩	総	央	清	20
洋	泰	佑	雅	賢	旺	法	明	智	泰	総	妙	21
英	理	央	清	玲	恵	範	華	洋	理	泰	佑	22
明	彩	総	妙	紀	和	康	博	英	彩	理	央	23
華	智	泰	佑	寛	将	旺	法	明	智	彩	総	24
博	洋	理	央	雅	陽	恵	範	華	洋	智	泰	25
法	英	彩	総	清	賢	和	康	博	英	洋	理	26
範	明	智	泰	妙	玲	将	旺	法	明	英	彩	27
康	華	洋	理	佑	紀	陽	恵	範	華	明	智	28
旺	博	英	彩	央	寛	賢	和	康	博		洋	29
恵	法	明	智	総	雅	玲	将	旺	法		英	30
和		華		泰	清		陽		範		明	31

2019年（平成31年・令和元年）

12月	11月	10月	9月	8月	7月	6月	5月	4月	3月	2月	1月	
雅	玲	和	旺	華	智	泰	佑	雅	玲	玲	将	1
清	紀	将	恵	博	洋	理	央	清	紀	紀	陽	2
妙	寛	陽	和	法	洋	彩	総	妙	寛	寛	賢	3
佑	雅	賢	将	範	英	智	泰	佑	雅	雅	玲	4
央	清	玲	陽	康	明	洋	泰	央	清	雅	紀	5
総	妙	紀	賢	旺	華	英	理	総	妙	清	紀	6
泰	佑	寛	玲	恵	博	明	彩	泰	妙	妙	寛	7
理	央	雅	紀	和	法	華	智	理	佑	佑	雅	8
彩	総	清	寛	将	範	博	洋	彩	央	央	清	9
智	泰	妙	雅	陽	康	法	英	智	総	総	妙	10
洋	理	佑	清	賢	旺	範	明	洋	泰	泰	佑	11
英	彩	央	妙	玲	恵	康	華	英	理	理	央	12
明	智	総	佑	紀	和	旺	博	明	彩	彩	総	13
華	洋	泰	央	寛	将	恵	法	華	智	智	泰	14
博	英	理	総	雅	陽	和	範	博	洋	洋	理	15
法	明	彩	泰	清	賢	将	康	法	英	英	彩	16
範	華	智	理	妙	玲	陽	旺	範	明	明	智	17
康	博	洋	彩	佑	紀	賢	恵	康	華	華	洋	18
旺	法	英	智	央	寛	玲	和	旺	博	博	英	19
恵	範	明	洋	総	雅	紀	将	恵	法	法	明	20
和	康	華	英	泰	清	寛	陽	和	範	範	華	21
将	旺	博	明	理	妙	雅	賢	将	康	康	博	22
陽	恵	法	華	彩	佑	清	玲	陽	旺	旺	法	23
賢	和	範	博	智	央	妙	紀	賢	恵	恵	範	24
玲	将	康	法	洋	総	佑	寛	玲	和	和	康	25
紀	陽	旺	範	英	泰	央	雅	紀	将	将	旺	26
寛	賢	恵	康	明	理	総	清	寛	陽	陽	恵	27
雅	玲	和	旺	華	彩	泰	妙	雅	賢	賢	和	28
清	紀	将	旺	博	智	理	佑	清	玲		将	29
妙	寛	陽	恵	範	洋	彩	央	妙	紀		陽	30
佑		賢		康	英		総		寛		賢	31

2020年（令和2年）

12月	11月	10月	9月	8月	7月	6月	5月	4月	3月	2月	1月	
智	泰	佑	寛	将	旺	法	博	明	彩	理	央	1
洋	理	央	雅	陽	恵	範	法	華	智	彩	総	2
英	彩	総	清	賢	和	康	範	博	洋	智	泰	3
明	智	泰	妙	玲	将	旺	康	法	英	洋	理	4
華	洋	理	佑	紀	陽	恵	旺	範	明	英	彩	5
博	英	彩	央	寛	賢	和	恵	康	華	明	智	6
法	明	智	総	雅	玲	将	和	旺	博	華	洋	7
範	華	洋	泰	清	紀	陽	将	恵	法	博	英	8
康	博	英	理	妙	寛	賢	陽	和	範	法	明	9
旺	法	明	彩	佑	雅	玲	賢	将	康	範	華	10
恵	範	華	智	央	清	紀	玲	陽	旺	康	博	11
和	康	博	洋	総	妙	寛	紀	賢	恵	旺	法	12
将	旺	法	英	泰	佑	雅	寛	玲	和	恵	範	13
陽	恵	範	明	理	央	清	雅	紀	将	和	康	14
賢	和	康	華	彩	総	妙	清	寛	陽	将	旺	15
玲	将	旺	博	智	泰	佑	妙	雅	賢	陽	恵	16
紀	陽	旺	範	洋	理	央	佑	清	玲	賢	和	17
寛	賢	恵	康	英	彩	総	央	妙	紀	玲	将	18
雅	玲	和	旺	華	智	泰	総	佑	寛	紀	陽	19
清	紀	将	恵	博	洋	理	泰	央	雅	寛	賢	20
妙	寛	陽	和	法	洋	彩	理	総	清	雅	玲	21
佑	雅	賢	将	範	英	智	彩	泰	妙	清	紀	22
央	清	玲	陽	康	明	洋	泰	泰	佑	妙	寛	23
総	妙	紀	賢	旺	華	英	理	理	央	妙	雅	24
泰	佑	寛	玲	恵	博	明	彩	彩	総	佑	雅	25
理	央	雅	紀	和	法	華	智	智	泰	央	清	26
彩	総	清	寛	将	範	博	洋	洋	理	総	妙	27
智	泰	妙	雅	陽	康	法	英	英	彩	泰	佑	28
洋	理	佑	清	賢	旺	範	明	明	智	理	央	29
英	彩	央	妙	玲	恵	康	華	華	洋		総	30
明		総		紀	和		博		英		泰	31

2021年（令和3年）

12月	11月	10月	9月	8月	7月	6月	5月	4月	3月	2月	1月	
恵	康	華	洋	総	妙	寛	賢	将	康	康	華	1
和	旺	博	英	泰	佑	雅	玲	陽	旺	旺	博	2
将	恵	法	明	理	央	清	紀	賢	恵	恵	法	3
賢	和	範	華	彩	総	妙	寛	玲	和	和	範	4
玲	和	康	博	智	泰	佑	雅	紀	将	将	康	5
紀	将	旺	法	洋	理	央	清	寛	陽	陽	旺	6
寛	陽	恵	範	英	彩	総	妙	雅	賢	賢	恵	7
雅	賢	和	康	華	智	泰	佑	清	玲	玲	和	8
清	玲	将	旺	博	洋	理	央	妙	紀	紀	将	9
妙	紀	陽	恵	法	洋	彩	総	佑	寛	寛	陽	10
佑	寛	賢	和	範	英	智	泰	央	雅	雅	賢	11
央	雅	玲	将	康	明	洋	泰	央	清	雅	玲	12
総	清	紀	陽	旺	華	英	理	総	妙	清	紀	13
泰	妙	寛	賢	恵	博	明	彩	泰	佑	妙	寛	14
理	佑	雅	玲	和	法	華	智	理	央	佑	雅	15
彩	央	清	紀	将	範	博	洋	彩	総	央	清	16
智	総	妙	寛	陽	康	法	英	智	泰	総	妙	17
洋	泰	佑	雅	賢	旺	範	明	洋	理	泰	佑	18
英	理	央	清	玲	恵	康	華	英	彩	理	央	19
明	彩	総	妙	紀	和	旺	博	明	智	彩	総	20
華	智	泰	佑	寛	将	恵	法	華	洋	智	泰	21
博	洋	理	央	雅	陽	和	範	博	英	洋	理	22
法	英	彩	総	清	賢	将	康	法	明	英	彩	23
範	明	智	泰	妙	玲	陽	旺	範	華	明	智	24
康	華	洋	理	佑	紀	賢	恵	康	博	華	洋	25
旺	博	英	彩	央	寛	玲	和	旺	法	博	英	26
恵	法	明	智	総	雅	紀	将	恵	範	法	明	27
和	範	華	洋	泰	清	寛	陽	和	康	範	華	28
将	康	博	英	理	妙	雅	賢	将	旺		博	29
陽	旺	法	明	彩	佑	清	玲	陽	恵		法	30
賢		範		智	央		紀		和		範	31

2022年（令和4年）

12月	11月	10月	9月	8月	7月	6月	5月	4月	3月	2月	1月	
佑	雅	賢	将	範	明	洋	泰	央	清	雅	玲	1
央	清	玲	陽	康	華	英	理	総	妙	清	紀	2
総	妙	紀	賢	旺	博	明	彩	泰	妙	妙	紀	3
泰	佑	寛	玲	恵	法	華	智	理	佑	佑	寛	4
理	央	雅	紀	和	範	博	洋	彩	央	央	雅	5
彩	総	清	寛	将	康	法	英	智	総	総	清	6
智	泰	妙	雅	陽	旺	範	明	洋	泰	泰	妙	7
洋	理	佑	清	賢	恵	康	華	英	理	理	佑	8
英	彩	央	妙	玲	和	旺	博	明	彩	彩	央	9
明	智	総	佑	紀	将	恵	法	華	智	智	総	10
華	洋	泰	央	寛	陽	和	範	博	洋	洋	泰	11
博	英	理	総	雅	賢	将	康	法	英	英	理	12
法	明	彩	泰	清	玲	陽	旺	範	明	明	彩	13
範	華	智	理	妙	紀	賢	恵	康	華	華	智	14
康	博	洋	彩	佑	寛	玲	和	旺	博	博	洋	15
旺	法	英	智	央	雅	紀	将	恵	法	法	英	16
恵	範	明	洋	総	清	寛	陽	和	範	範	明	17
和	康	華	英	泰	妙	雅	賢	将	康	康	華	18
将	旺	博	明	理	佑	清	玲	陽	旺	旺	博	19
陽	恵	法	華	彩	央	妙	紀	賢	恵	恵	法	20
賢	和	範	博	智	総	佑	寛	玲	和	和	範	21
玲	将	康	法	洋	泰	央	雅	紀	将	将	康	22
紀	陽	旺	範	英	理	総	清	寛	陽	陽	旺	23
寛	賢	恵	康	明	彩	泰	妙	雅	賢	賢	恵	24
雅	玲	和	旺	華	智	理	佑	清	玲	玲	和	25
清	紀	将	旺	博	洋	彩	央	妙	紀	紀	将	26
妙	寛	陽	恵	範	英	智	総	佑	寛	寛	陽	27
佑	雅	賢	和	康	明	洋	泰	央	雅	雅	賢	28
央	清	玲	将	旺	華	洋	理	総	清		玲	29
総	妙	紀	陽	恵	博	英	彩	泰	妙		紀	30
泰		寛		和	法		智		佑		寛	31

2023年（令和5年）

12月	11月	10月	9月	8月	7月	6月	5月	4月	3月	2月	1月	
英	彩	総	妙	玲	将	旺	法	明	英	洋	理	1
明	智	泰	佑	紀	陽	恵	範	華	明	英	彩	2
華	洋	理	央	寛	賢	和	康	博	華	明	智	3
博	英	彩	総	雅	玲	将	旺	法	博	華	洋	4
法	明	智	泰	清	紀	陽	恵	範	法	博	英	5
範	華	洋	理	妙	寛	賢	和	康	範	法	明	6
康	博	英	彩	佑	雅	玲	将	旺	康	範	華	7
旺	法	明	智	央	清	紀	陽	恵	旺	康	博	8
恵	範	華	洋	総	妙	寛	賢	和	恵	旺	法	9
和	康	博	英	泰	佑	雅	玲	将	和	恵	範	10
将	旺	法	明	理	央	清	紀	陽	将	和	康	11
陽	恵	範	華	彩	総	妙	寛	賢	陽	将	旺	12
賢	和	康	博	智	泰	佑	雅	玲	賢	陽	恵	13
玲	将	旺	法	洋	理	央	清	紀	玲	賢	和	14
紀	陽	旺	範	英	彩	総	妙	寛	紀	玲	将	15
寛	賢	恵	康	華	智	泰	佑	雅	寛	紀	陽	16
雅	玲	和	旺	博	洋	理	央	清	雅	寛	賢	17
清	紀	将	恵	法	洋	彩	総	妙	清	雅	玲	18
妙	寛	陽	和	範	英	智	泰	佑	妙	清	紀	19
佑	雅	賢	将	康	明	洋	泰	央	佑	妙	寛	20
央	清	玲	陽	旺	華	英	理	総	央	佑	雅	21
総	妙	紀	賢	恵	博	明	彩	泰	妙	央	雅	22
泰	佑	寛	玲	和	法	華	智	理	佑	総	清	23
理	央	雅	紀	将	範	博	洋	彩	央	泰	妙	24
彩	総	清	寛	陽	康	法	英	智	総	理	佑	25
智	泰	妙	雅	賢	旺	範	明	洋	泰	彩	央	26
洋	理	佑	清	玲	恵	康	華	英	理	智	総	27
英	彩	央	妙	紀	和	旺	博	明	彩	洋	泰	28
明	智	総	佑	寛	将	恵	法	華	智		理	29
華	洋	泰	央	雅	陽	和	範	博	洋		彩	30
博		理		清	賢		康		英		智	31

2025年（令和7年）

12月	11月	10月	9月	8月	7月	6月	5月	4月	3月	2月	1月	
央	妙	紀	陽	康	範	華	智	理	佑	佑	寛	1
総	佑	寛	賢	旺	康	博	洋	彩	央	央	雅	2
泰	央	雅	玲	恵	旺	法	英	智	総	総	清	3
理	総	清	紀	和	恵	範	明	洋	泰	泰	妙	4
彩	泰	妙	寛	将	和	康	華	英	理	理	佑	5
智	理	佑	雅	陽	将	旺	博	明	彩	彩	央	6
洋	彩	央	清	賢	陽	恵	法	華	智	智	総	7
英	智	総	妙	玲	賢	和	範	博	洋	洋	泰	8
明	洋	泰	佑	紀	玲	将	康	法	英	英	理	9
華	英	理	央	寛	紀	陽	旺	範	明	明	彩	10
博	明	彩	総	雅	寛	賢	恵	康	華	華	智	11
法	華	智	泰	清	雅	玲	和	旺	博	博	洋	12
範	博	洋	理	妙	清	紀	将	恵	法	法	英	13
康	法	英	彩	佑	妙	寛	陽	和	範	範	明	14
旺	範	明	智	央	佑	雅	賢	将	康	康	華	15
恵	康	華	洋	総	央	清	玲	陽	旺	旺	博	16
和	旺	博	英	泰	総	妙	紀	賢	恵	恵	法	17
将	恵	法	明	理	泰	佑	寛	玲	和	和	範	18
陽	和	範	華	彩	理	央	雅	紀	将	将	康	19
賢	和	康	博	智	彩	総	清	寛	陽	陽	旺	20
玲	将	旺	法	洋	智	泰	妙	雅	賢	賢	恵	21
紀	陽	恵	範	英	洋	理	佑	清	玲	玲	和	22
寛	賢	和	康	華	英	彩	央	妙	紀	紀	将	23
雅	玲	将	旺	博	明	智	総	佑	寛	寛	陽	24
清	紀	陽	恵	法	洋	洋	泰	央	雅	雅	賢	25
妙	寛	賢	和	範	英	英	理	総	清	清	玲	26
佑	雅	玲	将	康	明	明	彩	泰	妙	妙	紀	27
央	清	紀	陽	旺	華	華	智	泰	佑	妙	寛	28
総	妙	寛	賢	恵	博	博	洋	理	央		雅	29
泰	佑	雅	玲	和	法	法	英	彩	総		清	30
理		清		将	範		明		泰		妙	31

2024年（令和6年）

12月	11月	10月	9月	8月	7月	6月	5月	4月	3月	2月	1月	
賢	和	康	博	智	泰	佑	寛	玲	和	恵	法	1
玲	将	旺	法	洋	理	央	雅	紀	将	和	範	2
紀	陽	旺	範	英	彩	総	清	寛	陽	将	康	3
寛	賢	恵	康	華	智	泰	妙	雅	賢	陽	旺	4
雅	玲	和	旺	博	洋	理	佑	清	玲	賢	恵	5
清	紀	将	恵	法	洋	彩	央	妙	紀	玲	和	6
妙	寛	陽	和	範	英	智	総	佑	寛	紀	将	7
佑	雅	賢	将	康	明	洋	泰	央	雅	寛	陽	8
央	清	玲	陽	旺	華	英	理	央	清	雅	賢	9
総	妙	紀	賢	恵	博	明	彩	総	妙	雅	玲	10
泰	佑	寛	玲	和	法	華	智	泰	佑	清	紀	11
理	央	雅	紀	将	範	博	洋	理	央	妙	寛	12
彩	総	清	寛	陽	康	法	英	彩	総	佑	雅	13
智	泰	妙	雅	賢	旺	範	明	智	泰	央	清	14
洋	理	佑	清	玲	恵	康	華	洋	理	総	妙	15
英	彩	央	妙	紀	和	旺	博	英	彩	泰	佑	16
明	智	総	佑	寛	将	恵	法	明	智	理	央	17
華	洋	泰	央	雅	陽	和	範	華	洋	彩	総	18
博	英	理	総	清	賢	将	康	博	英	智	泰	19
法	明	彩	泰	妙	玲	陽	旺	法	明	洋	理	20
範	華	智	理	佑	紀	賢	恵	範	華	英	彩	21
康	博	洋	彩	央	寛	玲	和	康	博	明	智	22
旺	法	英	智	総	雅	紀	将	旺	法	華	洋	23
恵	範	明	洋	泰	清	寛	陽	恵	範	博	英	24
和	康	華	英	理	妙	雅	賢	和	康	法	明	25
将	旺	博	明	彩	佑	清	玲	将	旺	範	華	26
陽	恵	法	華	智	央	妙	紀	陽	恵	康	博	27
賢	和	範	博	洋	総	佑	寛	賢	和	旺	法	28
玲	将	康	法	英	泰	央	雅	玲	将	恵	範	29
紀	陽	旺	範	明	理	総	清	紀	陽		康	30
紀		恵		華	彩		妙		賢		旺	31

2026年（令和8年）

12月	11月	10月	9月	8月	7月	6月	5月	4月	3月	2月	1月	
法	明	智	総	清	玲	将	旺	法	明	英	彩	1
範	華	洋	泰	妙	紀	陽	恵	範	華	明	智	2
康	博	英	理	佑	寛	賢	和	康	博	華	洋	3
旺	法	明	彩	央	雅	玲	将	旺	法	博	英	4
恵	範	華	智	総	清	紀	陽	恵	範	法	明	5
和	康	博	洋	泰	妙	寛	賢	和	康	範	華	6
将	旺	法	英	理	佑	雅	玲	将	旺	康	博	7
陽	恵	範	明	彩	央	清	紀	陽	恵	旺	法	8
賢	和	康	華	智	総	妙	寛	賢	和	恵	範	9
玲	将	旺	博	洋	泰	佑	雅	玲	将	和	康	10
紀	陽	旺	範	英	理	央	清	紀	陽	将	旺	11
寛	賢	恵	康	明	彩	総	妙	寛	賢	陽	恵	12
雅	玲	和	旺	華	智	泰	佑	雅	玲	賢	和	13
清	紀	将	恵	博	洋	理	央	清	紀	玲	将	14
妙	寛	陽	和	法	英	彩	総	妙	寛	紀	陽	15
佑	雅	賢	将	範	明	智	泰	佑	雅	寛	賢	16
央	清	玲	陽	康	華	洋	泰	央	清	雅	玲	17
総	妙	紀	賢	旺	博	英	理	総	妙	清	紀	18
泰	佑	寛	玲	恵	法	明	彩	泰	妙	妙	紀	19
理	央	雅	紀	和	範	華	智	理	佑	佑	寛	20
彩	総	清	寛	将	康	博	洋	彩	央	央	雅	21
智	泰	妙	雅	陽	旺	法	英	智	総	総	清	22
洋	理	佑	清	賢	恵	範	明	洋	泰	泰	妙	23
英	彩	央	妙	玲	和	康	華	英	理	理	佑	24
明	智	総	佑	紀	将	旺	博	明	彩	彩	央	25
華	洋	泰	央	寛	陽	恵	法	華	智	智	総	26
博	英	理	総	雅	賢	和	範	博	洋	洋	泰	27
法	明	彩	泰	清	玲	将	康	法	英	英	理	28
範	華	智	理	妙	紀	陽	旺	範	明		彩	29
康	博	洋	彩	佑	寛	賢	恵	康	華		智	30
旺		英		央	雅		和		博		洋	31

2027年（令和9年）

12月	11月	10月	9月	8月	7月	6月	5月	4月	3月	2月	1月	
寛	賢	恵	範	英	理	総	清	寛	陽	陽	恵	1
雅	玲	和	康	華	彩	泰	妙	雅	賢	賢	和	2
清	紀	将	旺	博	智	理	佑	清	玲	玲	将	3
妙	寛	陽	恵	法	洋	彩	央	妙	紀	紀	陽	4
佑	雅	賢	和	範	英	彩	総	佑	寛	寛	賢	5
央	清	玲	将	康	明	智	泰	央	雅	雅	玲	6
総	妙	紀	陽	旺	華	洋	理	央	清	雅	紀	7
泰	佑	寛	賢	恵	博	英	彩	総	妙	清	紀	8
理	央	雅	玲	和	法	明	智	泰	佑	妙	寛	9
彩	総	清	紀	将	範	華	洋	理	央	佑	雅	10
智	泰	妙	寛	陽	康	博	英	彩	総	央	清	11
洋	理	佑	雅	賢	旺	法	明	智	泰	総	妙	12
英	彩	央	清	玲	恵	範	華	洋	理	泰	佑	13
明	智	総	妙	紀	和	康	博	英	彩	理	央	14
華	洋	泰	佑	寛	将	旺	法	明	智	彩	総	15
博	英	理	央	雅	陽	恵	範	華	洋	智	泰	16
法	明	彩	総	清	賢	和	康	博	英	洋	理	17
範	華	智	泰	妙	玲	将	旺	法	明	英	彩	18
康	博	洋	理	佑	紀	陽	恵	範	華	明	智	19
旺	法	英	彩	央	寛	賢	和	康	博	華	洋	20
恵	範	明	智	総	雅	玲	将	旺	法	博	英	21
和	康	華	洋	泰	清	紀	陽	恵	範	法	明	22
将	旺	博	英	理	妙	寛	賢	和	康	範	華	23
陽	恵	法	明	彩	佑	雅	玲	将	旺	康	博	24
賢	和	範	華	智	央	清	紀	陽	恵	旺	法	25
玲	将	康	博	洋	総	妙	寛	賢	和	恵	範	26
紀	陽	旺	法	英	泰	佑	雅	玲	将	和	康	27
紀	賢	恵	範	明	理	央	清	紀	陽	将	旺	28
寛	玲	和	康	華	彩	総	妙	寛	賢		恵	29
雅	紀	将	旺	博	智	泰	佑	雅	玲		和	30
清		陽		法	洋		央		紀		将	31

2028年（令和10年）

12月	11月	10月	9月	8月	7月	6月	5月	4月	3月	2月	1月	
彩	総	清	紀	和	範	範	明	洋	理	総	妙	1
智	泰	妙	寛	将	康	康	華	洋	彩	泰	佑	2
洋	理	佑	雅	陽	旺	旺	博	英	智	理	央	3
英	彩	央	清	賢	恵	恵	法	明	洋	彩	総	4
明	智	総	妙	玲	和	和	範	華	英	智	泰	5
華	洋	泰	佑	紀	将	将	康	博	明	洋	理	6
博	英	理	央	寛	陽	陽	旺	法	華	英	彩	7
法	明	彩	総	雅	賢	賢	恵	範	博	明	智	8
範	華	智	泰	清	玲	玲	和	康	法	華	洋	9
康	博	洋	理	妙	紀	紀	将	旺	範	博	英	10
旺	法	英	彩	佑	寛	寛	陽	恵	康	法	明	11
恵	範	明	智	央	雅	雅	賢	和	旺	範	華	12
和	康	華	洋	総	清	清	玲	将	恵	康	博	13
将	旺	博	英	泰	妙	妙	紀	陽	和	旺	法	14
陽	恵	法	明	理	佑	佑	寛	賢	将	恵	範	15
賢	和	範	華	彩	央	央	雅	玲	陽	和	康	16
玲	将	康	博	智	総	総	清	紀	賢	将	旺	17
紀	陽	旺	法	洋	泰	泰	妙	寛	玲	陽	恵	18
寛	賢	恵	範	英	理	理	佑	雅	紀	賢	和	19
雅	玲	和	康	華	彩	彩	央	清	寛	玲	将	20
清	紀	将	旺	博	智	智	総	妙	雅	紀	陽	21
妙	寛	陽	恵	法	洋	洋	泰	佑	清	寛	賢	22
佑	雅	賢	和	範	英	彩	理	央	妙	雅	玲	23
央	清	玲	将	康	明	智	彩	総	佑	清	紀	24
総	妙	紀	陽	旺	華	洋	智	泰	央	妙	寛	25
泰	佑	寛	賢	恵	博	英	洋	理	央	佑	雅	26
理	央	雅	玲	和	法	明	英	彩	総	央	雅	27
彩	総	清	紀	将	範	華	明	智	泰	総	清	28
智	泰	妙	寛	陽	康	博	華	洋	理	泰	妙	29
洋	理	佑	雅	賢	旺	法	博	英	彩		佑	30
英		央		玲	恵		法		智		央	31

2029年（令和11年）

12月	11月	10月	9月	8月	7月	6月	5月	4月	3月	2月	1月	
旺	法	明	彩	佑	雅	紀	将	恵	範	法	明	1
恵	範	華	智	央	清	寛	陽	和	康	範	華	2
和	康	博	洋	総	妙	雅	賢	将	旺	康	博	3
将	旺	法	英	泰	佑	清	玲	陽	恵	旺	法	4
賢	恵	範	明	理	央	妙	紀	賢	和	恵	範	5
玲	和	康	華	彩	総	佑	寛	玲	将	和	康	6
紀	将	旺	博	智	泰	央	雅	紀	陽	将	旺	7
寛	陽	旺	範	洋	理	総	清	寛	賢	陽	恵	8
雅	賢	恵	康	英	彩	泰	妙	雅	玲	賢	和	9
清	玲	和	旺	華	智	理	佑	清	紀	玲	将	10
妙	紀	将	恵	博	洋	彩	央	妙	寛	紀	陽	11
佑	寛	陽	和	法	洋	彩	総	佑	雅	寛	賢	12
央	雅	賢	将	範	英	智	泰	央	清	雅	玲	13
総	清	玲	陽	康	明	洋	理	央	妙	清	紀	14
泰	妙	紀	賢	旺	華	英	彩	総	妙	妙	紀	15
理	佑	寛	玲	恵	博	明	智	泰	佑	佑	寛	16
彩	央	雅	紀	和	法	華	洋	理	央	央	雅	17
智	総	清	寛	将	範	博	英	彩	総	総	清	18
洋	泰	妙	雅	陽	康	法	明	智	泰	泰	妙	19
英	理	佑	清	賢	旺	範	華	洋	理	理	佑	20
明	彩	央	妙	玲	恵	康	博	英	彩	彩	央	21
華	智	総	佑	紀	和	旺	法	明	智	智	総	22
博	洋	泰	央	寛	将	恵	範	華	洋	洋	泰	23
法	英	理	総	雅	陽	和	康	博	英	英	理	24
範	明	彩	泰	清	賢	将	旺	法	明	明	彩	25
康	華	智	理	妙	玲	陽	恵	範	華	華	智	26
旺	博	洋	彩	佑	紀	賢	和	康	博	博	洋	27
恵	法	英	智	央	寛	玲	将	旺	法	法	英	28
和	範	明	洋	総	雅	紀	陽	恵	範		明	29
将	康	華	英	泰	清	寛	賢	和	康		華	30
陽		博		理	妙		玲		旺		博	31

2030年（令和12年）

	1月	2月	3月	4月	5月	6月	7月	8月	9月	10月	11月	12月
1	賢	寛	寛	佑	総	彩	洋	法	恵	陽	紀	妙
2	玲	雅	雅	央	泰	智	英	範	和	賢	寛	佑
3	紀	雅	清	央	理	洋	明	康	将	玲	雅	央
4	紀	清	妙	総	彩	英	華	旺	陽	紀	清	総
5	寛	妙	佑	泰	智	明	博	恵	賢	寛	妙	泰
6	雅	佑	央	理	洋	華	法	和	玲	雅	佑	理
7	清	央	総	彩	英	博	範	将	紀	清	央	彩
8	妙	総	泰	智	明	法	康	陽	寛	妙	総	智
9	佑	泰	理	洋	華	範	旺	賢	雅	佑	泰	洋
10	央	理	彩	英	博	康	恵	玲	清	央	理	英
11	総	彩	智	明	法	旺	和	紀	妙	総	彩	明
12	泰	智	洋	華	範	恵	将	寛	佑	泰	智	華
13	理	洋	英	博	康	和	陽	雅	央	理	洋	博
14	彩	英	明	法	旺	将	賢	清	総	彩	英	法
15	智	明	華	範	恵	陽	玲	妙	泰	智	明	範
16	洋	華	博	康	和	賢	紀	佑	理	洋	華	康
17	英	博	法	旺	将	玲	寛	央	彩	英	博	旺
18	明	法	範	恵	陽	紀	雅	総	智	明	法	恵
19	華	範	康	和	賢	寛	清	泰	洋	華	範	和
20	博	康	旺	将	玲	雅	妙	理	英	博	康	将
21	法	旺	恵	陽	紀	清	佑	彩	明	法	旺	陽
22	範	恵	和	賢	寛	妙	央	智	華	範	恵	賢
23	康	和	将	玲	雅	佑	総	洋	博	康	和	玲
24	旺	将	陽	紀	清	央	泰	英	法	旺	将	紀
25	恵	陽	賢	寛	妙	総	理	明	範	恵	賢	紀
26	和	賢	玲	雅	佑	泰	彩	華	康	和	玲	寛
27	将	玲	紀	清	央	理	智	博	旺	和	紀	雅
28	陽	紀	寛	妙	総	彩	洋	法	恵	将	寛	清
29	賢		雅	佑	泰	智	英	範	和	陽	雅	妙
30	玲		清	央	理	洋	華	康	将	賢	清	佑
31	紀		妙		彩		博	旺		玲		央

2031年（令和13年）

	1月	2月	3月	4月	5月	6月	7月	8月	9月	10月	11月	12月
1	総	智	智	華	華	康	恵	賢	雅	佑	理	智
2	泰	洋	洋	博	博	旺	和	玲	清	央	彩	洋
3	理	英	英	法	法	恵	将	紀	妙	総	智	英
4	彩	明	明	範	範	和	陽	寛	佑	泰	洋	明
5	智	華	華	康	康	将	賢	雅	央	理	英	華
6	洋	博	博	旺	旺	陽	玲	清	総	彩	明	博
7	英	法	法	恵	恵	賢	紀	妙	泰	智	華	法
8	明	範	範	和	和	玲	寛	佑	理	洋	博	範
9	華	康	康	将	将	紀	雅	央	彩	英	法	康
10	博	旺	旺	陽	陽	寛	清	総	智	明	範	旺
11	法	恵	恵	賢	賢	雅	妙	泰	洋	華	康	恵
12	範	和	和	玲	玲	清	佑	理	英	博	旺	和
13	康	将	将	紀	紀	妙	央	彩	明	法	恵	将
14	旺	陽	陽	寛	寛	佑	総	智	華	範	和	賢
15	恵	賢	賢	雅	雅	央	泰	洋	博	康	和	玲
16	和	玲	玲	清	清	総	理	英	法	旺	将	紀
17	将	紀	紀	妙	妙	泰	彩	明	範	恵	陽	寛
18	陽	寛	寛	佑	佑	理	智	華	康	和	賢	雅
19	賢	雅	雅	央	央	彩	洋	博	旺	将	玲	清
20	玲	清	清	総	総	彩	英	法	恵	陽	紀	妙
21	紀	妙	妙	泰	泰	智	明	範	和	賢	寛	佑
22	寛	妙	佑	央	理	洋	華	康	将	玲	雅	央
23	雅	佑	央	総	彩	英	博	旺	陽	紀	清	総
24	清	央	総	泰	智	明	法	恵	賢	寛	妙	泰
25	妙	総	泰	理	洋	華	範	和	玲	雅	佑	理
26	佑	泰	理	彩	英	博	康	将	紀	清	央	彩
27	央	理	彩	智	明	法	旺	陽	寛	妙	総	智
28	総	彩	智	洋	華	範	恵	賢	雅	佑	泰	洋
29	泰		洋	英	博	康	和	玲	清	央	理	英
30	理		英	明	法	旺	将	紀	妙	総	彩	明
31	彩		明		範		陽	寛		泰		華

2032年（令和14年）

12月	11月	10月	9月	8月	7月	6月	5月	4月	3月	2月	1月	
将	恵	法	明	彩	央	妙	紀	陽	恵	康	博	1
陽	和	範	華	智	総	佑	寛	賢	和	旺	法	2
賢	和	康	博	洋	泰	央	雅	玲	将	恵	範	3
玲	将	旺	法	英	理	総	清	紀	陽	和	康	4
紀	陽	恵	範	明	彩	泰	妙	寛	賢	将	旺	5
寛	賢	和	康	華	智	理	佑	雅	玲	陽	恵	6
雅	玲	将	旺	博	洋	彩	央	清	紀	賢	和	7
清	紀	陽	恵	法	英	彩	総	妙	寛	玲	将	8
妙	寛	賢	和	範	明	智	泰	佑	雅	紀	陽	9
佑	雅	玲	将	康	華	洋	理	央	清	寛	賢	10
央	清	紀	陽	旺	博	英	彩	総	妙	雅	玲	11
総	妙	寛	賢	恵	法	明	智	泰	妙	清	紀	12
泰	佑	雅	玲	和	範	華	洋	理	佑	妙	紀	13
理	央	清	紀	将	康	博	英	彩	央	佑	寛	14
彩	総	妙	寛	陽	旺	法	明	智	総	央	雅	15
智	泰	佑	雅	賢	恵	範	華	洋	泰	総	清	16
洋	理	央	清	玲	和	康	博	英	理	泰	妙	17
英	彩	総	妙	紀	将	旺	法	明	彩	理	佑	18
明	智	泰	佑	寛	陽	恵	範	華	智	彩	央	19
華	洋	理	央	雅	賢	和	康	博	洋	智	総	20
博	英	彩	総	清	玲	将	旺	法	英	洋	泰	21
法	明	智	泰	妙	紀	陽	恵	範	明	英	理	22
範	華	洋	理	佑	寛	賢	和	康	華	明	彩	23
康	博	英	彩	央	雅	玲	将	旺	博	華	智	24
旺	法	明	智	総	清	紀	陽	恵	法	博	洋	25
恵	範	華	洋	泰	妙	寛	賢	和	範	法	英	26
和	康	博	英	理	佑	雅	玲	将	康	範	明	27
将	旺	法	明	彩	央	清	紀	陽	旺	康	華	28
陽	恵	範	華	智	総	妙	寛	賢	恵	旺	博	29
賢	和	康	博	洋	泰	佑	雅	玲	和		法	30
玲		旺		英	理		清		将		範	31

あとがき

私は、鑑定を始めて三十五年になります。対面鑑定、電話鑑定、占い講座を含めてこれまでに延べ五万人を超える方々と触れ合って参りました。時代の流れとともに人々の考え方や習慣も変わってきたように思います。三十五年前の当たり前は、今日振り返ると、今では不可思議。

- よい会社に勤めて定年まで勤める
- 自分の夢より親の言う現実を優先する
- 周りのトラブルに関わると損をする
- 結婚したら生涯添い遂げる
- 恋愛したら男性からのプロポーズを待つ、等々

でも今は、個々を大切にする時代に変わりました。最近ではまず、

- 自分のやりたいことを優先する
- 無理に雇われなくてもよい、合わない職場だと思えば転職する

- 安定するには副業を持ち、現実との戦いを考えている人々
- トラブルを回避する手段を考えられ実行する人
- 結婚しても自分の気持ちに素直に生きる人
- 恋愛も今や女性からプロポーズ

こんな時代背景が私は好きです。今まで触れ合った人々の成功事例を通じて、幸せな生活は決して難しいことではないと確信しています。多くの人々から見えてくることは「自分をよく見つめ、素直に生きること」その一点に集約されます。このポイントは大谷翔平選手の学びと同じことですね。

人間の悩みというのは、その人間関係に尽きます。『賢者の占術』はこれら人間関係の問題を運命的法則で見ることができるため、自分と相手の性格を知り、相性を知り、年運、日の吉凶を知れば、事態を悪くしている原因が浮かび上がり、それらに対処し許容することによってストレスは軽減されます。前を向くことができ、過ぎ去った昨日よりは一歩前へと明日に向かって踏み出すことができます。

ブッダの言葉に「愚かな人が自分を愚かだと考えるなら、それは賢者なのです」という教えがあります。自らを客観的に見ることができる人は、賢者であり不要な軋轢《あつれき》を生

まずに済みます。

また親鸞聖人の言葉には「心は蛇蝎《だかつ》のごとくなり」とあります。人の心には悪の本性があり、ヘビやサソリと変わらないと言っています。悪の本性とは「煩悩」のことであり、ヘビやサソリに毒があるように、人間も「煩悩」という毒を持ち合わせています。成功や幸せを授かるためには、人を憎んだり、妬んだり、足を引っ張って傷つけたりせず、一時的な感情は、見ない言わないことにすることが、とりあえず誰にでもできる行動になります。

また「隣の芝生は青く見える」と言いますが、自分のものより相手のものの方がよく見えるという嫉妬心を暗に戒める教訓が背後にあります。私は芝生のたとえのように、自分にも比べられるものを持てていることに感謝しています。成功や幸せは向こうからやってはきません。自ら創造していくもので、そのための第一歩を行動することが大切です。

占い人生三十五年間の経験の中で、特筆しておきたい事例があります。

◇ 元カレ元カノの結婚事例

あるご夫婦がいらっしゃいました。二人の関係は占術で見ると「栄・親の関係（近距離）」でした。非常に強い縁で出会っているよい相性でしたが、二人の生活スタイルや考え方の相違により、離婚してしまいました。

最近では過去の人になっていた二人でしたが。『賢者の占術』を知り、再挑戦したのです。もちろんその過程にはいろいろな問題がありました。しかし二人は気が付いたのです、前世からご縁があるということを。

二人は努力の末、今ではお子さんも大きくなり、二人三脚で会社を立ち上げ、成功と幸せを手に入れたのでした。「栄・親の相性（近距離）」は幸せになれる相性なのです。

◇自殺願望のある女性との出会い

その女性は対面鑑定の時に、

「何を考えても上手くいかない」

と涙ながらに話すのでした。

「それは上手くいかないね、行動していないから」

という私に、彼女はバッグを開いて見せました。中にはナイフとロープが入っていました。

正直その瞬間は驚きましたが、一瞬でこの女性が抱えている苦悩の重さを悟りました。私は冷静に優しく

「お守り代わりなのね。そんなに苦しいのなら、まず私と一緒に『賢者の占術』を勉強してみない？　苦労している人ほど、人の痛みがわかるはずよ」

彼女の顔がピンク色に変わりました。

「私はバカだからできないよ」

と言っていた人があれから三年、今では人々の心のサプリメントになり、日々活躍しています。何で彼女は立ち直り成功したのか。彼女は「素直な人」だったのです。

心のカウンセリングというのは、勉強ができるとか、一流大学を卒業したとかは関係ないのです。相談者の歴史背景をよく理解し、悩みを聞いて寄り添うことが大切です。自分の心も明るくして相手を元気にするお手伝いをするだけなのです。

現実は、日々よいことが続くわけではありません。「人間万事塞翁が馬《じんかんばんじさいおううま》」と胸に刻み、悪いことばかりのように思える世の中ですが、その中によいことがあれば、感動も大きくなります。人生なにが起こるか分かりません。

「幸せが不幸に転じ、不幸が幸せに変わる」人生において何が良くて何が悪いのか、

最後にならないと分からないという意味になります。
気を楽に保つための最良の言葉ではないでしょうか。

◇感謝に添えて

私は幼少時代から母の胎内にいた記憶があります。ピンク色で居心地のよい場所でした。出産直前、ジェットコースターみたいに変わり、凄いスピードでおりるのですが、恐怖感はなく、くるくる回っていたことを今でも覚えています。そんな母も九十歳を迎えようとしています。母の教えは「何でもやってみる」でした。そして「何をやっても一番の味方だから」の言葉通り、今でも自由に仕事をさせてもらい感謝しています。

私の周りにはいつもたくさんの協力者がいてくれて支えられています。

今回の出版にあたり、株式会社作品社の皆様方、師匠である齋藤廣一先生、私の道標である高野山の先生方、いつも温かく迎えてくれる高野町の皆様、イラストをいただいた〝じょー〟様、そしてこの本を手に取ってくださった皆様に深く感謝を申し上げるとともに、ここに皆様の益々のご発展を祈念いたします。

あなたの心が暗闇であれば巡り合うものはすべて禍となります。

あなたの心が太陽であれば出あうものはすべて宝となります。（遍照発揮性霊集　第八）

二〇二三年九月十二日

合掌　　すみだ喜子

宿曜占術　→　賢者の占術　変換

奎宿 妙星 みょうせい	斗宿 賢星 けんせい	亢宿 康星 こうせい	柳宿 英星 えいせい	昴宿 総星 そうせい
婁宿 佑星 ゆうせい	女宿 玲星 れいせい	氐宿 旺星 おうせい	星宿 明星 めいせい	畢宿 泰星 たいせい
胃宿 央星 おうせい	虚宿 紀星 きせい	房宿 恵星 けいせい	張宿 華星 かせい	觜宿 理星 りせい
	危宿 寛星 かんせい	心宿 和星 わせい	翼宿 博星 はくせい	参宿 彩星 さいせい
	室宿 雅星 がせい	尾宿 将星 しょうせい	軫宿 法星 ほうせい	井宿 智星 ちせい
	壁宿 清星 せいせい	箕宿 陽星 ようせい	角宿 範星 はんせい	鬼宿 洋星 ようせい

「宿曜占術」における宿星は、現代では好まれない文字が多く、一般に広く普及しません。「賢者の占術」と名称を変え、命星として好まれる文字を使用しました。人々の人生の指針となるよう、世の中に広く普及することを、目的としています。

参考文献・ＷＥＢ

『未来世療法 運命は変えられる』（ブライアン・Ｌ・ワイス著）ＰＨＰ文庫

『「臨死体験」を超える死後体験』（坂本政道著）ハート出版

『死後の世界を突きとめた量子力学』（コンノケンイチ著）徳間書店

https://www.youtube.com/watch?v=VhLZx0tBmHc
　死んでから生まれ変わるまでの期間は…？…なんと…

https://www.youtube.com/watch?v=tIdJEGeGVWo
　二五〇〇年前の仏教に量子力学は予言されていた？「色即是空」と量子力学の類似性について解説

https://www.youtube.com/watch?v=VSWIYVCTmJo
　この世が仮想現実でない可能性は十億分の一⁉（イーロン・マスク）量子力学と仏教

https://www.youtube.com/watch?v=hwPY5QER-F4
　【量子力学】ＭＩＴ研究チームが人間サイズの物体の「量子ゆらぎ」を観測！　パラレルワールドは存在すると言える五つの理由

https://www.wsj.com/articles/shohei-ohtani-pitch-angels-6a459ff7?mod=Searchresults_

pos12&page=4
リンク先は英語版のページが自動翻訳されたもので、該当ページには〝大谷翔平に最高の投球をしないでください――彼はそれを盗むかもしれません〟と書かれています。

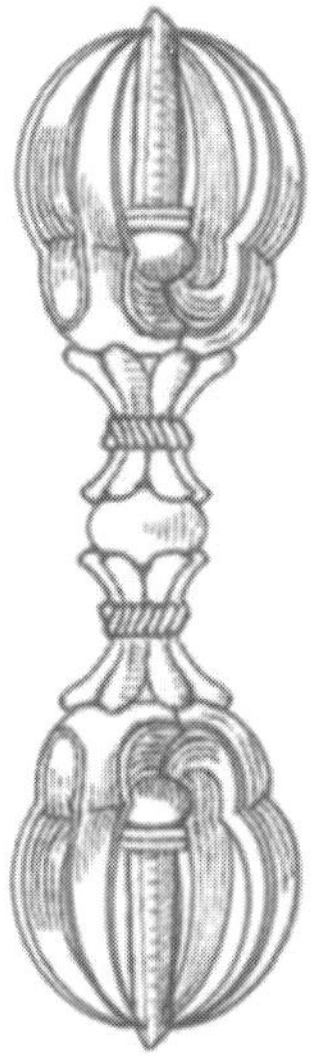

すみだ喜子
（すみだ・きこ）
大手化粧品会社のメークアップアーティストとして30年のキャリアを経ながら、ライフワークとして風水・占星学を勉強。1998～2004年香港にて呉志強大師に師事、2004～2008年密教占星法との出会いにより、宿曜占法・宿曜占星術を研究。現在では第一線で活躍するアーティストや企業経営者の鑑定、恋愛、夫婦、親子、仕事に関する悩み相談に応じる傍ら、世の中に広く伝導する指導者の育成に尽力しています。
https://collabojapan.tokyo

装画　じょー
装幀　小川惟久

賢者の占術　量子編
～時空を超えて、おおいなるあなたへ帰還～

2023年11月25日　初版第１刷印刷
2023年11月30日　初版第１刷発行

著者
すみだ喜子

編者
齋藤廣一

発行者
青木誠也

発行所
株式会社作品社
〒102-0072 東京都千代田区飯田橋2-7-4
TEL03-3262-9753／FAX03-3262-9757
振替口座 00160-3-27183
https://www.sakuhinsha.com
本文組版
有限会社マーリンクレイン

印刷・製本
シナノ印刷株式会社

ISBN978-4-86793-006-9 C0076 Printed in Japan